170/14,80
D1873643

JAN NERUDA

Kleinseitner Geschichten

JAN NERUDA

Kleinseitner Geschichten

Deutsch von Dr. Günther Jarosch

Aufbau-Verlag

Titel der tschechischen Originalausgabe
Povídky malostranské

5. Auflage 1989
Alle Rechte Aufbau-Verlag Berlin und Weimar (deutsche Übersetzung)
Einbandgestaltung Günther Lück
Karl-Marx-Werk, Graphischer Großbetrieb, Pößneck V 15/30
Printed in the German Democratic Republic
Lizenznummer 301. 120/219/89
Bestellnummer 611 782 9
00720

ISBN 3-351-00229-7

EINE WOCHE IN EINEM STILLEN HAUSE

I

Im Hemd

Wir spüren, daß wir uns in einem völlig abgeschlossenen Raum befinden. Tiefe, undurchdringliche Finsternis umgibt uns. Durch keine noch so kleine Ritze dringt ein Lichtstrahl herein. Ringsum nur dunkle Nacht. Und wenn wir vermeinen, doch einen Augenblick lang etwas Helles vor unseren Augen zu sehen, so ist es nur der Widerschein unserer eigenen Gedanken.

Unsere angespannten Sinne nehmen selbst die geringsten Lebenszeichen wahr. Unser Geruch sagt uns, daß der Raum von fettiger Luft erfüllt ist, von einem ordinären Gemisch verschiedener Dünste. Bald kommt es uns so vor, als spürten wir vor allem den Geruch von Fichten- und Tannenholz, bald den von Talg und Schmalz, dann wieder einen Geruch von Backpflaumen, Kümmel, ja auch von Branntwein, Knoblauch und so weiter. An unser Ohr dringt das Ticken einer Uhr. Es muß eine alte Wanduhr mit einem langen Pendel sein, an dessen Ende sich eine dünne Blechscheibe befindet, die sicherlich etwas verbogen ist, denn manchmal stottert das Pendel bei seiner eintönigen Erzählung, und die Scheibe erzittert dann leise. Aber auch dieses Stottern wiederholt sich in regelmäßigen Abständen und wird eintönig.

Dazwischen vernehmen wir die Atemzüge einiger schlafender Menschen. Es müssen mehrere sein. Die Atemzüge verflechten sich auf mannigfache Weise, aber nie sind sie ganz gleichmäßig. Einmal scheinen die Atemzüge des einen zu verstummen, während die des anderen an Kraft gewinnen, dann wieder scheinen die einen mit dem Pendel der Uhr ins Stottern zu geraten, während die anderen schneller werden, und diese Geräusche übertönt wieder von einer anderen Seite ein plötzliches kräftigeres Atmen, gleichsam der Anfang eines neuen Schlafkapitels.

Auch die Uhr scheint auf einmal tief Atem geholt zu haben und schnarrt. Das Pendel bewegt sich nach diesem Schnarren nun mehr im Flüsterton.

Einer der Schlafenden wirft sich auf die andere Seite. Seine Decke raschelt, das Holzbett knarrt.

In der Uhr schnarrt es neuerlich. Eins – zwei, erklingt es rasch nacheinander mit tönender metallener Stimme, eins – zwei, schallt gleich darauf des Kuckucks dumpfer Ruf.

Der Schlafende bewegt sich wiederum. Man hört, wie er sich auf seinem Lager aufrichtet und wie er die Decke beiseite schiebt. Jetzt streift er mit einem Fuß die Bettkante – jetzt schiebt er den Fuß in einen schweren Holzpantoffel – und nun hat er anscheinend beide Pantoffeln an den Füßen.

Er steht auf und macht einige vorsichtige Schritte. Wieder hält er inne. Seine Hand tastet über eine Holzplatte, unter seinen Händen raschelt etwas, sicherlich sind es die Zündhölzer.

Einige Male streicht das Hölzchen über die Reibfläche, einige Male flammt das Phosphorköpfchen auf. Wieder ein heftiges Anreißen, das Hölzchen bricht, der Mensch brummt.

Neuerliches Anreißen. Endlich leuchtet ein Flämmchen auf und läßt eine Gestalt im Hemd erkennen. Schon will das Flämmchen wieder verlöschen, aber eine knochige, runzelige Hand hat es bereits an ein mit Wasser und Öl gefülltes Glas herangebracht, auf dessen Oberfläche ein Kork mit einem schwarzen Docht schwimmt. Der Docht leuchtet auf – wie ein kleiner Stern. Das Streichholz fällt zu Boden, das Sternchen wird immer größer. Über das Licht gebeugt, steht die Gestalt im Hemd: eine alte Frau. Sie gähnt und reibt sich ihre schlaftrunkenen Augen.

Die Gestalt stützt sich auf ein Tischchen, das an einer dunkel gestrichenen Holzwand steht, die den Raum unterteilt.

Bis hinter die Wand reicht die Kraft der Lampe nicht, wir sehen bloß den einen Teil des Raumes – unser Geruchssinn hat uns aber nicht getäuscht: Wir befinden uns im Lager eines Krämerladens. Offensichtlich dient dieser eine Raum gleichzeitig als Wohnung und als Laden. Das Warenlager ist für ein solches Geschäft recht reichhaltig. Viele Säcke mit einfachen Waren stehen hier herum, darüber volle Körbe und Bastschüsseln, und an den Wänden hängen Büschel und Ballen.

Die Frau zittert vor Kälte. Sie nimmt die Lampe vom Tischchen und stellt sie auf den Ladentisch, auf dem viele Schüsseln mit Butter und Schmalz stehen, und darüber schaukeln die Waagschalen und Zöpfe von Knoblauch und Zwiebeln. Die Alte setzt sich hinter den Ladentisch, zieht die Beine bis ans Kinn und holt aus einer Schublade eine Schachtel hervor, die mit Zwirnrollen, Scheren und anderen Dingen vollgestopft ist. Sie nimmt den Zwirn und die übrigen Dinge heraus. Auf dem Boden der Schachtel liegen verschiedene Papiere und Bücher. Doch die mit Ziffern vollgeschriebenen Blätter beachtet sie nicht, sondern sie ergreift eines der Bücher und schlägt es auf. Es ist ein Traumbuch, das sogenannte »Große Traumbuch«. Sie vertieft sich in das Buch, blättert mehrere Seiten um, liest an verschiedenen Stellen, gähnt und liest weiter . . .

Hinter der Wand waren nun nur noch die regelmäßigen Atemzüge eines Schlafenden zu vernehmen. Der andere, der entweder durch das Geräusch oder durch den Lichtschein geweckt worden war, drehte sich in seinem Bett herum.

»Was ist denn los?« brummte die heisere Stimme eines alten Mannes.

Die Frau gab keine Antwort.

»Alte, fehlt dir etwas?«

»Bleib nur liegen!« erwiderte die Frau gähnend. »Mir fehlt nichts, mir ist nur kalt!«

»Warum kramst du denn dann herum?«

»Ich habe von meinem seligen Vater geträumt. Bis morgen früh könnte ich es wieder vergessen. Es war ein wunderbarer Traum, mein Lebtag hat mir noch nie etwas so Schönes geträumt! Ist das aber kalt, und wir haben doch schon Juni!« Sie las weiter und schüttelte den Kopf.

Eine Weile herrschte Stille.

»Wie spät ist es denn?« ertönte dann wieder die Stimme hinter der Wand.

»Zwei vorüber.«

Die Atemzüge des dritten Schlafenden wurden unregelmäßig, das laute Gespräch störte ihn.

»Beeil dich! Sonst haben wir morgen früh nicht ausgeschlafen! Du denkst an nichts anderes mehr als an die Lotterie!«

»Das stimmt. Unsereiner hat keinen Augenblick Ruhe! Schlaf, und laß mich in Frieden!«

Hinter der Wand war ein tiefes Aufatmen zu hören. Auch der dritte der Schlafenden war erwacht.

Der Alte brummte weiter: »Mein Herr Sohn geht bummeln und kommt erst um Mitternacht nach Hause, und nach Mitternacht weckt mich wieder die Lotterie. Ach, ist das ein Leben!«

»Du kannst wohl keine Ruhe geben, was? Ja, ich darf mich immerzu schinden, und das habe ich nun davon. Der eigene Mann hat dauernd etwas zu brummen. Kümmere dich lieber um deinen Herrn Sohn! Das wäre weit besser. Was ich geplagtes Weib tue, ist wirklich schon das letzte!«

»Kümmere doch du dich um ihn! Schließlich ist er ja auch dein Sohn. Sag doch dem Nachtschwärmer deine Meinung!«

»Was wollen Sie schon wieder von mir, Vater?« klang die fragende Stimme eines jungen Mannes.

»Schweig, ich will nichts hören! Du bist mir schon der Richtige!«

»Aber ich kann doch nicht begreifen . . .«

»Er kann nicht begreifen!« höhnte der Alte. »So ein Taugenichts!«

»Aber . . .«

»Wirst du gleich still sein?«

»Er widerspricht dir auch noch! Einen braven Sohn haben wir, das muß man sagen. Eine wahre Freude unseres Alters haben wir uns großgezogen!« meinte die Frau wieder und gähnte von neuem.

»Einen Sohn? Das ist kein Sohn, das ist ein Dieb an unserer Gesundheit!«

»Wenn ich schlafe, wie kann ich dann ein Dieb sein?«

»Ach, du Lump!«

»Das ist ein Früchtchen!«

»Ein Taugenichts ist das!«

»Ja, ein Taugenichts!«

Der Sohn pfiff leise den Schlager »Oh, Mathilde!« vor sich hin.

»Schau ihn an, er lacht uns noch aus!«

»Aber er wird der Strafe Gottes nicht entgehen«, sagte die Frau und schrieb mit Kreide die Zahlen 16, 23 und 8 an die Holzwand. »Wir werden es noch erleben, aber ich wünsche mir, daß ich dann schon unter dem Rasen liege.« Sie räumte ihre Schachtel wieder ein, löschte das Licht und tastete sich zu ihrem Bett zurück. »Er wird es noch einmal bereuen, aber dann ist es zu spät. Willst du endlich Ruhe geben?«

Der Sohn gab Ruhe.

»Mit einer Stecknadel wirst du uns dann ausgraben wollen, aber du wirst es nicht mehr können. Mit einer Stecknadel, sage ich, mit einer Stecknadel!«

»Ich bitte dich, Alte, laß die Stecknadeln sein und schlaf weiter! Ich möchte auch schlafen!«

»Ja, ich muß es immer ausbaden, das ist ja klar. Mein Gott, mein Gott, du suchst mich aber heim!«

»Bei euch werde ich noch verrückt!«

»Sind das Menschen, nein, so etwas!«

»In der Nacht sind alle Menschen böse«, bemerkte der junge Mann.

»Was hat er schon wieder?«

»Wer kann das wissen? Er hat immer etwas, dieser Kerl!«

»Wirf doch einfach den Kasten auf ihn, oder wir jagen ihn fort! Gleich jagen wir ihn fort!«

»Ich bitte dich, gib auch endlich Ruhe! Ich habe ja die Hölle mit euch!«

Der Alte brummte, die Alte brummte auch, der junge Mann schwieg.

Noch eine Zeitlang Brummen und Geifern, bis es dann endlich ganz still wurde. Die Alte schlief ein, der Alte warf sich noch einmal herum, dann schlief auch er.

Leicht summend wie eine Biene, begann der junge Mann noch einmal: »Oh, Mathilde!« Doch er summte das Lied nicht zu Ende, auch er schlief ein.

In der fettigen Luft tickte und stotterte das Pendel der Uhr wie zuvor. Und außerdem hörte man die Atemzüge der drei schlafenden Menschen. Sie verflochten sich auf mannigfache Weise, waren aber nie ganz gleichmäßig.

II

Das Haus ist zum größten Teil erwacht

Die Morgensonne des Junitages hatte schon recht lange in den Hof des Hauses geschienen, ehe die Leute erwachten.

Trotz des Rasselns schwerer Wagen, das aus der Durchfahrt und über das Dach von der Straße herübertönte, hallten die ersten Schritte doch so laut wie in einem Gewölbe. Einzeln, als warte immer eine, bis die andere vorüber ist, kamen die Frauen aus den verschiedenen Wohnungen, unfrisiert, entweder ohne Kopfbedeckung oder mit einem tief in die Stirn gezogenen Tuch, das die noch schläfrigen Augen vor der Sonne schützte. Es waren ihrer nicht viele, aber alle sahen aus wie schlampige Dienstmädchen; ihre Kleidung war nachlässig übergeworfen, sie schlurften mit niedergetretenen Schuhen, und jede trug einen Krug in der Hand, entweder noch leer oder schon voll Milch.

Allmählich wurde es jedoch lebhafter. Die weißen Vorhänge verschwanden von den Fenstern, und wo immer ein Fenster geöffnet wurde, zeigte sich darin eine Gestalt, blickte zum Himmel und zum Laurenziberg und rief dann den übrigen Mitbewohnern etwas von einem »schönen Morgen« zu. Auf den Treppen und den offenen Gängen, die sich in jedem Stockwerk an der Hofseite entlangzogen, begegneten sich die Leute und wünschten einander einen guten Morgen.

Im ersten Stock des Vorderhauses erschien am Eckfenster ein hochgewachsener Mann mit einem roten, blatternarbigen Gesicht und wirrem, grauem Haar. Schwer stützte er sich auf das Fensterbrett und beugte sich so weit vor, daß das offene Hemd seine mächtige, trotz der vorgeschrittenen Jahreszeit in Flanell gehüllte Brust freigab. Er schaute auf das noch verhangene Nebenfenster.

Dann zog er den Kopf wieder zurück und sagte, ins Zimmer gewandt: »Es ist noch nicht sieben.«

Doch in diesem Augenblick knarrte das Nebenfenster und wurde weit geöffnet. Auch hier erschien ein Mann, ebenfalls von hoher Statur, aber jünger. Sein schwarzes Haar war sorgfältig gekämmt. Die ordentliche Frisur deutete darauf hin, daß die Haare täglich mit pedantischer Genauigkeit auf die gleiche Art gekämmt wurden. Sein Gesicht war rundlich, glatt rasiert, doch – wie es schien – nicht besonders ausdrucksvoll. Sein Körper war in einen eleganten grauen Morgenrock gehüllt, die Hände aber hielten ein gelbes Seidentüchlein und putzten damit die

Gläser einer goldenen Brille. Noch einmal hauchte er die Gläser an, noch einmal wischte er sie ab – und jetzt hat er die Brille aufgesetzt und sich uns ganz zugewendet. Sein vorher ausdrucksloses Gesicht hat plötzlich unter der Brille festere Züge angenommen, wie es bei Kurzsichtigen häufig der Fall ist. Es ist ein gutmütiges Gesicht, seine Augen blicken freundlich und fröhlich, trotzdem ist aus jedem Zuge zu lesen, daß dieses Gesicht schon weit mehr als vierzig Jahre auf die Welt blickt. Und wenn wir dieses Gesicht nur einigermaßen mit Kennermiene betrachten, sind wir fast sicher, daß es einem Junggesellen gehört. Das Gesicht eines Pfarrers und das eines Junggesellen erkennt man immer.

Der ältere Herr legte sich mit dem ganzen Oberkörper in das Fenster und stützte sich dabei auf ein schneeweißes, schön gesticktes Kissen. Er schaute zum blauen Himmel empor, blickte auf den in frischem Grün leuchtenden Laurenziberg, und der lachende Morgen spiegelte sich auch in seinem Gesicht. »Ist das schön – ich müßte immer so früh aufstehen«, flüsterte er.

Gleich darauf glitt sein Blick zum zweiten Stockwerk des Hinterhauses. Dort huschte eben hinter dem geschlossenen, sauberen und durchsichtigen Fenster ein Frauengewand vorbei. Das Lächeln des Junggesellen verstärkte sich. »Natürlich, unsere Josefinka macht sich schon in der Küche zu schaffen«, flüsterte er wieder vor sich hin.

Dabei bewegte er leicht die Hände, und aus dem großen, den Ringfinger seiner Rechten schmückenden Brillanten blitzte ein Feuer, das den Blick des Mannes wieder auf seine eigene Person lenkte. Er drehte den Ring etwas, so daß der Brillant gerade über der Mitte des Fingergliedes thronte, zog seine schönen Manschetten etwas vor und blickte dann mit sichtlichem Wohlgefallen auf seine dicken, weißschimmernden Hände.

»Es kann nicht schaden, wenn sie etwas braun werden, das ist gesund«, flüsterte er und hob seine Rechte zur

Nase, als wolle er sich mit der Nase von seiner wachsenden Gesundheit überzeugen.

Im zweiten Stock des Hinterhauses knarrte die auf den Gang führende Tür, und ein schönes, etwa achtzehnjähriges Mädchen trat heraus. Strahlend wie der junge Morgen! Das Mädchen war schlank und reizend. Ihr dunkles, in dichten Locken herabfließendes Haar wallte von der Stirn bis in den Nacken und wurde nur durch ein schlichtes Samtband zusammengehalten. Ihr Gesicht war oval, die Augen schimmerten hellblau und freundlich, die Wangen waren rosig, der Teint zart, die Lippen klein und beinahe dunkelrot – die ganze Gestalt machte einen äußerst angenehmen Eindruck, obwohl man unbewußt fühlte, daß es nicht klassisch regelmäßige Züge waren. Aber wo sollte man bei diesem angenehmen Gesamteindruck gleich die geringfügigen Abweichungen von der Regel finden. In dem kleinen, entzükkenden Ohr steckten sie gewiß nicht, denn gerade dieses Ohr war ja zum Küssen, obwohl es nur ein ganz einfacher, kleiner silberner Ohrring zierte. Außer diesen Ohrringen trug das Mädchen keinerlei Schmuck. Wohl zog sich um den schimmernden Hals eine dünne schwarze Schnur, aber der Schmuck, den sie vielleicht trug, verbarg sich heute im schwellenden Busen. Das Mädchen trug ein bis zum Hals geschlossenes helles und nur zart gestreiftes Kleid. Auch diese Einfachheit der Farbe und des Schnittes war reizvoll.

In der Hand trug das Mädchen einen grauen Topf mit einem Blechdeckel.

»Guten Morgen, Josefinka!« ertönte es mit sonorer Stimme.

»Guten Morgen, Herr Doktor!« erwiderte Josefinka und sah mit freundlichem Lächeln zum gegenüberliegenden Fenster.

»Wohin wollen Sie denn mit dem Frühstück?«

»Hinunter zu Fräulein Žanýnka. Sie ist krank, und ich bringe ihr etwas Fleischbrühe. Ich habe sie von gestern übrig.«

»Fräulein Žanýnka ist krank? Das ist kein Wunder, bei

ihr muß es ja wie in einem Gefängnis sein! Das ganze Jahr öffnet sie kein Fenster, und dazu hat sie noch diesen abscheulichen Hund bei sich. Heute hat er wieder die ganze Nacht gebellt und geheult. Wir werden wohl den Abdekker holen müssen!«

»Das wäre so etwas!« ereiferte sich Josefinka. »Das Fräulein würde es nicht überleben.«

»Was fehlt ihr eigentlich?«

»Sie wird eben alt«, gab Josefinka traurig zur Antwort und ging zur Wendeltreppe.

»Ein gutes Mädchen, unsere Josefinka!« brummte der Herr Doktor und heftete seinen Blick auf die Stelle, wo die Treppe im ersten Stock wieder zum Vorschein kam, und als das Mädchen auch dort vorübergegangen war, erwartete sie sein Blick bereits unten am Ausgang zum Hof.

Josefinka ging über den Hof und trat an eine Tür im Erdgeschoß. Sie drückte die Klinke nieder, aber die Tür war verschlossen. Da rüttelte sie an der Klinke, klopfte an die Tür, doch drinnen rührte sich nichts.

»Klopfen Sie doch ans Fenster!« riet ihr der Herr Doktor von oben.

»Das wird nichts nützen. Hier muß man kräftig pochen, nicht nur klopfen. Warten Sie, ich versuche es einmal!« erklang es von der Treppe, die an der Durchfahrt in den Hof führte, und mit zwei Schritten war ein junger, etwa zwanzigjähriger Bursche unten und stand auch bereits neben Josefinka. Er war mit einem leichten grauen Sommeranzug bekleidet und ohne Kopfbedeckung. Sein Haar war schwarz, sein Gesicht scharfgeschnitten, seine Augen lebhaft.

»Bitte, helfen Sie mir, Herr Bavor!« bat Josefinka.

»Zuerst aber wollen wir einmal unter den Deckel schauen«, neckte der junge Mann und streckte seine Hand nach Josefinka aus.

»Na, na«, brummte oben der Herr Doktor, schwieg aber wieder, als er sah, daß das Mädchen dem jungen Mann geschickt auswich. »Ich klopfe selbst an!«

Doch der junge Mann stand schon am Fenster und trommelte mit den Fingern daran. Von drinnen ertönte wütendes Hundegebell, dann war wieder alles still.

Sie warteten eine Weile. Als aber kein weiteres Lebenszeichen erfolgte, ging der junge Mann zum zweiten Fenster und machte sich daran, mit aller Kraft den Fensterrahmen zu bearbeiten.

Wieder schlug der Hund an, bellte wütend und schloß mit langgezogenem Heulen.

»Das Fräulein wird uns ausschimpfen!«

»Ach was«, meinte der junge Mann und pochte von neuem. Dann legte er sein Ohr an den Fensterrahmen und lauschte. Er vernahm nur das Winseln des Hundes.

Der beim Pochen verursachte Lärm hatte bereits das ganze Haus aufgestört.

Neben dem Fenster des Herrn Doktors schaute wieder der hochgewachsene Mann mit dem roten, blatternarbigen Gesicht heraus, und neben ihm erschienen zwei Frauen, wovon die eine älter, die andere jünger war.

Auf den offenen Gang im gegenüberliegenden zweiten Stock trat Josefinkas Mutter heraus, eine Frau von hoher Statur, und hinter ihr schlich eine kranke, gebückte kleine Gestalt – Josefinkas ältere Schwester.

Den offenen Gang im ersten Stock betraten drei Personen, ein nur halbbekleideter, kahlköpfiger Mann, eine ebenfalls ältere und noch nicht vollständig angezogene Frau sowie schließlich ein etwa zwanzigjähriges Mädchen im Unterrock mit einem hastig übergeworfenen Tuch, im Haar noch die Papilloten.

Von der Treppe an der Durchfahrt kamen noch zwei einfach gekleidete Frauen herbei. Die kleinere der beiden, eine bewegliche und lebhafte Person, wandte sich um und rief in die Durchfahrt hinein: »Márinka, bleib in der Schankstube, falls jemand kommt!« In der größeren der beiden Frauen erkennen wir die nächtliche Traumdeuterin aus unserem vorhergehenden Kapitel. Vielleicht steht ihr die blütenweiße Haube besonders gut, vielleicht sind auch bei Tageslicht alle Menschen friedlicher, jedenfalls erscheint uns jetzt ihr ganzes Wesen angenehm.

»Was ist denn los, Václav?« fragte sie den jungen Mann.

»Ich glaube, Fräulein Žanýnka ist gestorben. Aber ich will es nochmals versuchen.« Und er trommelte mit aller Kraft ans Fenster.

»Da bleibt nichts übrig, Sie müssen einen Schlosser holen, Herr Bavor, aber schnell!« rief der Herr Doktor von seinem Fenster. »Ich komme gleich selbst hinunter.«

Und schon war der junge Bavor aus dem Hof verschwunden.

Von allen Seiten klangen Fragen und Antworten, alle redeten durcheinander, aber immer mit gedämpfter Stimme.

Kaum war der Herr Doktor, zum Ausgehen gekleidet, heruntergekommen und hatte zu der wie erstarrt dastehenden Josefinka gesagt, sie brauche den Topf nicht dauernd in der Hand zu halten, da war der junge Bavor auch schon mit einem Schlosserlehrling zur Stelle.

Rasch war das Schloß geöffnet, und die Tür verwehrte nicht länger den Eintritt. Trotzdem wollte zunächst niemand hineingehen. Da gab sich Václav einen Ruck und trat mutig ein, gleich hinter ihm der Herr Doktor, während die Frauen von der Seite her nachdrängten.

Das große Zimmer war dunkel, ja geradezu unheimlich. Die zum Hof und zum Laurenziberg führenden Fenster waren dicht verhangen und ließen kaum Licht eindringen. Die Luft war verbraucht, voll Gestank und Modergeruch. Von der Decke baumelten große, schwarze und vom Staub schwer gewordene Spinnweben herab, an den kahlen grauen Wänden hingen einige dunkle Bilder, mit verblichenen Kunstblumen umwunden, auf denen auch fingerdick der Staub lag. Das herumstehende Hausgerät war uralt, es stammte aus einer längst vergangenen Zeit. Alles deutete darauf hin, daß es lange Jahre hindurch nicht benutzt worden war.

Auf einem niedrigen, mit einem schmutziggelben Federbett bedeckten Lager waren zwei hagere, abgezehrte Hände und ein dürrer, kahler Schädel zu erkennen. Die erloschenen offenen Augen waren mit gläsernem Blick zur Decke gerichtet.

Ein alter, häßlicher und zottiger schwarzer Hund lief zwischen Kopf- und Fußende des Bettes hin und her und bellte die Eintretenden wütend an.

»Kusch, Azor!« sagte Václav mit erstickter Stimme, als fürchte er, in dieser Luft zu atmen.

»Ich glaube, sie ist tot, sonst würde der Hund nicht so heulen«, bemerkte der Herr Doktor mit dumpfer Stimme.

»Ja, die steht schon vor dem Richterstuhl Gottes! Der Herrgott verzeihe ihr ihre Sünden und vergebe auch uns unsere Schuld. Bitte für uns, heilige Gottesgebärerin!« stotterte Frau Bavorová, und heiße Tränen rannen über ihre Wangen.

»Wenn in einem Haus kurz nacheinander ein Begräbnis und eine Hochzeit stattfinden, wird die Braut glücklich«, bemerkte die kleine Frau Gastwirtin zu der noch immer starr dastehenden Josefinka.

Das Mädchen, das noch totenblaß war, wurde plötzlich ganz rot. Es wandte sich um und ging ohne ein Wort der Erwiderung davon.

»Zuerst müssen wir den Hund entfernen, damit er uns nicht beißt – vielleicht hat er schon Leichengift an den Zähnen«, meinte der Herr Doktor und trat zwei Schritte zurück.

»Er wird gleich draußen sein«, sagte Václav und näherte sich dem wilden Totenwächter.

Obwohl der Hund lauter bekannte Gesichter vor sich hatte, wurde er doch immer wütender. Mit ohrenbetäubendem Bellen lief er zum Kopfende des Bettes zurück, als sich ihm Václav beschwichtigend nähern wollte.

Václav sprang zum Bett und streckte die linke Hand nach dem Kissen aus. Sofort schnappte der Hund danach, doch im selben Augenblick ergriff ihn Václav mit der rechten Hand am Genick und hob ihn in die Höhe. Der

Hund setzte sich verzweifelt zur Wehr, aber Václav hielt ihn fest.

»Wohin mit ihm?«

»Mutter, geben Sie mir doch den Schlüssel von unserem Holzschuppen, ich sperre ihn einstweilen dort in eine Kiste«, sagte er und ging mit dem winselnden Hund davon.

»Das arme Hundefräulein ist wohl tot?« erklang eine rasselnde Stimme an der Tür. In dem Sprecher erkennen wir den kahlköpfigen Herrn, den wir auf dem offenen Gang des ersten Stockwerks gesehen haben. Jetzt aber war sein kahler Schädel mit einem abgegriffenen Zylinder bedeckt, dessen Form längst aus der Mode gekommen war. Seine spärlichen hellen Haare an den Schläfen waren waagerecht zu den Augen gekämmt. Seine Wangen waren mit einer von tiefen Falten durchzogenen Haut überspannt, wie es oft bei Menschen der Fall ist, die früher dick waren und dann abmagerten. Beide Wangen sahen wie leere Reisetaschen aus. Seine Gestalt war kantig, die Brust eingefallen, die Arme schlenkerten kraftlos hin und her.

»Ja, sie ist tot!«

»Dann schnell mit ihr in die Kapelle, damit wir keine Leiche im Haus haben und damit uns keine Kosten entstehen!«

»Das brauchen Sie nicht zu befürchten, Hausherr«, entgegnete der Herr Doktor, der unterdessen eine auf dem Tisch neben dem Bett stehende Schachtel durchsucht hatte, in der sich viele Schriftstücke befanden. »Die Tote bezahlt alles selbst. Offensichtlich hat sie alles für den Todesfall vorbereitet und sich noch gestern mit den Papieren beschäftigt. Hier unter der zottigen, zusammengeklebten Perücke habe ich dieses Schriftstück gefunden, das Žanýnka als Mitglied des Sankt-Castulus-Handwerkervereins ausweist, und hier ist das Mitgliedsbuch des ›Vereins der Liebe‹ aus dem Kloster Strahov. Sie bekommt Geld für das Begräbnis, und auch das Requiem hat sie bereits bezahlt.«

»Das arme Hundefräulein! Und dabei hatte sie doch nur eine Pension von etwa 80 Gulden im Jahr! Mein Sohn hat ihr immer die vierteljährlichen Quittungen ausgeschrieben«, wunderte sich Frau Bavorová. Die Bezeichnung »Hundefräulein« war offensichtlich für die Leute längst nur ein historischer Name, keineswegs eine Beleidigung.

»Da erhält sie etwa 50 Gulden, ein schönes Bahrtuch und geweihte vergoldete Tafeln«, meinte die Gastwirtin.

»Und was enthalten die übrigen Papiere?« fragte Václav, der eben wieder zurückgekommen war, neugierig.

»Nichts von Wert. Anscheinend einige Privatbriefe, die schon manches Jahrzehnt alt sind«, antwortete der Herr Doktor nach flüchtiger Prüfung.

»Geben Sie sie mir! Es kann interessant sein, die Erinnerungen eines alten Fräuleins zu lesen. Ich steige dann aufs Dach hinauf und lese sie dort. Heute ist Montag, im ganzen Haus wird gewaschen, und vor Seifen- und Erbsengeruch – bei großer Wäsche werden überall Erbsen gekocht – kann ich es im ganzen Haus nicht aushalten, außer auf dem Dach. Ein Schriftsteller muß alles lesen, und ich möchte doch ein Schriftsteller werden. Zeit habe ich genug, denn vom Amt bin ich bis zum Donnerstag beurlaubt – nicht wahr, Hausherr?«

»Aber daß Sie keines von den Blättern verlieren! Bringen Sie alle wieder zurück!«

»Doch wer wird alles besorgen?« fragte der Hausherr. »Dieser Sache sollten Sie sich annehmen, Herr Doktor!« Und leise setzte er in deutscher Sprache hinzu: »Diese Leute verstehen es ja doch nicht!«

»Wenn nur mein Sohn nicht bei dir im Amt wäre, ich würde dir helfen mit deinem ›verstehen es ja doch nicht‹!« brummte Frau Bavorová vor sich hin.

»Es wird wohl nichts anderes übrigbleiben!« meinte der Herr Doktor gutmütig. »Ich werde selbst zum Standesamt, zum Kirchenamt und in das Pfarramt gehen – aber Sie, Herr Bavor, müssen sofort einen Arzt holen. Wenn er den Totenschein ausgestellt hat, bringen Sie ihn mir gleich in die Kanzlei!«

Václav eilte bereitwillig fort.

»Und ich werde inzwischen mit der Frau Gastwirtin die Leiche waschen und herrichten. Erweisen wir ihr den letzten Dienst!«

»Das ist sehr lieb von Ihnen!« lobte der Herr Doktor. »Aber ich muß nun gehen!«

»Ich komme mit.« – Die Herren gingen.

»Was machen Sie immer, Frau Nachbarin?«

»Ich denke über die Welt nach.«

»Und was hat Ihnen eigentlich geträumt, Frau Nachbarin?« fragte die Gastwirtin weiter. »Sie wollten doch erzählen . . .«

»Ach ja! War das ein schöner Traum! – Mir hat geträumt, mein seliger Vater sei zu mir gekommen. Der Herr lasse ihn ruhen in Frieden, nun liegt er schon mehr als zwanzig Jahre draußen, und als die Mutter vor ihm starb, hatte er keine Ruhe und ging täglich auf den Friedhof, bis er selbst starb. Er hatte einen leichten Tod. Die beiden haben sich wie Kinder gerngehabt. Wie heute sehe ich sie noch vor mir, als sie über uns Kinder weinten. Das war während der Notzeit in den französischen Kriegen, und sie hatten nichts, was sie uns zu essen geben konnten . . .«

»Wie hieß denn Ihr Herr Vater?«

»Das gibt eine Sechzehn – er hieß Johann und feierte seinen Namenstag am Fest Johanns von Nepomuk, am 16. Mai. Also, da steht er doch plötzlich leibhaftig vor mir – bei uns im Laden. Gerade will ich sagen: ›Wo kommen denn Sie her, Herr Vater?‹, da gibt er mir doch – er war ganz weiß angezogen – einen Armvoll dicker Buchteln – 23, das bedeutet Glück – und sagt: ›Sie haben mich zu den Soldaten geworben, ich muß gehen!‹ Anwerbung zum Militär gibt eine 8 und bedeutet soviel wie Fröhlichkeit. Und dann hat er sich umgedreht und ist fortgegangen . . .«

»Das bedeutet 61, wenn er sich umgedreht hat!«

»Tatsächlich, darauf wäre ich gar nicht gekommen! Also 61, 23 und 8.«

»Und wir setzen ganze 50 Kreuzer, weil es doch ein so lebhafter Traum war, ja?«

»Das könnten wir tun.«

»Dann gewinnen wir mehr und – der Herr Václav und meine Márinka – haben die einander gern!«

III

Bei der Familie des Hausherrn

Es ist nun an der Zeit, Schauplatz und Personen genauer zu bestimmen.

Bei den Personen überlasse ich es dem Zufall, wie sich jede im Verlaufe der eben beginnenden Woche selbst in den Vordergrund schiebt.

Vom Schauplatz aber kann ich gleich sagen, daß es sich um eines der stillsten Häuser der stillen Kleinseite handelt. Das Haus ist sonderbar gebaut, und es gibt deren auf dem steilsten Teil der Spornergasse wohl noch mehrere. Es hat eine verhältnismäßig große Tiefe. Mit seiner einfachen Vorderfront blickt es in die Spornergasse, während der hintere Teil des Gebäudes dem tiefer gelegenen toten Johannisgäßchen zugekehrt ist. Da das Haus auf einem Abhang steht, ergibt sich, daß das Hintergebäude trotz seiner zwei Stockwerke niedriger ist als das einstöckige Vordergebäude. Diese beiden Häuser sind nicht durch Gebäudeteile miteinander verbunden, sondern die Mauern der Nachbarhäuser ragen dazwischen in die Höhe; allerdings sind sie fensterlos.

Im Vordergebäude erblickt man von der Straße aus links einen Krämerladen, rechts eine kleine Gastwirtschaft. Das erste Stockwerk erreicht man nicht von der dunklen Durchfahrt aus, sondern man muß zuerst über eine Treppe gehen, die auf den Hof führt, und von dort rechts über einen kurzen offenen Gang zu einer Wendeltreppe. Über einen anderen kurzen offenen Gang gelangt man dann auf einen kleinen Flur.

Das Stockwerk bildet zur Straße und zum Hof eine einzige Wohnung, die von einem pensionierten Beamten mit Frau und Tochter bewohnt wird. Der Herr Doktor, eigentlich Herr Josef Loukota, praktischer Amanuensis ohne Doktorat, hat bei ihnen ein Zimmer gemietet und muß, um dorthin zu gelangen, durch die Küche gehen.

Die Wendeltreppe führt noch etwas höher bis zum Boden.

Unten, rechts und links von der Treppe, stehen die Holzschuppen.

Der Hof ist sehr abschüssig.

Im Erdgeschoß des Hintergebäudes befindet sich die uns bereits bekannte Wohnung des verstorbenen Fräuleins Žanýnka, daneben führt eine Treppe in den Keller, wieder daneben eine Wendeltreppe zu den beiden mit zwei langen offenen Gängen versehenen Stockwerken und noch weiter auf den Boden.

Im zweiten Stockwerk wohnt Josefinka mit ihrer kranken älteren Schwester und ihrer Mutter, der Witwe eines herrschaftlichen Beamten. Ihre Wohnung, die ebenfalls das ganze, übrigens recht bescheidene Stockwerk einnimmt, hat Fenster sowohl zum Hof als auch zum Laurenziberg.

Im ersten Stockwerk wohnt der Hausherr mit seiner Familie, die wir schon flüchtig auf dem offenen Gang gesehen haben.

Machen wir nun anstandshalber hier unseren ersten Besuch!

Durch die Küche, in der wir jetzt die alte Frau Bavorová am Waschtrog wiedersehen – sie hat die Aufwartung bei der Hausfrau –, gelangen wir ins erste Zimmer. Die Möbel sind hier recht einfach und nicht mehr modern. Links befindet sich ein gemachtes Bett, darauf eine gestrickte Decke, rechts ein Wäscheschrank und ein hoher Kleiderschrank, hier und da einige Stühle, in der Mitte ein runder, mit einem etwas zerfransten und ausgeblichenen Tuch bedeckter Tisch, in den Fensternischen je ein

Nähtischchen, ein Stuhl und ein Fußschemel, an der Wand zwischen den Fenstern ein großer Spiegel; die übrigen, grün gestrichenen Wände sind leer. Auf dem Wäschekasten und dem Spiegelrahmen liegt dicker Staub, aber das macht nichts, denn erst der zweite Raum ist ja das Paradezimmer. Deshalb nennt Frau Bavorová den ersten Raum auch immer nur das »Parade-Vorzimmer«.

Im zweiten, also im Paradezimmer, hängen an den Wänden einige Lithographien, und die Einrichtung besteht hier aus einem Klavier, einem Sofa, vor dem ein Tisch steht, etwa sechs, mit weißen Überzügen versehenen, rund um den Tisch gruppierten Stühlen und einem weiteren Bett. Dieses Bett ist noch nicht gemacht. Ein Mädchen liegt darin, die zweite Tochter des Hausherrn.

Das dritte Zimmer ist das Schlafzimmer der Eltern.

An einem Fenster im ersten Zimmer sitzt die Hausfrau, am zweiten das Fräulein. Die Mutter ist noch immer nicht vollständig angezogen und die Tochter nur im Unterrock, obwohl es schon bald elf Uhr ist.

Die Hausfrau ist eine Dame mit scharfen Gesichtszügen und einem etwas flachen Gesicht, das in ein spitzes Kinn ausläuft. Sie trägt eine Brille und näht sehr eifrig an einem Stück grober Leinwand. Die schwarzen aufgedruckten Stempel zeigen, daß es sich um Militärwäsche handelt.

Das Fräulein ist, um es kurz zu sagen, eine Blondine fadester Art. Ihr Gesicht ähnelt dem der Mutter, nur ist die Schärfe der Züge etwas gemildert, und das spitze Kinn hat wenigstens den Reiz der Jugend für sich. Ihre Augen sind hellblau, das Haar scheint sehr dünn zu sein, doch kann man das einstweilen wegen der Papilloten noch nicht recht erkennen. Wir sehen jetzt, daß sie doch merklich älter als zwanzig Jahre ist.

Der Korb mit dem Nähzeug steht auf der Fensterbank, und dünne weiße Wäsche liegt auf einem Stuhl neben dem Fräulein. Ein auf der Wäsche liegender roter Knäuel zeigt an, daß das Fräulein entweder begonnen hat, die Wäsche zu zeichnen, oder wenigstens beginnen wollte.

Auf dem jetzt leeren Tischchen, das bei jeder Bewegung wackelt, steht eine Schale mit einem Tintenfaß, daneben liegt ein offenes Album mit beschriebenen Erinnerungsblättern, vor dem Fräulein auf einer Unterlage aus altem Zeitungspapier ein weißes Blatt und in Griffnähe auf dem Fenster ein aufgeschlagenes Heft, das lauter deutsche Verse enthält. Sicherlich will das Fräulein ein Stück Poesie auf das weiße Blatt zaubern, aber die Feder scheint noch nicht recht in Ordnung zu sein; das Fräulein hat sie auf dem Zeitungsrand probiert und anscheinend auch schon mehrfach nachgeholfen, wie ihre mit Tinte beschmierten Lippen zeigen.

Eben blickte die Mutter auf, schaute zur Tochter hinüber und schüttelte den Kopf. »Daß du zu dieser Arbeit Lust hast! Hörst du?«

»Freilich höre ich.«

»Matylda, du warst doch in der Küche, als heute früh Herr Loukota zu uns herübergeschaut hat? Das ist sein tägliches Morgengebet!«

»Was kümmert es mich? Meinetwegen soll er schauen!« erwiderte Matylda mit scharfer, durchdringender Stimme.

»Du kannst mir glauben, er wäre mir immer noch lieber als dieser Oberleutnant!«

»Mir nicht.«

»Er ist auch jünger, und er ist ein braver Mensch. Wir kennen ihn schon seit Jahren. Und er muß ein schönes Stück Geld erspart haben!«

»Aber, Mama, bist du fade!«

»Und du bist eine dumme Gans!«

»Bin ich denn ein Handtuch, daß du dich dauernd an mir reibst? Laß mich doch, ich mache, was ich will!«

»Ich lasse dich ja, du bist es ja gar nicht wert, daß ich mich deinetwegen aufrege!« sagte die Mutter, legte das Nähzeug weg und ging hinaus in die Küche.

Es war zu sehen, daß auch Matylda es nicht der Mühe wert fand, sich zu ärgern. Seelenruhig legte sie das Heft mit den Versen vor sich hin, tauchte die Feder noch einmal ein und begann, auf das leere Blatt einen Buchstaben neben den anderen zu setzen. Sie tat es langsam und mit sichtlicher Mühe. Endlich war die erste Zeile fertig, nach einem gehörigen zeitlichen Abstand die zweite, dann die dritte, und nach einer Anstrengung von einer halben Stunde prangte bereits die ganze Strophe auf dem Papier. Sie lautete getreulich so:

»Roszen verwelken Mirthe bricht
Aber wahrer Freundschaft nicht;
Wahrer Freundschaft soll nicht brechen
Bis man einst von mir wird sprechen.
Sie ist nicht mer.«

Der Vierzeiler war in deutscher Schrift geschrieben, der emphatische Schluß in Lateinschrift. Fräulein Matylda blickte sehr zufrieden auf ihr poetisches Werk, las sich die Verse zweimal laut vor, und beim zweitenmal sprach sie die schönen Schlußworte mit ergreifender Stimme.

Dann begann sie damit, ihren Namen darunter zu setzen. Sie kam aber nur bis »Ma« – da versagte die Feder den Dienst. Das Fräulein tauchte von neuem ein, legte die Hand wieder aufs Blatt, um die Unterschrift weiterzuführen – doch plötzlich saß neben dem »a« ein großer Klecks. Rasch entschlossen hob das Fräulein das Blatt zum Mund und leckte ihn mit einem Zuge weg.

Offensichtlich hatte sie der Klecks keineswegs aus der Fassung gebracht. Seinetwegen würde sie das Werk nicht noch einmal von vorne beginnen. Sie hielt das Blatt gegen das Licht und wartete, bis der nasse Fleck getrocknet sein würde.

In diesem Augenblick aber kam die Mutter schnellen Schrittes ins Zimmer. »Frau Baurová und Tochter kommen zu uns – und du bist noch nicht einmal angezogen!« rief sie schon unter der Tür. »Wirf schnell etwas über!«

»Was wollen sie denn schon wieder hier, diese Nachteulen!« schimpfte das Fräulein und steckte das Heft mit dem noch nicht fertiggeschriebenen Blatt unter die

Schreibunterlage. Dann stand sie auf und ging zum Bett, auf dem ein weißes Leibchen lag.

Die Hausfrau raffte inzwischen ihre grobe Leinwand zusammen und warf sie hinter die Tür des zweiten Zimmers. »Valinka, steh jetzt nicht auf! Wir bekommen Besuch«, rief sie noch ins Zimmer, dann schloß sie wieder die Tür.

In der Küche waren bereits Frauenstimmen zu hören, die nach der Hausfrau fragten. Fräulein Matylda lief geschwind an ihren Platz und nahm den roten Knäuel in die Hand. Auch die Hausfrau sprang zu ihrem Fensterplatz und kramte im Nähkörbchen.

Es klopfte an die Tür.

»Wer ist da?« fragte die Hausfrau.

Die Tür wurde geöffnet, und es erschienen zwei Frauen, die – um einen guten Eindruck zu hinterlassen – an der Tür stehenblieben.

»Ah, Frau Baurová! Matylda, sieh doch einmal, wer zu uns kommt!«

»Ist das aber eine Freude!« rief das gute Fräulein Matylda und klatschte fröhlich in die Hände. »Marie, das ist aber schön von dir! Eigentlich müßte ich dir böse sein, daß du mich so lange nicht besucht hast!« Dabei umarmte sie innig die jüngere Besucherin.

»Wir sind nur auf einen Sprung gekommen, Frau von Eber!« erklärte die Ältere. »Wir sind eben auf dem Wege zu unserem Onkel, dem Kanonikus, und da hat mir Marie keine Ruhe gelassen, sie wollte unbedingt das Fräulein Matylda sehen. Warum sind Sie so lange nicht bei uns gewesen? Da kann man doch gleich sehen, wem etwas an dem anderen liegt! Wir kommen viel öfter zu Ihnen. Aber heute sind wir wirklich nur auf einen Sprung hier. Ich habe zu Marie gesagt, vielleicht kommen wir heute ungelegen, es ist doch Montag, und da wird Wäsche gewaschen . . .!«

»Aber ich bitte Sie!« wehrte die Hausfrau ab. »Was tut es denn, wenn in der Küche gewaschen wird? Sie werden doch trotzdem bei uns Platz nehmen? Sehen Sie doch einmal, die Mädchen lassen einander gar nicht mehr los, haben die aber einander gern! Erdrücke nur das Fräulein nicht, Matylda!«

Sie schob den Damen Stühle ans Fenster.

Die ältere der beiden sehr elegant gekleideten Damen mochte etwa fünfzig Jahre zählen, die jüngere etwa dreißig Jahre, doch hatte auch diese trotz ihres höflichen Lächelns in ihrem nichtssagenden, der Mutter ähnlichen Gesicht bereits einen Ausdruck unaussprechlicher Langeweile. Nur das Auge der jüngeren Dame zeigte eine gewisse stechende Lebhaftigkeit und huschte forschend über alle Gegenstände im Zimmer.

Man begann eine Unterhaltung, die bald tschechisch, bald deutsch geführt wurde, je nach dem Gesprächsstoff.

»Ach bitte, ist hier auch keine Zugluft?« meinte die ältere Dame, als sie Platz nahm. »Meine Zähne leiden nämlich so sehr unter Rheuma! Der schöne Himmel hat uns heute ins Freie gelockt. Ach, Fräulein Matylda, heute ist aber auch wirklich ein prachtvoller Himmel draußen!«

»Ich sehe ihn, er ist wirklich schön, geradezu elegant!«

»Sehr elegant!« stimmte Fräulein Marie zu.

»Frau von Eber haben heute wohl gar schon genäht?« fragte Frau Baurová wieder und hob vom Boden einen Leinwandstreifen auf. »Aber das ist doch – Kommißleinwand?«

»Ja, das ist Leinwand – Kommißleinwand«, brachte die Hausfrau in größter Verlegenheit hervor. »Unsere Aufwartung, eine arme Frau, näht in Kommission, und da sie bei mir wäscht, habe ich ihr heute ein wenig geholfen. Sie tut mir so leid! Wieviel Stiche sie machen muß, ehe sie 50 Kreuzer in der Woche verdient. Die Leute müssen sich wirklich plagen!«

»Jaja, die Armen!«

»Und was machst du denn, Matylda? Du zeichnest wohl die Wäsche? Zeig doch einmal, was für ein Monogramm du nähst!« begann Fräulein Marie ein Gespräch. »M. K.? Ach, jetzt erinnere ich mich! Ich habe ja gehört, du bist verlobt. Da muß ich dir ja wohl Glück wünschen? Oberleutnant Kořínek ist doch der Glückliche? Ich habe ihn einmal bei meinem Onkel getroffen, ich kenne ihn ein wenig. Sag einmal, liebst du ihn denn?«

Fräulein Matylda wurde nicht einmal rot. Einer Freundin gegenüber ist das auch nicht nötig. »Ja, ich habe mich entschlossen! Ich bitte dich, worauf soll ich warten? Er ist ein ordentlicher Mensch und hat mich gern, warum sollte ich zu Hause versauern?«

»Ich erinnere mich nicht mehr gut an ihn – aber ich glaube, er ist blond – oder sollte er gar schon graues Haar haben?« meinte Fräulein Marie unschuldig und spielte mit den Blättern des Poesiealbums.

»Oh, Kořínek ist noch gar nicht so alt!« sagte Matylda und errötete leicht. »Er hatte nur – das hat er mir schon erzählt – in Graz ein so ungesundes Quartier und lag mit seinem Kopf direkt an einer feuchten Wand. Er ist wirklich noch nicht so alt!«

»Dann stellt er sich also nur so, dieser Schlauberger! Den Männern kann man doch wirklich nicht trauen!«

»Du, der ist durchtrieben! Gestern habe ich vielleicht über ihn gelacht! Ich neckte ihn, weil er so viel raucht, und fragte ihn, warum er es täte. Da antwortete er mir, er wolle seine Lippen schon jetzt an die Arbeit gewöhnen, bevor er erst richtig zu küssen beginnt. Ist der witzig!«

Fräulein Marie verriet durch unschuldiges Kichern, daß sie die Ansicht über den Witz des Herrn Kořínek teile. »Aber warum ist er vom Linienregiment zur Bekleidungskommission übergewechselt, wenn er noch so stattlich ist?«

»Man wollte ihn nach Dalmatien versetzen, und da hat er um Entlassung aus dem Liniendienst gebeten, weil sein Gedächtnis schon etwas nachläßt . . .«

»Und aus so großer Entfernung hätte er dann nicht mehr nach Hause gefunden! Der Arme!« meinte Fräulein Marie teilnahmsvoll.

»Einen Fehler hat ja jeder Mann, und Herr Kořínek hat Geld!« bemerkte Fräulein Matylda schnell. »Sein Vater hat es in den französischen Kriegen erworben.«

»Ja, davon habe ich gehört. Er hat damals alte Knochen oder so etwas Ähnliches aufgekauft – aber davon verstehen wir Mädchen ja nichts«, fügte Fräulein Marie wieder mit ganz unschuldigem Gesicht hinzu. »Schau, schau, was für einen schönen Spruch er dir geschrieben hat!« und sie las halblaut die Verse.

»Dein treues Herz und Tugend Pracht
Hat mich in dich verlibt gemacht,
Mein Herz ist dir von mir gegeben
Vergissmeinnicht in Todt und Leben.
W. Korzineck
Oberlieutenant«

»Warum hat er denn seinen Vornamen nicht ausgeschrieben? Heißt er Wolfgang oder Wilhelm? Oder wie sonst?«

»Nein, er heißt Václav, Wenzel, aber der Name gefällt ihm nicht. Er sagt, bei der nächsten Kirchenparade läßt er sich umtaufen.«

»Hier hast du ja ein ganzes cahier Verse!«

»Kořínek hat sie mir geliehen.«

»Aha, damit du ihm auch etwas abschreiben kannst! Das ist aber schön von ihm! – Mama, gehen wir noch nicht?«

Die Mütter hatten sich in ein Gespräch über Hauswirtschaft vertieft.

»Ja, du hast recht, wir müssen gehen! Nur schade, daß wir Herrn von Eber nicht sehen können. Selbstverständlich ist er in der Kanzlei! Aber wo ist denn mein kleiner Engel, meine Walburga, ist sie nicht zu Hause?«

»Doch, sie liegt noch im Bett. Ich lasse sie am Vormittag immer schlafen, das soll sehr gut für die Stimme sein. Unsere Valinka wird Sängerin! Jeder wundert sich über ihre Stimme. Auf Musik ist sie ganz versessen. Wenn sie vom Klavier aufsteht, rauchen die Tasten!«

»Aber ich muß doch meinen Engel umarmen! Das wäre noch schöner, wenn ich fortginge, ohne Walburga einen Kuß gegeben zu haben. Sie ist doch hier im Nebenzimmer, nicht wahr?« Und Frau Baurová ging auf die Tür zu.

»Ach, wir haben dort noch nicht aufgeräumt!« wandte die Hausfrau ein.

»Ich bitte Sie, Frau von Eber, wir sind doch ganz unter uns! Bei uns zu Hause ist es ja auch so.« Und schon hatte sie die Tür geöffnet.

Den anderen blieb nichts übrig, als ihr zu folgen.

Frau Baurová sah auf dem Fußboden den Haufen Kommißwäsche liegen. Ein leichtes Lächeln überzog ihr hageres Gesicht, aber sie sagte keinen Ton und ging raschen Schrittes auf das Bett zu.

»Lassen Sie mich in Ruhe – ich mag nicht!« wehrte sich Valinka gegen die Umarmung.

»Sei doch brav! Was ist denn das?« ermahnte sie die Mutter. »Aber was mir da gerade einfällt! Am Donnerstagabend haben wir ein kleines Hauskonzert. Sie kommen doch auch, Frau von Bauer? Matylda, rede doch Fräulein Marie gut zu, daß sie am Donnerstag ganz bestimmt kommt!«

»Wir kommen, wir müssen doch unseren kleinen Engel bewundern!« versprach Frau Baurová liebenswürdig.

Das Paradezimmer war so groß wie die Küche und das erste Zimmer zusammen, es hatte also auch zwei Fenster zum Hof. Die beiden Fräulein traten ans Fenster und hielten einander an der Hand. Sie erblickten eben den jungen Bavor, der mit einem Bündel Schriftstücke in der Hand aus Žanýnkas Wohnung kam und zur vorderen Wendeltreppe eilte.

»Wer ist das?« fragte Fräulein Marie.

»Unser Star, der Sohn unserer Aufwartung, der Kaufmannsfrau. Aber fürchterlich eingebildet, er trägt sogar den Rock über dem Arm!«

»Er heißt Star?«

»Nein, er heißt Bavor, aber wir nennen ihn nur ›Star‹. Einmal ist uns nämlich unser Star davongeflogen, und

Papa meinte, er sähe ihn auf dem Dach sitzen. Als Papa aber hinaufkroch, war es gar nicht der Star, sondern ein Rockzipfel des jungen Bavor. Der junge Bavor hat nämlich immer oben auf dem Dach studiert. Jetzt geht er wieder hinauf, schau nur!«

»Er studiert also noch?«

»Nein, er ist jetzt im Amt bei meinem Papa, aber Papa sagt immer, aus ihm wird nichts, und er täte am besten, von der Karlsbrücke in die Moldau zu springen – wie der heilige Johann von Nepomuk.«

»Mädchen, Mädchen, nun müßt ihr euch aber endlich trennen – wir müssen ja gehen, Márinka!« rief Frau Baurová.

Die Mädchen umarmten einander. Es dauerte lange, ehe sie sich sattgeküßt hatten, es dauerte lange, ehe sie sie endlich durch alle Zimmer, durch Küche und Flur bis zur Treppe hinauskomplimentiert hatten.

Die Hausfrau blieb mit Fräulein Matylda noch auf dem offenen Gang stehen.

»Hast du gehört, Matylda, was für eine Angst sie vor dem Rheuma hat?« fragte die Hausfrau, als Frau Baurová und Tochter bereits vom ersten Stock zum Hof hinabstiegen. »Und dabei hat sie wohl keinen einzigen echten Zahn mehr im Mund!«

»Nicht wahr, das Dienstmädchen spült nach dem Mittagessen ihre Zähne immer mit dem Geschirr?«

Frau Baurová wandte sich an der Durchfahrt noch einmal um und winkte zum Abschied freundlich mit der Hand. Fräulein Marie warf Fräulein Matylda noch einige Kußhände zu. Dann verschwanden sie in der dunklen Durchfahrt.

»Gott mag wissen, zum wievielten Male diese Matylda ihre Wäsche schon für einen anderen Bräutigam auszeichnet und wie oft sie das Monogramm wieder heraustrennen mußte«, meinte Fräulein Marie und zupfte ihre Mantille zurecht. »Und vielleicht wird sie es auch diesmal wieder tun müssen!«

»Was ist denn mit diesem Kořínek? Nicht wahr, der Onkel hat doch einmal mit dir über ihn gesprochen? Was meinst du dazu?«

»Hm – ja!« sagte Fräulein Marie und war mit einem Sprung auf der Straße.

IV

Ein lyrischer Monolog

Das war am Morgen. Jetzt aber haben wir den Abend des ersten Tages.

Ja, der Abend ist angebrochen, und auf dem Schauplatz unserer Erzählung ist es wie in dem alten russischen Volkslied: »Am Himmel der Mond – in der Stube der Mond.« Hoch am Himmel zieht der Vollmond seine Bahn, und er ist so hell, daß die Sterne rings um ihn erblassen und erst in weltenweiter Ferne wieder zaghaft aufleuchten. Stolz hat der Mond seinen silbernen Mantel über die Erde gebreitet, hat mit ihm das Wasser der Flüsse und das Grün der Ufer, das weite Land und die großen Städte bedeckt, hat ihn über Plätze und Straßen gezogen, über jeden Fleck, den er fand, und wenn er irgendwo das offene Fenster einer Stube entdeckte, warf er auch dort einen Zipfel seines glitzernden Mantels hinein.

Auch in das Zimmer des Herrn Doktors ließ er durch das weitgeöffnete Fenster sein helles Licht fluten, und in dem sorgfältig eingerichteten, sauberen, ja eleganten Raum herrschte er lange Zeit ganz allein, und es gefiel ihm hier. Er übergoß mit seinem Schein die Blumen auf dem Tischchen am Fenster, daß sie wie mit silbernem Reif überzogen waren, er ließ sich auf das weiße Bett nieder, daß es noch weißer erschien, er setzte sich in den bequemen Lehnstuhl und leuchtete auf das Schreibzeug, ja er breitete sich sogar über die ganze Länge des Teppichs.

So ging es bis tief in die Nacht.

Endlich knackte die Klinke, die Tür knarrte verschlafen, und der Bewohner des Zimmers trat ein.

Er steckte sein Spazierstöckchen in den Ständer neben der Tür, hängte seinen Strohhut auf den Kleiderhaken, und dann rieb er sich die Hände. »Sieh einmal an«, sagte der Herr Doktor dann mit gedämpfter Stimme, »wir haben Besuch! Schön willkommen, Herr Mond, schon als Pfingstgast? Ist zu Hause alles gesund? Und was – ach, mein verdammtes Knie!« brummte er lauter, bückte sich und rieb sein Bein. In seinem Gesicht, das nun vom Mondschein getroffen wurde, mischten sich Ärger und Heiterkeit.

Dann richtete er sich wieder auf und machte sich daran, seinen Rock auszuziehen. Als er den Kleiderschrank öffnete, um den Rock hineinzuhängen, brummte er wieder, aber nun war es mehr ein Singen: »Doktor Bartolo ... Doktor Bartolo ... Doktor Bartolo ... lolo ... lo ... war das ein ›e‹ oder ein ›f‹? – Ja, ein ›f‹ war es! ... Bartololo ... lolo ... lolo ...« Inzwischen hatte er vom Kleiderständer seinen grauen Schlafrock genommen, ihn angezogen, die rote Seidenschnur festgebunden, und nun ging er, beschwingt und noch immer »lolo« singend, zum offenen Fenster.

»Ach, Josefinka schläft wohl schon! Gute Nacht, mein Kätzchen, laß dir etwas Schönes träumen! Es ist ein reizendes Kätzchen – und so gutherzig!« trällerte er leise vor sich hin, doch schon bückte er sich wieder und rieb neuerlich über sein Knie, doch diesmal fluchte er nicht.

Dann stützte er sich auf das Fensterbrett. »Ihre Wohnung ist groß genug, die Leute nützen sie jetzt nicht einmal aus. Wir können dort wohnen – nur einige neue Möbel müssen wir anschaffen! ... Nun, mit der Mutter und der kranken Katuška werden wir uns gut verstehen, es sind liebe Menschen. Und sie haben ja ohnedies niemanden. Vetter Bavor kann Brautführer sein, natürlich, Josefinka muß doch bei der Hochzeit einen Brautführer haben! Das versteht sich doch – so ein liebes Kätzchen! Wir werden es in aller Stille abtun ... Bartolololo ... Geht mir denn heute der Doktor von Sevilla nicht aus dem Sinn?

Was ist denn nur mit mir los? Bartolo ... Bartolo ... Ich bin ja noch gar nicht so alt, und ich habe mich gut gehalten, recht gut, oho! Bei mir ist noch nicht ›periculum in Morea‹. Ich brauche nicht zu fürchten, daß ich in meinem Leben nicht mehr hübscher werde, als ich jetzt bin. Für mich wird ein neues Leben beginnen, ich werde zufrieden sein. Und wenn man zufrieden ist, wird man auch wieder jung.«

Er blickte zur vollen Scheibe des Mondes auf. »Ob wohl mein Kätzchen jetzt etwas träumt? Ach nein, so ein unschuldiges Geschöpf schläft ja wie ein Murmeltier. – Wie gern würde ich ihr zuflüstern, was sie träumen soll!«

Er wandte sich um und nahm seine Gitarre, die über dem Blumentischchen an der Wand hing. Dann trat er wieder ans Fenster und griff einige Akkorde.

Vom Hof herauf tönte das Jaulen eines Hundes.

»Ach, Azor ist wieder freigekommen!« sagte der Herr Doktor und beugte sich aus dem Fenster. »Azor – ganz brav! Ruhig!«

Der Hund rührte sich nicht.

»Ich darf den armen Kerl nicht reizen«, sagte der Herr Doktor wieder zu sich, hängte die Gitarre an den Nagel, schloß das Fenster und zog den Vorhang zu.

Dann ging er zum Schreibtisch und zündete eine Kerze an. Hierauf setzte er sich in den Sessel.

Wenn der Herr Doktor allein war, sprach er immer halblaut vor sich hin. Auch jetzt fuhr er dort fort, wo er in seinen Gedanken kurz zuvor stehengeblieben war: »Ich bin doch alt genug, um keine dummen Streiche mehr zu machen. In meinem Alter muß man eine solche Sache rasch erledigen – allerdings auch nicht zu rasch, nicht ganz ohne Poesie. Mein Plan ist gut – verdammtes Knie! Ich muß mich doch ordentlich gestoßen haben!«

Er schlug den Schlafrock auseinander und betrachtete seine helle Hose. Sie war auf dem rechten Knie zerrissen.

»Meine neue Hose!« jammerte er verstimmt. »Das hat man nun von seinem Zartgefühl! Sie standen links in der

Durchfahrt – sicherlich war es Václav mit Márinka, wer denn sonst? – Ich wich nach rechts aus und stieß gegen die Wäscherolle! Dieser verdammte Václav . . . Von dieser Bekanntschaft muß ich ihm abraten, er ist schließlich erst Praktikant! Wohin soll das führen? . . . Eigentlich ist es ja schade um ihn, er hat Talent, das muß man ihm lassen, und am besten wäre es für ihn gewesen, wenn er sein Studium hätte beenden können. Aber die Mittel fehlten, was kann man da machen? – Auch das Dichten muß ich ihm ausreden, das führt ebenfalls zu nichts. Er soll lieber trachten, seine Stellung zu behalten, wenn er schon einmal in einer Behörde sitzt. Wenn er zu mir kommt, um sich nach meinem Urteil zu erkundigen, werde ich ihm sagen, er solle alles wegwerfen, es tauge doch nichts.«

Bei diesen Worten nahm er vom Schreibtisch ein dickes Heft und blätterte darin. Er hatte einige Lesezeichen eingelegt und schlug nun das Heft beim ersten Streifen auf.

»Mein Plan ist fertig«, setzte er sein Selbstgespräch fort, »ich brauche Gedichte. Selbst bringe ich keine zustande, und diese hier, die mir der Zufall bescherte, kommen mir wie gerufen. Nähme ich sie nicht von hier, so würde ich sie eben anderswo hernehmen, was liegt schon daran? Josefinka wird es nie erfahren und er auch nicht, denn auf meinen Rat hin wird er alle Gedichte vernichten. Also – morgen schicke ich eines, zunächst noch anonym, aber sie wird schon erraten, von wem es kommt. Dieses soll das erste sein!« Und er las aus dem Heft:

»Du bist wie eine Berglandschaft,
Wie ihre junge Frühlingszeit!
Dein Haar ein dunkler Märchenwald,
Dein Blick des Bergbachs Munterkeit.

Gleich Blüten leuchten Lipp' und Wang',
Dein Wort ist Nachtigallensang.
Wer Dich nur in den Armen hält,
Der hat fürwahr die ganze Welt!

Du bist wie eine Berglandschaft,
Bald klar und bald in Wolken ganz,
Du bist wie eine Berglandschaft,
Nur für den Dichter strahlt Dein Glanz.

O sag, dringt meines Liedes Kraft
Wohl in Dein stolzes Herz hinein?
Sag, birgst wie eine Berglandschaft
Du in der Brust nur ew'gen Stein?

Das ist ein Bursche! So wie bei uns in den Bergen! . . . Und dabei weiß ich doch ganz genau, daß er zeitlebens noch keine Berglandschaft gesehen hat. Wie sollte er auch! Frühlingszeit – des Bergbachs Munterkeit – gut! Nachtigallensang – ist das nicht ein bißchen viel? Ich habe einen Einfall! Ich unterstreiche recht dick: Nur für den Dichter strahlt Dein Glanz, also nur für mich, für mich allein! Gedichte machen den Mädchen den Kopf wirbelig! – Nächste Woche lasse ich dann die zweite Bombe explodieren, vielleicht schon mit Unterschrift, je nach Bedarf! Dies soll das zweite sein!« Er las weiter:

»Dein dunkler Teint, Dein dunkles Haar
Zum schweren Traum den Tag mir macht,
Dein Feuerblick, die Stimme klar
Zum glühend heißen Tag die Nacht.

Du meine Sonne, Feuerschein!
Sag, willst Du in der Nächte Dunkel
Mein strahlendhelles Licht wohl sein?

O Mondschein Du, so mild und klar!
Sag, folgst Du in des Tags Gefunkel
Mir als Gefährte immerdar?

Der versteht es, haha! Der kann den Mädchen den Kopf verdrehen! Vielleicht hat er eine Jüdin besungen – Josefinka hat keinen so dunklen Teint! . . . Aber das macht nichts! Wenn sie nur wie die Sonne ist! Hauptsache, es klingt! Das Gedicht wird es ihr antun. Lauter Glut und

Feuer! – Sollte sie aber wider Erwarten hart bleiben, dann noch dieses dritte, dann gehe ich unbarmherzig aufs Ganze!« Er überschlug einige Blätter und las:

»Was liegt an einem Schuß ins Herz,
An einem jähen Ende?
Denn drin, das lindert meinen Schmerz,
Auch Dich dann tot ich fände.

Was macht's, wenn auch mein Auge bricht?
So mag es denn geschehen!
Aus meinem Herzen kannst Du nicht,
Mußt mit mir untergehen.

Das hat etwas Dämonisches, eine wahre Selbstmordstimmung! Kein Mädchen kann widerstehen, wenn der Geliebte droht, sich zu erschießen. Nun, mag es sein, wie es will, auf jeden Fall geben wir Josefinka auch noch diese dritte Pille. Das wird sie in ihrer Liebe bestärken. – Doch plötzlich überfällt mich der Schlaf . . ., ich muß ins Bett – ich muß!«

Er gähnte tief und begann sich auszuziehen.

»Am schönsten ist doch diese Stelle: ›Aus meinem Herzen kannst Du nicht, mußt mit mir untergehen!‹« brummte er, während er sich auszog und die einzelnen Kleidungsstücke in pedantischer Ordnung zunächst auf den Sessel und dann auf den Stuhl neben seinem Bett legte. »Das soll zum Ausdruck bringen, er hat sie in sein Herz geschlossen, und wenn er sich ins Herz schießt, würde er sie zugleich mit treffen. Haha, wie sollte er sie nicht treffen, wenn sie dort ist!«

»Aus meinem Herzen . . . Ach, heute ist es warm, ich brauche keine Pantoffeln«, brummte er wieder und zog die Schuhe aus. Er schlug die Bettdecke zurück, löschte das Licht und legte sich nieder.

Zufrieden atmete er auf.

»Bartolo . . . ach! . . . Aus meinem Herzen . . . kannst du nicht . . . und . . .« Doch schon war er eingeschlafen.

Unten auf dem Hof winselte Azor. Bald darauf war zu hören, wie er an Žanýnkas Tür kratzte. Als könnte er seinen Schmerz nicht überwinden, fürchte aber doch, jemanden zu wecken, winselte er leise die ganze Nacht hindurch.

V

Ein Bräutigam in den besten Jahren – das größte Glück

Sprichwort

Der pensionierte Beamte, bei dem der Herr Doktor wohnte, hieß Lakmus. Er war erst vor drei Jahren nach Prag gekommen. Den Untermieter hatte er mit der Wohnung übernommen.

Gleich nach ihrem Einzug in unser stilles Haus wußten alle übrigen Mieter, daß die Familie Lakmus große Ersparnisse gemacht hatte und daß sie eine schöne Pension sowie ein Deputat bezog. Daher brachten sie Herrn und Frau Lakmus große Hochachtung entgegen.

Sie kamen mit ihnen nicht viel in Berührung. Frau Lakmusová, das Haupt der Familie, war nicht sehr zugänglich. Wenn sie aufgefordert wurde, tat sie zwar, was sie konnte: Bereitwillig zahlte sie dem Hausherrn die Miete im voraus, wenn er sie darum ersuchte; sie lieh den übrigen Frauen Butter und Mehl aus ihren Vorräten, wenn etwas irgendwo in der Küche dringend gebraucht wurde, und sie erwiderte jeden Gruß, ja sie grüßte auch selbst zuerst. In ein langes Gespräch aber ließ sie sich nicht ein. Deshalb war sie jedoch nicht schweigsam, die Beweise ihres Redetalents waren manchmal durch die offenen Fenster im ganzen Haus zu hören.

Obwohl Frau Lakmusová auch schon über die Vierzig war, war sie doch äußerst lebhaft. Ihre rundliche Gestalt war immer noch frisch, ihr glänzendes Gesicht wies kein einziges Fältchen auf, ihre Augen leuchteten fröhlich, kurz gesagt, sie sah wie eine unternehmungslustige Witwe aus, obwohl ihre Tochter schon lange heiratsfähig war.

Fräulein Klára, etwas über zwanzig Jahre alt, war ihr nicht ähnlich; sie war schlank wie eine Gerte und hatte nicht die angenehmen runden Formen. Ihre hellblauen Augen paßten übrigens gut zu dem vollen blonden Haar, und ihr ovales Gesicht erinnerte mit seiner gesunden Röte an ihre ländliche Herkunft. Fräulein Klára war noch unzugänglicher als ihre Mutter. Die Tochter des Hausherrn, Fräulein Matylda, bemühte sich daher schon längst nicht mehr um ihre Freundschaft.

Herrn Lakmus bekamen die Nachbarn nur selten anderswo zu Gesicht als am Fenster. Er hatte ein krankes Bein, das aufmerksame häusliche Pflege erforderte. Kaum einmal in mehreren Monaten hinkte er aus dem Haus. Er verbrachte die ganze Zeit in der Wohnung, sah entweder aus dem Fenster auf die Straße oder lag, das Bein in Flanell und nasse Tücher eingewickelt, auf dem Sofa. Man wußte von ihm zu erzählen, er trinke gern ein Gläschen. Sein kupferrotes Gesicht strafte dieses Gerücht nicht Lügen.

Die Mittagszeit des zweiten Tages unserer Erzählung war schon herangekommen, als sich Herr Lakmus mühsam aus dem Lehnstuhl am Fenster des Vorderzimmers erhob. Er hatte die Vormittagsstunden im Lehnstuhl zugebracht und begab sich nun langsam zum Sofa. Hier ließ er sich wieder nieder, zog die Beine hinauf, seufzte und schaute ungeduldig auf die große, laut tickende verglaste Wanduhr, die zwar – wie die ganze übrige Einrichtung – nicht neu war, aber doch von einer gewissen Wohlhabenheit zeugte. Es war einige Minuten vor zwölf.

Von der Uhr glitt sein Blick auf Klára, die am zweiten Fenster saß und fleißig nähte.

»Heute bringt ihr mir nicht einmal einen Teller Suppe!« brummte er mit saurem Lächeln, als wolle er nur daran erinnern, nicht aber sich beklagen.

Fräulein Klára hob den Kopf.

In diesem Augenblick aber ging die Tür auf. Frau Lakmusová trat ins Zimmer und trug eine Tasse dampfender Suppe auf einem Teller.

Das Gesicht des Herrn Lakmus hellte sich auf.

»Klára, geh in die Küche und mach den Teig für den Auflauf fertig!« befahl die Mutter. »Gib aber gut acht dabei, damit dich der Herr Doktor nicht auslacht!«

Klára ging.

»Ich habe dir heute eine Weinsuppe gekocht. Die ewigen Rindssuppen sind dir sicherlich schon zuwider, nicht wahr, mein Schatz?« sagte Frau Lakmusová freundlich und stellte den Teller vor ihrem Mann auf den Tisch.

Herr Lakmus hob den Kopf und betrachtete seine Frau mißtrauisch; diese Fürsorge schien ihm verdächtig. Es war aber zu merken, daß er immer zum Nachgeben geneigt war, denn statt einer weiteren Mißtrauensäußerung machte er sich gleich über die ihm angebotene Delikatesse her.

Frau Lakmusová nahm einen Stuhl und rückte ihn an den Tisch neben dem Sofa, auf dem ihr Mann saß. Sie ließ sich nieder, legte ihre Hände auf den Tisch und blickte ihren Mann an. »Ich bitte dich, was sollen wir mit unserer Klára anfangen?«

»Mit unserer Klára? Was sollen wir denn mit ihr anfangen?« erwiderte Herr Lakmus und löffelte ruhig seine Suppe weiter.

»Das Mädchen ist schon ganz verrückt, und wohin soll das führen? Sie ist in diesen Loukota vernarrt, weißt du . . .«

»Mir hat sie nichts davon gesagt!«

»Was soll sie es auch dir sagen? Aber mir sagt sie alles, sie ist ein aufrichtiges Kind. Heute nacht mußte ich sie mit Gewalt aus der Küche holen. Sie hörte, wie der Doktor in seinem Zimmer etwas so Schönes deklamierte, daß sie sich nicht von der Stelle rühren konnte. Wie ich bereits sagte: Das Mädel ist schon ganz vernarrt, und wohin soll das führen? Da soll sie ihn lieber heiraten, nicht wahr?«

Herr Lakmus wischte sich mit der Hand den Schweiß ab, den ihm die kräftige Suppe auf die Stirn getrieben hatte. »Er ist zu alt für sie«, bemerkte er nach einer Weile.

»Zu alt, zu alt! Du warst auch nicht der Jüngste, und ich habe dich trotzdem geheiratet!«

Der Mann sagte keinen Ton mehr.

»Er hat sich gut gehalten, ist gesund und sieht gar nicht alt aus. Ja, er ist auch noch nicht alt. Wir kennen ihn, und es ist sicherlich besser, sie nimmt ihn, als daß sie auf irgendeinen Flausenmacher wartet. Und mit Klára ist es ja auch wirklich nicht mehr auszuhalten. Du weißt doch, daß er einige tausend Gulden hat und eine Frau ernähren kann. Warum sollten wir ihm also unsere Tochter nicht geben? Nun, so sag doch ein Wort!«

»Aber . . . wer weiß, ob er sie will . . .«, wagte Herr Lakmus zu bemerken.

»Das ist ja klar, daß wir sie ihm nicht aufdrängen können, wenn er nicht will«, ereiferte sich die Frau. »Aber das wäre noch schöner! Ich werde mit ihm sprechen – Klára ist hübsch, er lacht ihr immer zu, sie hält sein Zimmer in Ordnung, und er liebt doch die Ordnung so sehr – ich glaube, sie würde ihm sehr fehlen. Vielleicht getraut er sich nur nicht, weil er nicht mehr, nun eben nicht mehr einer der Jüngsten ist. Ja, so ist es – aber ich werde die Sache schon einfädeln!« sagte sie und nickte zufrieden.

Plötzlich aber hielt sie im Nicken inne und neigte den Kopf zur Tür. »Tatsächlich!« sagte sie dann wieder. »Er ist heute schon zu Hause – ungewöhnlich zeitig! Er hat in der Küche mit Klára gesprochen, ist jetzt aber schon in sein Zimmer gegangen. Ich muß in die Küche – das werden wir gleich haben!«

Frau Lakmusová lief in die Küche. Fräulein Klára stand am Küchentisch und rührte in einer Schüssel den Teig. Die Mutter trat zu ihr, ergriff ihren Kopf und drehte das Gesicht des Mädchens zu sich. »Du bist ja rot wie eine

Rose«, sagte sie friedlich, »und zitterst am ganzen Körper. Mädchen, Mädchen! Hab nur keine Angst, es wird alles gut!«

Sie warf noch einen Blick in den kleinen Wandspiegel, zupfte ihre Haube zurecht, streifte die Ärmel herunter und trat zur Tür des Herrn Doktors.

Sie klopfte. Drinnen rührte sich nichts. Sie klopfte wieder, nun aber stärker.

Den Herrn Doktor hatte es heute nicht lange in der Kanzlei gelitten. Er war zerstreut, beinahe verdrießlich, und von einer inneren Unruhe erfüllt, die er teils als angenehm, teils als quälend empfand. Er schwelgte in einem poetischen Gefühl. Wer jemals im Leben dieses Gefühl kennengelernt hat, weiß, daß man dann nicht mehr nach den Regeln des gewohnten Lebens arbeiten kann. Ein verschwommener Gedanke kriecht einem dann wie eine Raupe im Kopf hin und her, krabbelt und scharrt, versetzt einen Nerv in Schwingung, einen zweiten, einen dritten, bis das ganze Nervensystem in Erregung ist. Es nützt nichts, wir müssen von der Arbeit ablassen und alle Aufmerksamkeit auf diesen einen Gedanken konzentrieren, bis er sich irgendwo festsetzt und unversehens in einen festen Kokon einspinnt. Ist die Sonne der Phantasie heiß genug, springt der Kokon, und in die Welt hinein fliegt ein Schmetterling – ein Gedicht.

Der Schmetterling, der in den Farben der »Berglandschaft« schimmerte, war dem Herrn Doktor schon gleich am Morgen entflogen. Der Herr Doktor hatte ihn mit der Feder auf rosa Papier gebannt, in einen Umschlag gesteckt, mit einer parfümierten Verschlußmarke versehen und der Stadtpost anvertraut. Die Erregung hatte sich bei ihm zwar erst später eingestellt, sich jedoch wie jede späte Liebe gesteigert, bis sie ihn aus der Kanzlei trieb.

Langsam war er nach Hause geschlendert. Als er durch die Durchfahrt bis in den Hof gekommen war, hatte er nicht vergessen, nach alter Gewohnheit zu Josefinkas Fenster hinaufzublicken.

Ihm war zumute, als sei er einer Gefahr entronnen, als er schließlich mit unsicherem Schritt bei Familie Lakmus in die Küche eingetreten war. Er hatte aufgeatmet, sein Blut hatte rascher zu kreisen begonnen, und er hatte Fräulein Klára mit so angenehm klingender Stimme angesprochen wie nie zuvor. Doch er hatte sich nicht lange aufgehalten, sondern war gleich in sein Zimmer gegangen.

Dort hatte er die Tür geschlossen, und sein Kopf war auf die Brust herabgesunken. Mechanisch hatte er den rechten Ärmel seines Rockes ausgezogen, dann aber war er in Gedanken versunken.

Unwillkürlich hatte es ihn ans Fenster getrieben. Er wußte nicht, wann der am Morgen abgeschickte Brief ausgetragen wird und ob ihn Josefinka schon in Händen hat oder nicht. Als fürchte er eine Strafe, war er etwa drei Schritte vom Fenster entfernt stehengeblieben und hatte nur durch einen Spalt zwischen dem Vorhang und dem Fensterrahmen zum gegenüberliegenden Fenster geblickt. Plötzlich hatte es ihm einen Riß gegeben – der Briefträger hatte gerade den offenen Gang des Hofgebäudes betreten.

Er war zurückgesprungen, doch im gleichen Augenblick hatte er das Klopfen an der Tür vernommen.

»Herein«, preßte er voll Anstrengung hervor und wurde puterrot.

Die Tür ging auf, und Frau Lakmusová erschien auf der Schwelle.

Rasch griff er nach seinem baumelnden Rockärmel, und auf seinem Gesicht spielte ein gezwungenes Lächeln.

»Ich störe doch nicht etwa, Herr Doktor?« fragte Frau Lakmusová und zog die Tür hinter sich ins Schloß.

»Aber nein . . . schön willkommen . . . meine teure Frau Lakmusová!« stotterte der Herr Doktor und erwischte endlich den hin und her baumelnden Ärmel.

»Sie sind heute so zeitig nach Hause gekommen, Herr

Doktor, ganz gegen alle Gewohnheit! Sie sind doch nicht etwa krank?«

»Wieso, meine Teure?« fragte er benommen in seiner noch immer anhaltenden Verwirrung.

»Wahrhaftig . . .«, fuhr die Frau fort, trat ganz nahe an ihn heran und legte ihm die Hand auf die Stirn, »erlauben Sie, bitte! Nein, Herr Doktor, Ihnen fehlt wirklich etwas! Sie glühen ja wie ein junges Mädchen, Sie sind doch nicht etwa . . .«

»Ich bin sehr schnell gegangen, ich laufe eigentlich immer – das ist schon einmal so meine Gewohnheit, meine Teure . . .«, stotterte der Herr Doktor.

»Vielleicht einen kalten Umschlag?«

»Ach nein, nein! Mir fehlt nichts, rein gar nichts! Aber bitte, nehmen Sie doch bei mir Platz, meine Teure, sonst nehmen Sie mir noch die Ruhe . . .«, forderte sie der Herr Doktor auf und führte Frau Lakmusová zum Lehnstuhl.

Frau Lakmusová nahm Platz, und der Herr Doktor setzte sich auf einen Stuhl ihr gegenüber.

»Sie sagen zu mir nur immer ›Meine Teure!‹, als wäre ich wirklich Ihre Teure«, lachte die Frau so kokett, daß sich der Herr Doktor zu anderer Zeit darüber gewundert hätte. »Ich muß schon sagen, wenn ich keinen Mann hätte – doch mein Mann ist wirklich gut –, wer weiß? So aber muß ich Sie schon anderen und Jüngeren überlassen«, scherzte sie weiter.

Der Herr Doktor lächelte höflich, wußte aber nicht, was er sagen sollte, und schwieg daher.

»Glauben Sie nicht, Herr Doktor, daß es schön ist, wenn man jemanden hat, zu dem man sagen kann: ›Meine Teure!‹?«

»Nun ja . . . warum denn nicht! . . . Wenn sich zwei Herzen verbinden . . . besonders im Frühling«, brachte der Herr Doktor mit Mühe hervor.

»Aber, aber, wie Sie heute reden! Sie sind mir ja ein Schelm! Doch wer könnte sich darüber wundern, wenn Sie wirklich an so etwas dächten? Sie sind in den besten

Jahren, haben eine blühende Gesundheit, und Sie haben gut gewirtschaftet . . .«

Der Doktor saß wie auf Nadeln. Er dachte nicht anders, als Frau Lakmusová wisse bereits alles von seiner geheimen Liebe, von Josefinka und von dem Gedicht. Das gab ihm Mut. »Das kann ich allerdings mit Fug und Recht von mir behaupten, daß ich sowohl mit meiner Gesundheit als auch mit meinem Geld gut gewirtschaftet habe«, sagte er stolz.

»Jaja«, lobte Frau Lakmusová. »Sie können an eine ganz Junge denken!«

»Eine Alte würde ich auch nicht wollen, mit der ist nicht viel anzufangen! Die läßt sich nicht mehr ummodeln, man muß sie so nehmen, wie sie andere geformt haben«, meinte der Herr Doktor wieder vorsichtiger. »Ich würde aber auch nur an eine solche Junge denken, die brav, anschmiegsam und zärtlich ist, an eine, die sich dem Manne noch ganz anpaßt . . .«

»Selbstverständlich«, stimmte Frau Lakmusová zu, »nur an so eine! Sagen Sie einmal – aber aufrichtig, verstehen Sie, ganz aufrichtig, so aufrichtig, als sprächen Sie mit der Mutter, deren Tochter Sie haben wollen«, und sie ergriff die Hand des Doktors und blickte ihm tief in die Augen, »sagen Sie, haben Sie nicht schon eine bestimmte im Sinn?«

»Verraten ist verraten! Und warum sollte ich mich schämen?« bequemte sich der Herr Doktor zu einem Geständnis. »Ja!«

»Ich habe es meinem Mann ja gleich gesagt!« rief Frau Lakmusová und klatschte vor Freude in die Hände.

»Wie? . . . Herrn Lakmus . . .?«

»Nun ja! ›Wer weiß, ob er sie will!‹ hat er gesagt, denken Sie nur!«

»Und warum sollte ich sie nicht wollen?«

»Ich habe ja alles gewußt! Sie Schelm! Nein, so etwas, hinter dem Rücken der Mutter! Damit die Mutter nichts merken sollte!«

»Die Mutter? Wozu auch? Ich hatte doch gedacht, es wisse überhaupt niemand etwas davon, auch die Tochter nicht!«

»Die Tochter wußte nichts, aber Mütter sehen alles! Ach, war das Mädchen unglücklich! Ganz durcheinander! Am Tag spricht sie nur von Ihnen, und in der Nacht nennt sie Ihren Namen noch im Traum. Ich sage Ihnen, ich war auch einmal jung, aber so etwas habe ich zeit meines Lebens nicht gesehen!«

Dem Herrn Doktor blieb vor Staunen der Mund offenstehen. Aus seinen Augen sprach Unverständnis, doch um seinen Mund lag ein verlegenes, etwas selbstgefälliges Lächeln.

»Aber es ist gut so«, meinte Frau Lakmusová wieder. »Anfänglich wollte ich ja niemanden in Untermiete haben, aber jetzt bin ich froh darüber. Unsere Klára wird glücklich sein!«

»Fräulein Klára . . .?« wunderte sich plötzlich der Herr Doktor und sprang auf.

»Wie ich Ihnen sagte, ganz verrückt ist das Mädel! Aber das sage ich Ihnen: Die Hochzeit muß bald sein! Sie wohnen bei uns, da würden sich die Leute das Maul zerreißen. Und wozu auch warten? Wir kennen Sie, Sie kennen uns – Sie wissen auch, daß wir gutsituiert sind, da wird es an nichts fehlen.«

»Erlauben Sie«, stotterte der Herr Doktor wieder und ging mit langen Schritten auf und ab. »Ich weiß doch, daß Fräulein Klára einen Herrn Adjunkten auf dem Lande hatte . . .«

»Hatte, aber sie hat ihn nicht mehr. Er hat geheiratet, eine Witwe, eine Müllerin. Glauben Sie, Klára hätte es bedauert? Gott bewahre! Schon damals hatte Klára ja nur Sie im Sinn. Sie war wie umgewandelt. Ich habe zwar zu ihr gesagt: Schlag dir das aus dem Kopf, der Herr Doktor will sicher keine Abgeküßte! Aber sie sagte nur immer nein. Nun ja: Einmal ist keinmal!«

Der Herr Doktor wußte nicht, was er tun sollte, aber

Frau Lakmusová ließ ihrem Redestrom auch weiterhin freien Lauf: »Nicht wahr, wir werden es nicht aufschieben? Sie haben doch sicherlich Ihre Papiere in Ordnung, Doktorchen? Ein so ordnungsliebender Herr!«

Der Herr Doktor schüttelte den Kopf.

Frau Lakmusová legte es in ihrem Sinne aus. »Also, dann veranlassen Sie eben alles Nötige. Sie verstehen es ja. – Heute werden Sie doch bei uns essen?«

»Nein, nein!« stieß der Herr Doktor erregt hervor. »Bitte – nur hier!«

»Sie sind ja noch schüchtern wie ein Student!« lachte die zufriedene Schwiegermutter. »Aber Klára wird ohnedies keinen Bissen hinunterbringen, wenn ich ihr alles sage!«

»Ich bitte Sie um Himmels willen, sagen Sie nichts, kein Wort!« rief der Herr Doktor in höchster Erregung.

Frau Lakmusová mußte herzlich lachen. »Wenn es keine Vernünftigeren gäbe«, sagte sie, »dann möchte ich sehen, wie Sie zu einem Ende kämen. Bringen Sie nur Ihre Papiere in Ordnung, Herr Doktor! Haben Sie noch einen Wunsch?«

»Nein!«

»Also dann, auf Wiedersehen, Herr Doktor!«

»Ich empfehle mich.«

Lange stand der Herr Doktor wie angewurzelt in der Mitte des Zimmers.

Schließlich atmete er tief auf und warf den Kopf zurück. »Da bin ich in eine schöne Sache hineingeschliddert!« brummte er wütend vor sich hin. »Ja, ich werde meine Dokumente ordnen, meine unverhoffte Frau Schwiegermutter, aber nicht für Ihre Tochter, meine Schwiegermutter i. R.! . . . Nun bleibt mir nichts übrig als größte Eile! Morgen schon das zweite Gedicht, übermorgen das dritte – und überübermorgen – doch nein, das ist ein Freitag, wer weiß, was da geschehen würde – also gleich übermorgen nachmittag Brautwerbung! Dann schnell eine andere Wohnung, oder, du mein Gott, das wird ein schöner Weg werden nach Hause und wieder von zu Hause weg – und dann . . .«

Er vollendete den Satz nicht. Die Tür flog auf, und in Begleitung des Dienstmädchens trat wieder Frau Lakmusová ein, um den Tisch zu decken.

»Ich habe für Sie das Silberbesteck herausgegeben, Herr Doktor«, sagte sie und legte es auf den Tisch, »warum sollen wir unser Silber ständig im Schrank liegen lassen?«

Dann trat sie ganz nahe an den Herrn Doktor heran, legte ihm die Hand auf die Schulter und flüsterte halblaut: »Ich habe es unserer Klára doch schon gesagt!«

VI

Ein Manuskript und aufziehende Wolken

Im gleichen Augenblick, in dem das vorige Kapitel endet, beginnt das neue Kapitel mit der Rückkehr des Herrn Eber, des Hausherrn, aus der Kanzlei.

Die Hausfrau, die gerade in der Küche am Herd beschäftigt war, erschrak über das unerwartete Auftauchen ihres Mannes. Er kam doch sonst immer erst gegen drei Uhr nachmittags nach Hause, heute aber war er schon kurz nach zwölf da, und dabei sah er so sonderbar aus, wie sie ihn schon lange nicht mehr gesehen hatte.

Angefangen beim abgegriffenen Zylinder, der fast ganz bis auf die dichten struppigen Augenbrauen heruntergedrückt war und den müden Ausdruck der einstmals dickeren Wangen durch tiefere Schatten verstärkt, war an ihm alles anders als am Morgen. Das Haar, sonst glattgekämmt, schaute jetzt wirr unter dem Zylinder hervor, die an sich ausdruckslosen Augen bemühten sich sichtlich, etwas auszudrücken, der breite Mund war fest geschlossen, so daß sich das Kinn etwas vorschob. Seine schmale Brust war aufgebläht. In der rechten Hand hielt er eine Papierrolle. Sein rechter Arm war fast waagerecht vorgestreckt, während der linke herunterbaumelte, wie der einer Marionette, wenn der Prinzipal mit ihr gerade nichts anzufangen weiß.

Die Hausfrau blickte ihn entsetzt an, ein schrecklicher Gedanke durchzuckte ihr Gehirn, und ihr gespanntes Gesicht zog sich in die Länge. »Man hat dich doch nicht etwa aus dem Amt gejagt?« fragte sie, und ihre Stimme hatte plötzlich einen heiseren Klang.

Ihr Mann machte eine unwillige Kopfbewegung; eine derartige Vermutung berührte ihn höchst unangenehm. »Hol mir gleich die Bavorová!« sagte er mit einer Stimme, in der ein dunkler Unterton mitschwang.

Zu anderer Zeit hätte sich die Hausfrau wohl kaum damit abgefunden, daß ihre Frage unbeantwortet blieb, das veränderte Aussehen ihres Mannes aber wirkte auch auf sie, und der aufsteigende Groll kam gar nicht zum Ausbruch. »Sie kommt gerade«, sagte sie nur, als sie durchs Fenster die zum Hof hinabsteigende Bavorová erblickte.

Herr Eber ging ins Zimmer. Am Tisch, in der Mitte des Zimmers, blieb er stehen. Er heftete seine Augen auf den Tisch, aber nur deshalb, weil er irgendwo Halt suchte. Den Hut nahm er nicht ab, auch die Papierrolle legte er nicht aus der Hand – offensichtlich kam es ihm auf einen ganz bestimmten Eindruck an, um den er sich die ganze Zeit bemühte.

Fräulein Matylda blickte verwundert auf ihren Vater. Schließlich brach sie in schallendes Gelächter aus. »Aber, Vater«, rief sie, »du siehst ja so aufgeplustert aus wie ein Täuberich, wenn er Wicken pickt!«

Der Hausherr machte nur eine müde, abwehrende Bewegung, aber es sprach daraus höchster Unwille.

In diesem Augenblick ging auch schon die Tür auf, und die Hausfrau trat ein, gefolgt von Frau Bavorová. »Da ist sie – jetzt kannst du ihr sagen, was du von ihr willst!« bemerkte die Hausfrau.

Der Hausherr wandte sich der Frau halb zu. Sein Blick bohrte sich in den Boden, langsam öffnete er den Mund,

und dann begann er feierlich, mit monotoner Stimme: »Es tut mir leid, Frau Bavorová, aber ich kann nichts machen – es hängt nicht mehr von mir ab. Um Ihren Sohn steht es schlecht. Jawohl, schlecht! Er ist leichtsinnig, er ist nachlässig, ja er ist alles in einem. Und jetzt steht es sehr schlecht um ihn. Er hat sich erlaubt, etwas über das Amt zu schreiben, etwas Schändliches über uns alle, sogar über den Herrn Präsidenten! – Jawohl! Und er hat es vor seinem Urlaub in der Kanzlei geschrieben und ließ es in seinem Schreibpult liegen. Da hat man es gefunden. Er ist nachlässig, nicht einmal den Schlüssel hatte er abgezogen. Man hat es gelesen, es ist tschechisch geschrieben und höchst schändlich! Der Herr Präsident weiß, daß ich am besten Tschechisch kann, und hat mir diese Schmähschrift zum Referat gegeben. Angeblich stehen haarsträubende Dinge darin. Ich weiß nicht, ich weiß nicht, es kann das Schlimmste geschehen. Sie sind die Mutter. Ich hielt es daher für meine Pflicht, Sie zu informieren. Seien Sie auf alles gefaßt! – Frau, stell mir ein Waschbecken ins Zimmer und ein Glas frisches Wasser! Und laß niemanden zu mir hinein, höchstens wenn jemand vom Amt kommt! Auch zum Mittagessen brauchst du mich nicht zu rufen. Ich komme schon selbst. Adieu!«

Frau Bavorová war weiß wie die Wand. Ihre Lippen zitterten, ihre Augen röteten sich. »Um Himmels willen, ich bitte Sie, gnädiger Herr, wir sind arme Leute!« schrie sie mit durchdringender Stimme.

Der Hausherr unterbrach sie mit einer abweisenden Handbewegung. »Ich kann nicht, und ich darf nicht! Nun ist es zu spät, und alles ist verloren! Pflicht ist Pflicht – und Strafe muß sein. Das wäre ja noch schöner, wenn solche Burschen . . . Aber jetzt habe ich keine Zeit mehr!« Er machte einige kleine trippelnde Schritte und verschwand im zweiten Zimmer.

Hinter sich schloß er bedächtig die Tür, nickte noch einmal nach rechts und nach links, dann erst nahm er den Hut ab. Hierauf ging er zum Schreibtisch und legte die

Papierrolle sorgfältig darauf, als fürchte er, der Tisch könnte unter dieser Last zusammenbrechen.

Wenn er sonst nach Hause kam, zog er seinen Bratenrock aus und machte es sich bequem. Heute aber trat er vor den Spiegel und überprüfte mit feierlicher Miene seine Kleidung. Dann sah er alle Federn nach, wischte den Staub von der Schreibunterlage und schob den Stuhl mehrmals hin und her, ehe er sich setzte.

Als er endlich die Papierrolle in die Hand nahm, um sie zu öffnen, zog er die Augenbrauen bis zur Stirn, und seine Augen folgten gespannt jeder Falte im Papier.

VII

Fragmente aus den Aufzeichnungen eines Praktikanten

Mit der mir übertragenen Arbeit bin ich fertig. Was soll ich nun tun? Abgeben darf ich sie noch nicht, erst morgen, denn bei meiner ersten Arbeit wurde mir der Vorwurf gemacht, sie könne gar nicht gut, sie müsse oberflächlich sein, wenn ich so bald damit fertig sei.

So will ich denn Feuilletons über das Amt schreiben. Bilder des täglichen Lebens, Photographien und Biographien dieser Herren, der Herren Kollegen und der Herren Vorgesetzten, Blitzlichter aus dem Bürokratenleben und Lieder eines Praktikanten. Ein englischer Satiriker hat eine Reiseschilderung geschrieben – über eine Reise, die er auf seinem eigenen Schreibtisch ausführte. Ich möchte weitergreifen, zu den Nachbartischen, ich möchte das ganze Reich unseres Herrn Präsidenten durchstreifen und Land und Leute schildern. Ob mir diese Leute wohl Gelegenheit zu einer scharfen Satire geben werden? Warum nicht! Ungeeignet für eine Satire ist nur ein ganz kluger oder ein ganz dummer Mensch. Bei dem einen müßte die Satire weinen, an den anderen müßte sie von einem sphärischen Standpunkt aus herangehen und würde dabei am

Beweis hängenbleiben, daß im Vergleich zur Ewigkeit und zum Weltall alles lächerlich ist, was wir tun.

Dort an den Herrn Aktuar, der wie abgeleckt aussieht, brauche ich nicht mit sphärischer Philosophie heranzugehen, es genügt der winzige Spiegel, in den er so fleißig blickt. Er ist mir sehr gewogen, denn ich habe am ersten Tag gefragt, wer denn dieser »schöne« Mann sei, und er hat es gehört.

Aber die anderen – wie fleißig sie schreiben, wie sie arbeiten! Das sind Gesichter, das sind Köpfe, das sind Augen! Zu einem anderen Menschen würde das gar nicht passen, nur zu einem Beamten, alles laut Vorschrift! Diesen Gesichtern ist es anzumerken, daß ihre »geistige« Arbeit sie nicht anstrengt und daß ihnen kein einziges Mal ein Gedanke kommt, der sie über das Reglement emporhebt. Ihnen ist es sichtlich einerlei, ob sie Akten breittreten oder ob man sie – wie im Banat die Zugpferde – dazu verwendet, Getreidekörner auszutreten. Schritt für Schritt und immer alles nach Vorschrift! Doch vielleicht befindet sich unter diesen geistigen Zugpferden doch ein Trojanisches Pferd: außen Holz, innen aber Griechen. Öffnen wir sie!

Nur der Herr Rat gönnt sich eine Ruhepause und liest Zeitung. Jetzt hat er sie weggelegt . . .

Hat der mich aber angeschaut, als ich ihn bat, mir doch einmal die Zeitung zum Lesen zu überlassen! Er würdigte mich keines Wortes, ich aber wurde rot bis über beide Ohren, und vor Scham kamen mir die Tränen, als ich mich wieder an meinen Tisch setzte. Ich sah keinen, aber ich spürte, wie allen Anwesenden vor Entsetzen über diese Kühnheit eines Praktikanten der Mund offenblieb.

Ach, wäre ich doch wieder im Kolleg mit jener hoffnungsvollen Aussicht auf alles und nichts! Hier verengt sich die Aussicht, ich weiß nicht, ich weiß nicht, wie weit ich es hier bringen werde!

Als Stilprobe bekam ich am ersten Tag die Aufgabe, die

Empfindungen beim Anblick einer Lokomotive zu beschreiben. Ich spannte den Pegasus vor die Lokomotive und fuhr kühn ins Reich des menschlichen Fortschritts. Der Herr Präsident soll heftig den Kopf geschüttelt und gesagt haben, ich sei ein sonderbarer Kauz.

Noch habe ich mit niemandem gesprochen, und doch habe ich schon gehört, daß man mich »Svornostr« nennt, das heißt den »Concordianer« nach der Prager Schriftstellervereinigung. Auf alle Fälle wird es hart hergehen. Wäre ich doch wieder im Kolleg! – Aber das geht nicht!

Ist das eine Luft! Der Lehmklumpen des Prometheus soll nach Menschenfleisch gerochen haben, hier aber riechen die Menschen nach Lehm, doch nicht nach fettem.

Fürchterliche Menschen sind das! Sie befinden sich etwa auf der Entwicklungsstufe, die ich als kleiner Junge erreicht hatte, als ich das Wurfholz schlug und die Ratten an den Beinen zog. Damals las ich den »Robinson« in deutscher Sprache. »Insel«, glaubte ich damals, sei dasselbe wie »Inslicht«, aber es gefiel mir trotzdem. Diese Leute hier haben eine ähnliche »klare« Anschauung von der Welt, und doch gefällt sie ihnen. Gedanken betrachten sie als Staatsmonopol – wie Salz und Tabak. Mit dem Trojanischen Pferd bin ich schlecht angekommen: außen Holz, innen Holz, man kann klopfen, wo man will, nichts als Holz!

Gestern habe ich ihnen erzählt, die Damen in Paris trügen jetzt Federn von brasilianischen Affen, vorgestern habe ich ihnen gesagt, die erzbischöfliche Staatskarosse sei genau der Equipage des heiligen Elias nachgebildet, morgen werde ich dem Azor ein paar Schwanzhaare abschneiden und ihnen erzählen, es seien die Haare, die sich die Isis ausraufte, als Osiris starb.

Alle sind von meiner tiefen Gelehrtheit überzeugt und unterhalten sich gern mit mir. Aber vor dem Herrn Rat getrauen sie sich nicht, auch nur ein Wort zu sagen, außer wenn der Herr Rat einen Witz macht, dann beginnt eine allgemeine Leibesübung in Lachen. Verläßt der Herr Rat aber auch nur für einen Augenblick das Zimmer, hebt gleich ein allgemeines »Bäumchenwechseln« an, und jedes Gesicht wird breit, jeder untertänig gebeugte Rücken wieder gerade. Das gehört zur täglichen Ordnung, und alle schauen verstohlen auf die Uhr, ob der in allem pünktliche Herr Rat nicht bald hinausgehe.

Die Kunde von meiner Gelehrtheit verbreitet sich immer weiter. Ich konnte eine in kyrillischer Schrift verfaßte serbische Eingabe lesen, das hat einen ungeheuren Eindruck auf sie gemacht. Der Herr Rat aus der Abteilung V hat mir im Vorübergehen auf die Schulter geklopft und gesagt: »Alles kann man einmal brauchen, aber halten Sie sich nur immer ans Praktische!« Dieser Herr Rat erfreut sich des Rufes, sich aufs Schreiben zu verstehen. Er soll sogar ein Buch verfaßt haben, ich glaube eine »Fußlappenkunde«, das heißt eine Anweisung, wie man die Fußlappen am praktischsten um die Füße wickelt.

Etwas Derartiges werde ich wohl zeit meines Lebens nicht mehr zu sehen bekommen:

Der Herr Präsident kam wegen irgendeines Aktes in unsere Abteilung. Er stieg sogar mit einem Fuß selbst auf die Leiter, und als er das Bein wieder heruntersetzte, trat er Herrn Hlaváček auf den Fuß. Aus lauter Hochachtung wollte dieser alte Esel dem Herrn Präsidenten nicht sagen, daß es sein Fuß sei, auf dem er stehe. Er kam mir wie ein zweiter Laokoon vor: In seinem Gesicht stand ein unaussprechlicher Schmerz geschrieben, und doch verschwand daraus nicht das pflichtschuldige akademische Lächeln eines subalternen Beamten. Schließlich bemerkte der Herr Präsident, daß jemand dicht hinter ihm stehe. Schon wollte er sich auf diesen Unverschämten stürzen, da sah er, daß sich unter seinem Fuß kein Aktenbündel befand, sondern nur ein untertäniger fremder Fuß. »Oh, Pardon!« sagte er mit gnädigem Lächeln. Herr Hlaváček aber hinkte zu seinem Pult und lächelte unter großen Schmerzen, das wahre Abbild einer edlen, ergreifenden

Plastik. Die anderen haben ihn sicherlich beneidet. Wer weiß, wann ihm das einmal von Nutzen sein wird!

Der Herr Präsident geruhte mich zu fragen, ob ich nicht eine Schwester hätte. Ich verstand den alten Fuchs – aber, warten Sie nur, diese Frage soll Sie teuer zu stehen kommen! Schließlich weiß ich ja, wo Sie, Herr Präsident, der Liebe zu huldigen pflegen! Der schönste aller Aktuare hat es mir verraten. Sie soll wirklich hübsch sein, diese Ihre Geliebte. Vielleicht wird sie für mich noch um soviel hübscher sein, als ich jünger bin als Sie. Wenn ich sie erst einmal zu Gesicht bekomme. Und wenn sie für mich nicht das Passende ist, vielleicht ist sie es für den Herrn Aktuar, der sich für einen Narziß hält. Etwas wird geschehen!

Der Herr Präsident hat geruht, uns alle in seine Präsidialkanzlei zu rufen. Es waren sehr viele, die Stückzahl gerechnet, und vor uns standen die Herren Räte im Halbkreis. Die Herren Räte flüsterten untereinander, wir anderen, die dem Rücken des Herrn Präsidenten die schuldige Verbeugung gemacht hatten, standen da und wagten uns nicht zu rühren.

Der Herr Präsident saß an seinem Schreibtisch und schrieb. Lange schenkte er uns keine Beachtung.

Neben mir stand ein zweites Exemplar meiner Praktikantenmisere in einer recht anständigen menschlichen Ausgabe. Ich flüsterte ihm einen Witz ins Ohr, ich weiß nicht mehr, was für einen, aber sicherlich einen schlechten, denn er verzog keine Miene. Das ärgerte mich, und so wiederholte ich den Witz und unterstrich ihn durch Kitzeln. Diese Garnierung meines Witzes wirkte: Mein Mitpraktikant ging hoch wie eine Rakete – allgemeine Erstarrung, allseitiges »Pst!« – Der Herr Präsident erhob sich.

Er erhob sich, stellte sich in Positur und sagte: »Ich habe Sie rufen lassen, um Ihnen zu sagen, daß Sie mit Ihrem Stil unserem Amte bei allen höheren Instanzen

Schande machen. Der eine bringt lauter Elefanten hervor, der andere lauter Zwerge. Eine mittlere und mithin gebührlich lange und ausgearbeitete Periode habe ich bei Ihnen schon seit vielen Jahren nicht zu Gesicht bekommen, eigentlich nie. Das kommt daher, daß Sie immer weiterschreiben, ohne dabei zu denken, oder aber, daß Sie jeder Gedanke gleich verdrießt. Es ist keine Würde und keine Wahrhaftigkeit darin. Dann aber ist auch zu sehen, daß Sie nicht richtig Deutsch können, und ich will Ihnen sagen, warum Sie es nicht können: weil Sie in einem fort Tschechisch plappern! Und deshalb verbiete ich hiermit kraft meines Amtes, daß sich künftig niemand untersteht, im Amt auch nur ein Wort Tschechisch zu sprechen. Und ich rate jedem als Freund und als Vorgesetzter, sich auch außerhalb des Amtes so zu verhalten und durch fleißige Lektüre danach zu streben, seinen Stil zu verbessern. Und nun, meine Herren, gehen Sie wieder an Ihre Arbeit und denken Sie daran, daß niemand avanciert, der keinen guten Stil hat!«

Nun begann eine grausame Jagd im ganzen Amt, und jeder ging fleißig von einem zum anderen, um sich etwas Nahrung aus der deutschen Küche zu beschaffen. Wer einen alten Jahrgang der »Bohemia« zu Hause hatte, galt schon etwas.

Die tschechische Unterhaltung hörte auf. Kaum daß zwei gute Freunde, von denen der eine weiß, daß der andere kein Spitzel ist, auf dem Flur oder im »toten Archiv« ein Wort in tschechischer Sprache miteinander wechseln. Sie kommen mir wie Leute vor, die nur im geheimen schnupfen.

Ich spreche weiterhin tschechisch und auch laut. Alle sind darüber entsetzt.

Der erste Akt unseres heutigen amtlichen Schauspiels ist zu Ende. Der Herr Rat ging heute hinaus wie Molières »Eingebildeter Kranker« am Ende des ersten Aktes.

Unterhaltung im Zwischenakt.

Gespräch am Tisch rechts von mir:

»Heute ist Freitag, da freue ich mich schon auf die Knödel. Meine Frau macht sie so locker, daß sie einem auf der Zunge zergehen.«

»Fleisch haben Sie am Freitag nicht?«

»O doch, ein halbes Pfund für alle, wie jeden Tag. Was sollten wir sonst kochen? Wir halten nur die größten Fasttage ein, dann gönnen wir uns ein Stückchen Fisch. Wenigstens einmal in längerer Zeit ein Stückchen Fisch, das dient der Gesundheit!«

»So ein Stück Schwarzfisch mit Knödel und ein Stückchen gebackenen Fisch! Für die Kinder – Sie haben aber wohl keine – muß immer eine Mehlspeise gemacht werden. Im vorigen Jahr hat uns die Schwägerin ein Schock Schnecken geschickt, meine Frau hat ein herrliches Schneckengericht daraus bereitet!«

»Daß man an Fasttagen Wildenten ißt, verstehe ich, denn die leben ja im Wasser. Aber die Schnecken kriechen doch im Garten herum!«

»Ich habe mir sagen lassen, daß die Schnecken früher nur im Wasser gelebt haben. Und dann kriechen sie ja so, als wollten sie schwimmen, und schließlich sind sie stumm wie die Fische, das wird es wohl sein! – Aber sonderbar ist doch, daß die Fische kein Fleisch fressen, als wüßten sie, daß sie als Fastenspeise dienen!«

Gespräch am Tisch links von mir:

»Der Herr Präsident hat recht. Das sind ja doch alles Narren! Nein, was sich die Leute für Dummheiten einreden! Deutsch brauchen wir, und damit basta, wie sollten wir denn sonst schreiben? Und wer seine Kinder Französisch lernen lassen will, auch gut!«

»Es kann ihnen jedenfalls nicht schaden!«

»Meine Tochter würde auf der Straße um keinen Preis tschechisch sprechen. Wenn ich mich einmal vergesse und auf der Straße auch nur ein tschechisches Wort sage, wird sie gleich rot und weist mich zurecht: ›Papa, du hältst aber auch gar nicht auf dich!‹«

»Jaja, so ist es!«

»Kürzlich habe ich in der Zeitung gelesen, man will eine Universalsprache erfinden. So ein Unsinn!«

»Da sei Gott vor!«

»Soll doch jeder Deutsch lernen, dann haben wir die Universalsprache!«

»So ist es!«

Der Kanzlist, der der Tür am nächsten sitzt, macht laut »Pst!« Gleich ist wieder jeder an seinem Platz.

Der Herr Rat kommt mit offener Weste ins Zimmer. »Ich glaube, ich zerspringe noch, so dick werde ich«, sagt er. »Ich muß entweder zum Doktor oder zur Hebamme!«

Leibesübung in Lachen.

Wo eine derartige geistige Armut herrscht, muß auch eine materielle Armut herrschen. Und tatsächlich! Ich habe mich oft gewundert, was für ein Leben diese Menschen führen, nach außen hin großtuerisch, im Innern armselig.

Wohl zwei Drittel von ihnen haben eine Schuldenlitanei beim Geldverleiher, der ihnen am Ersten aus lauter Gnade und Barmherzigkeit gibt, was er will.

Zu uns kommt täglich ein altes Weib und verkauft Semmeln. Am Ersten bezahlen sie, und vom Zweiten an nehmen sie von ihr wieder auf Pump. Noch nie habe ich gehört, daß einer den anderen zu einem Besuch eingeladen hätte, wahrscheinlich schämen sie sich ihrer Häuslichkeit.

Da begreift man manches!

Heute habe ich eine Präsidialzuschrift erhalten, ich solle mir meine etwas langen Haare schneiden lassen. Da wäre ich aber schön dumm!

Jetzt habe ich einen Verbündeten. Der schönste aller Aktuare unterschreibt nun nach meiner Anleitung: »Wenzel Narziß Walter.«

Ein in dieser Weise verschönerter Akt kam dem Herrn Präsidenten in die Hand, und er stürzte sich auf den Allerschönsten. Er brüllte ihn an, er solle derartige Dummheiten lassen und lieber fleißig arbeiten, denn er stinke ohnehin vor Faulheit. Narcissus poeticus – und Gestank!

Aber ich weiß, was dem Herrn Präsidenten bei seiner Verbindung mit dem Allerschönsten ins Auge geht. Das ist der Gehsteig vor einem gewissen Fenster!

Im Vertrauen darauf, daß mich Herr Eber nicht verraten wird, habe ich mir einfach einen Urlaub erschwindelt. Dann habe ich gesagt, meine Großmutter, die ich beerben soll, sei todkrank.

Der Herr Rat hat mir zwar den Urlaub bewilligt, aber mit strenger Miene bemerkt, eigentlich dürfte ein Praktikant gar keine Großmutter haben.

VIII

Beim Begräbnis

Es ist Mittwoch, der dritte Tag der Woche, um die Mittagszeit. Das Haus bereitet sich vor, der alten Žanýnka die letzte Ehre zu erweisen und ihre Leiche zu Grabe zu tragen.

Auf dem schattigen Hof steht auf einer mit schwarzem Tuch bedeckten Bahre ein zwar einfacher, aber recht schöner Sarg, schwarz und glänzend, mit vier vergoldeten Bärentatzen. Der Deckel weist ein vergoldetes Kreuz auf. Es ist von einem grünen Myrtenkranz umgeben, von dem eine breite weiße Schleife herabhängt. Zur weiteren Ausschmückung sind an jeder Längsseite der Bahre schwarze, etwa zwei Fuß hohe vierkantige Tafeln mit versilberten Figuren aufgestellt, das Zeichen der Begräbnisbruderschaft.

Mit Ausnahme von Herrn Lakmus, der aus einem Fenster des oberen Stockwerkes herabblickt, und Josefinkas kranker Schwester, die auf einem Schemel steht und über das Geländer des offenen Ganges im zweiten Stockwerk herunterschaut, sind alle uns bereits bekannten Bewohner des Hauses unten auf dem Hof versammelt. Sie sind feierlich gekleidet. Unter ihnen erblicken wir die Gesichter einiger uns noch unbekannter Herren und Damen. Es bedarf keines großen Scharfsinns, um an ihren kühlen, ernsten, zeremoniell gespannten Zügen zu erkennen, daß es sich um Žanýnkas Verwandte handelt. Frauen und Kinder aus der Nachbarschaft stehen auf dem Hof und auf den Treppen.

Eben ist der Priester mit dem Kirchendiener und den Ministranten gekommen, und die Gebete haben begonnen.

Fast unmittelbar an der Tür von Žanýnkas Wohnung standen nebeneinander Frau Bavorová und die Gastwirtin.

Schon die ersten Worte vom monotonen Rezitativ des Begräbniszeremoniells bewegten Frau Bavorová so, daß sich ihre Augen mit Tränen füllten und ihr gerötetes Kinn in aufrichtiger Bewegung bebte.

Die Gastwirtin blickte kühl. Ohne auf die Tränen ihrer Nachbarin Rücksicht zu nehmen, neigte sie sich zu ihr und begann ein Gespräch: »Die sind hergekommen wie die Geier zum Aas! Solange das gute Fräulein Žanýnka lebte, hat sich niemand um sie gekümmert. Jetzt aber sind sie gleich da, um etwas zu erben! Gott mag es ihnen segnen, aber wir hätten ihnen nichts gestohlen, sie hätten nicht gleich alles abzuschließen brauchen, so daß die Bahre auf dem Hof stehen muß. Haben Sie eigentlich für Ihre Dienste etwas aus der Hinterlassenschaft erhalten? Nicht wahr, Sie haben nichts bekommen?«

»Nicht das Schwarze unter dem Nagel!« flüsterte Frau Bavorová mit zitternder Stimme.

»Und die werden Ihnen auch nichts geben!«

»Ich verlange ja nichts. Der Herrgott gebe ihr die ewige

Ruhe, ich habe ihr meine Dienste aus christlicher Nächstenliebe erwiesen.«

Die Gebete waren beendet, der Sarg mit Weihwasser besprengt. Ein schwarzgekleideter »Bruder« nahm die Schmucktafeln weg, die Gemeindediener hoben den Sarg auf und trugen ihn durch die Toreinfahrt hinaus auf die Straße.

Hinter dem Leichenwagen standen einige Fiaker. In den ersten stiegen die Verwandten Žanýnkas, in die nächsten die Hausfrau, der Hausherr und Fräulein Matylda, Josefinka mit ihrer Mutter und in den letzten Frau Lakmusová und Fräulein Klára.

Frau Lakmusová rief dem Herrn Doktor zu, er möge sich zu ihnen setzen, und weil im Wagen noch eine Person mitfahren konnte, blickte sie sich um, wer noch einen Platz suche.

Noch standen die Gastwirtin, Frau Bavorová und Václav beieinander.

»Frau Gastwirtin, Frau Bavorová«, rief Frau Lakmusová, »für eine von Ihnen ist noch Platz im Wagen!«

Beide Frauen bewegten sich gleichzeitig auf den Wagen zu. Die Gastwirtin sah Frau Bavorová über die Schulter an. Beide erreichten gleichzeitig den Wagen und wollten den Fuß aufs Trittbrett setzen. Das aber war der Gastwirtin zuviel. Sie ergriff mit der Hand die Klinke der Wagentür und wandte sich zornig und mit gespieltem Erstaunen um. »Ich bin doch wohl die Bürgerin!« sagte sie scharf und stieg in den Wagen.

Frau Bavorová blieb unwillkürlich stehen. Ihre Gedanken setzten aus.

Václav, der alles beobachtet und gehört hatte, trat zu ihr. »Mutter«, sagte er mit fester Stimme, »wir beide gehen gemeinsam hinter dem Wagen, sonst geht doch niemand mit! Und wenn wir bis zum Friedhof mitkommen wollen, nehmen wir am Tor eine Droschke.«

Seit der gestrigen amtlichen Mitteilung durch den Hausherrn hatte die Mutter mit dem Sohn noch nicht gesprochen. Auch jetzt wollte kein Wort über ihre Lippen, aber der Kampf dauerte nur einen Augenblick, dann stimmte sie zu: »Selbstverständlich gehen wir! Für mich schickt es sich nicht zu fahren, und eine Droschke nehmen wir auch nicht. Wenn du mitkommen willst, gehen wir vom Tor nach Košíře auf dem Fußweg. Ich begleite die Selige zu Fuß, ich habe ihr bei Lebzeiten viel Gutes getan und ihr auch nach dem Tode den letzten Dienst erwiesen. Warum sollte ich nicht aus christlicher Nächstenliebe auch diese paar Schritte für sie tun!«

»Dann nehmen Sie meinen Arm!« sagte Václav mit weicher Stimme.

»Ich will nicht auf herrschaftliche Art geführt werden – und ich kann es auch gar nicht!«

»Das ist ja auch gar nicht herrschaftlich! Ich werde Sie nur ein wenig stützen. Der Weg ist weit, und sicherlich hat Sie die Erregung müde gemacht. Hängen Sie sich doch ein, Mutter!« Er nahm ihren Arm und hängte ihn selbst in seinen.

Der Leichenwagen setzte sich in Bewegung. Nur Václav und seine Mutter folgten ihm zu Fuß. Václav schritt stolz aus, wie an der Seite einer erhabenen Fürstin. Der Frau Bavorová aber war so wohl zumute, daß sie es gar nicht hätte sagen können. Es kam ihr so vor, als hätte sie das Begräbnis für die selige Žanýnka ganz allein besorgt.

IX

Ein weiterer Beleg für das Sprichwort

Die Abendstunde, die zum Plaudern wie geschaffen ist, kam heran. Zwar war es noch hell, aber es schien doch schon langsam und allmählich die Schlafenszeit heranzukommen. Die Menschen rührten sich kaum; es war gerade der Augenblick, in dem die Arbeit bereits aufgehört hat, die Lust zu abendlichen Gesprächen und Vergnügungen sich aber noch nicht einstellen will.

Der Herr Doktor saß an seinem Schreibtisch. Sein Gesicht trug alle Zeichen tiefen Sinnens. Er dachte über etwas Wichtiges nach und wollte offensichtlich etwas Bedeutungsvolles ausführen, denn er schob das Tintenfaß hin und her, legte die Federn mit den schönen Elfenbeinhaltern von einer Seite auf die andere und betrachtete immer wieder ihre elastischen Spitzen. Dann zog er das Schreibtischfach auf und nahm eine halbe Lage dünnen Papiers heraus. Er ergriff einen Bogen und hielt ihn gegen das Licht. Schließlich öffnete sich sein Mund, und ein lautes »Ja!« entrang sich seiner Brust. Mit raschem Entschluß faltete der Herr Doktor den Bogen der Länge nach, wie es sich für eine Eingabe an eine Behörde schickt.

Ganz offensichtlich war das eine ernste Handlung und verursachte Anstrengung, denn der Herr Doktor erhob sich gleich darauf und ging, gleichsam zur Erholung, im Zimmer auf und ab. Es war ein wunderlicher Gang: immer zwei Schritte vor, einen Schritt zurück, wobei er seinen Kopf bald auf die Brust herabfallen ließ, bald mit betonter Kühnheit in den Nacken warf.

»Ja«, stieß er dabei wieder hervor, »wenn es sein muß – und es muß sein –, dann mag es so schnell wie möglich geschehen! Ich befinde mich in einer derartigen Zwangslage, daß es entschiedener Eile bedarf. Oh, diese alte Lakmusová würde mich nicht mehr aus ihren Fängen lassen . . . und Klára auch nicht! Zwar ist sie ein braves Mädchen – aber ich habe mich schon entschieden! Hierbleiben kann ich nicht mehr, alles muß in wenigen Tagen erledigt sein . . . Morgen überbringe ich Josefinka das dritte Gedicht persönlich. Ich werde ein Gespräch beginnen, dann gebe ich ihr das Gedicht zum Lesen, dabei werde ich jede Bewegung meines Kätzchens beobachten – und hernach bringen wir gleich alles ins reine. – Die amtliche Eingabe aber schreibe ich schon heute – gleich jetzt –, ich bin dafür in bester Stimmung . . .«

Der Herr Doktor hüllte sich in seinen Schlafrock und band die Schnur fest, als wollte er sich vor Kälte schützen.

Entschlossen setzte er sich dann an den Schreibtisch, tauchte die Feder ein, holte über dem Bogen mehrmals Schwung, setzte dann die Feder an, und schon stand ein großes, schönes, schwungvolles »A« auf dem Papier.

Gleich darauf setzte er wieder die Feder an, und schnell reihte sich ein Buchstabe an den anderen.

Er schrieb:

»An den löblichen Magistrat
der Königlichen Landeshauptstadt
Prag

Der Endesgefertigte gibt achtungsvoll bekannt, daß er willens ist, in den Stand der Ehe zu treten, und zwar mit Fräulein . . .«

Er überblickte das Geschriebene und schüttelte den Kopf. »Nein, daran ist nicht die Brille schuld – es wird schon dunkel. Ich will das Fenster schließen und Licht anzünden.«

In diesem Augenblick vernahm er ein leichtes Klopfen an der Tür. Rasch ergriff er einen unbeschriebenen Bogen und legte ihn auf das begonnene Schriftstück. Dann zwang er sich zu einem unwilligen: »Herein!«

In der Tür erschien Václav. »Störe ich auch nicht, Herr Doktor?« fragte er und zog die Tür hinter sich ins Schloß.

»O nein . . . kommen Sie nur weiter . . .«, brummte der Herr Doktor, und seine Stimme klang plötzlich heiser. »Ich wollte zwar gerade eine Arbeit beginnen – aber nehmen Sie nur Platz! Was bringen Sie mir?« Diese Frage stellte er aus Gewohnheit und ohne Bezug auf die Papierrolle, die Václav in der Hand hielt. Infolge seiner Verlegenheit hatte er Václav bisher noch gar nicht näher betrachtet.

Václav setzte sich. »Herr Doktor, ich bringe Ihnen etwas für erregte Zeiten, wenn Sie Ihre Nerven beruhigen wollen. Es ist ein novellistisches Brausepulver, das heißt, es sprüht nicht gerade vor Geist, aber es vermag wie ein Brausepulver zu beruhigen. Ein simpler Einfall, vielleicht fast zu simpel, aber eine originelle Durchführung . . . Mir ist es zuwider, die bisher gebräuchlichen novellistischen Formen und Stoffe zu verwenden. Ich bin neugierig, was Sie zu diesem meinem novellistischen Erstling sagen werden . . .« Damit legte er die Rolle vor dem Herrn Doktor auf den Tisch. Jede Bewegung Václavs war jugendlich frisch.

»Sie haben immer eine Spielerei – nun ja, Sie sind noch jung!« lachte der Herr Doktor. »Und wie geht es Ihnen, Herr Václav?«

»Im Augenblick schlecht und wahrscheinlich bald noch schlechter! Sicherlich werde ich aus dem Amt entlassen . . . Man hat einige meiner Aufzeichnungen gefunden, in denen ich den Herrn Präsidenten zum Gegenstand einer Satire gemacht habe. Der Hausherr hat meine fristlose Entlassung bereits zur Bearbeitung.«

»Unglückseliger, unvorsichtiger junger Mann!« rief der Herr Doktor und schlug die Hände zusammen. »Und was wollen Sie nun tun?«

»Was ich tun will? Nichts! Ich werde einfach Schriftsteller.«

»Na, na!«

»Früher oder später wäre ich diesem Schicksal doch nicht entgangen, und ich glaube, ich bin schon reif dazu. Oder, Herr Doktor, sind Sie vielleicht der Ansicht, ich hätte dafür nicht genug Talent?«

»Zu einem großen Schriftsteller ist ein großes Talent erforderlich, und mittelmäßige Schriftsteller können unserem Volke nicht helfen. Mittelmäßige Schriftsteller sind nur ein Zeichen für unsere geistige Unzulänglichkeit, sie schwächen das Volk in seinem Bewußtsein, und hat man das Bedürfnis nach einer reifen Leistung, hält man sich an das Fremde. Nur wer durchaus origineller und neuer Gedanken fähig ist, hat das Recht, in die Literatur einzutreten. Gewandte Tagelöhner haben wir mehr, als für uns gut ist.«

»Sie haben recht, Herr Doktor, und gerade weil Sie so

reife Ansichten haben, bringe ich Ihnen auch ein so unbegrenztes Vertrauen entgegen. Ich stimme Ihnen völlig zu – und messe auch meine Leistung nach diesem Maßstab. Lassen wir die Worte ›groß‹ und ›mittelmäßig‹ beiseite, so will ich kühn, ja keck aussprechen, daß ich die Größe des Zieles kenne, und wer sie kennt und es trotzdem wagt, trägt die Berechtigung zu diesem Wagnis in sich und wird wenigstens etwas leisten. Ich werde mich nicht damit abgeben, Lücken in der Literatur auszufüllen, ich werde nicht nach fertigen Schablonen arbeiten. Der Maßstab der europäischen Literatur soll mein Maßstab sein. Ich werde auf moderne Art schreiben, das heißt wahrhaft, ich werde die Personen meiner Werke aus dem Leben greifen, werde das Leben in seiner Nacktheit schildern, und ich werde geradeheraus sagen, was ich denke und fühle. Wie sollte ich mich da nicht durchsetzen?«

»Hm – haben Sie Geld?«

»Meinen Sie, ob ich etwas bei mir habe? Nur etwa zwei Gulden, kann ich Ihnen nicht . . .«

»Nein, nein! Ich meine, ob Sie über größere Summen verfügen?«

»Aber Sie wissen doch . . .«

»Dann werden Sie sich nicht durchsetzen! Ja, wenn Sie ein großes Vermögen hätten, von dem Sie leben könnten und das es Ihnen auch ermöglichen würde, für jedes ordentlich ausgereifte Werk die Druckkosten zu bestreiten, dann würden Sie wohl in zehn Jahren Anerkennung finden, und Ihre Werke kämen dann nicht nur im Selbstverlag heraus. So aber kommen Sie nicht weit. Das erste derartige völlig selbständige Werk lassen Sie auf Kredit drukken, und weil Sie die Exemplare nicht absetzen, kommt es gar nicht mehr zu einem zweiten Werk. Man wird über Sie herfallen, erstens wegen Ihrer Selbständigkeit, die in kleinen Familien und bei kleinen Völkern nicht geduldet wird, zweitens aber, weil Sie bei der Schilderung der Wahrheit bei der kleinen Welt und den kleinlichen Menschen anstoßen. Die Boshafteren werden sagen, Sie haben kein Talent, oder direkt, Sie sind dumm, die Gutmütigeren, Sie sind ein Narr. Keiner wird für Sie Reklame machen . . .«

»Wem liegt denn etwas an Reklame?«

»Anfänglich ist sie doch notwendig. Unser Volk glaubt an das, was es gedruckt sieht. Wenn etwas nicht gelobt wird, kümmert es sich auch nicht darum. Dagegen wird man, Ihnen zum Trotz, Reklame für andere machen. Die werden wachsen, Sie aber bleiben stecken, verbittern, vielleicht werden Sie schriftstellerische Dummheiten machen, vielleicht aber verdrießt Sie auch das Schreiben völlig. Außerdem bleibt die materielle Frage immer dringend. Es wird nichts anderes übrigbleiben, Sie werden sich nach einer literarischen Tagelöhnerarbeit umsehen müssen. Daraus aber ergibt sich wieder eine Unlust zum Schreiben. Sie werden sich auf die allerdringlichsten Arbeiten beschränken, werden versauern oder bequem werden, und dann sind Sie erledigt. Nochmals anzufangen ist dann unmöglich.«

»Nun, ganz so schlimm wird es wohl nicht werden! Ich verspreche mir gleich von meinem ersten Hervortreten einen Erfolg. – Bitte, haben Sie schon den Ihnen überreichten Band meiner Gedichte gelesen?«

»Ja.«

»Und was sagen Sie dazu?«

»Nun ja, sie lesen sich gut . . . Einige sind sogar sehr hübsch . . . Aber, ich bitte Sie, was sollen wir mit Gedichten anfangen? Sie täten doch wohl gut daran, alles zu verbrennen!«

Václav sprang auf. Unwillkürlich erhob sich auch der Herr Doktor und stützte sich mit der Hand auf den Tisch.

Eine Weile blieb es still.

Václav trat ans Fenster und preßte seine Stirn an die Scheibe.

Bald aber sagte er mit gequälter Stimme: »Gehen Sie am Sonntag zur Hochzeit, Herr Doktor?«

»Zur Hochzeit? Zu welcher Hochzeit?«

»Nun, unser Fräulein Josefinka hat mir doch gesagt, Sie sind Trauzeuge. Ich selbst werde die Ehre haben, Brautführer zu sein.«

»Wer ist denn die Braut?«

»Wissen Sie denn nicht, daß Fräulein Josefinka am Sonntag den Maschinenschlosser Bavorák heiratet?«

Dem Herrn Doktor wurde es schwarz vor Augen. In seinem Kopf drehte sich alles, schwer sank er in den Lehnstuhl.

Václav sprang hinzu und beugte sich über ihn. »Was ist mit Ihnen? Fehlt Ihnen etwas?«

Er erhielt keine Antwort, nur ein wiederholtes starkes Röcheln belehrte ihn, daß Hilfe not tat.

Rasch sprang er zur Tür und rief hinaus: »Frau Lakmusová, Fräulein Klára! Bringen Sie doch schnell Wasser und Licht! Dem Herrn Doktor ist unwohl!«

Dann eilte er wieder zu dem Ohnmächtigen und öffnete ihm Halsbinde und Schlafrock.

Frau Lakmusová kam mit einer brennenden Kerze angelaufen, hinter ihr stürzte Fräulein Klára ins Zimmer.

»Wasser! Bringen Sie schnell ein Glas Wasser!« rief Václav. Doch der Herr Doktor hatte schon wieder die Augen aufgeschlagen. Er hatte Václavs Worte vernommen. »Nein, nein, nur kein Wasser!« preßte er mit Anstrengung hervor. »Ich fühle mich schon wieder wohl. Das kam nur daher, weil heute ein so heißer Tag war. Im Sommer passiert mir das öfter.«

»Lauf nur!« sagte Frau Lakmusová zu ihrer Tochter, »bring schnell Brausepulver und etwas Himbeersaft! Wir haben ja alles im Hause. Lauf, Klára!«

Fräulein Klára eilte davon.

»Nun ist ja wieder alles gut«, meinte Václav. »Bin ich aber erschrocken! Und dabei war es heute doch gar nicht so heiß! Aber jetzt ist ja wieder alles in Ordnung, und Sie sind in den besten Händen. Da darf ich mich wohl empfehlen. Auf Wiedersehen, Herr Doktor, auf Wiedersehen, gnädige Frau!«

»Auf Wiedersehen«, sagte der Herr Doktor mit gezwungenem Lächeln, »und was ich Ihnen gesagt habe, war nur gut gemeint.«

»Davon bin ich überzeugt, und ich danke Ihnen. Auf Wiedersehen!« Und Václav verschwand.

Fräulein Klára brachte auf einem Tablett ein Glas Wasser, Himbeersaft und ein Brausepulver.

Der Herr Doktor sträubte sich, aber er mußte etwas von dem erfrischenden Getränk zu sich nehmen.

»Trinken Sie nur, mein lieber Schwiegersohn!« nötigte ihn Frau Lakmusová. »Wir bleiben jetzt auch ein Stündchen bei Ihnen. Ich wollte Sie ohnedies heute mit Klára überraschen und Ihnen einen Besuch abstatten. Ihr beide seid ja wie Kinder, so furchtsam und schüchtern. Wenn ich nicht wäre, hättet ihr euch nie im Leben bekommen. Aber, aber, da habe ich doch vorhin in meiner Angst den Leuchter gerade auf das schöne weiße Papier gestellt! Ich habe gar nicht darauf geachtet, wohin ich ihn stelle.« Sie ergriff den Leuchter und schob das Papier zur Seite.

Der obere Bogen glitt weg, und Frau Lakmusová erblickte das Geschriebene.

Der Herr Doktor konnte kein Wort hervorbringen, er war einer zweiten Ohnmacht nahe.

Das Gesicht der Frau Lakmusová dagegen strahlte wie die Sonne. »Das ist aber schön, nein, ist das schön!« begann sie. »Schau nur einmal, Klára, der Herr Doktor bittet schon um den Heiratskonsens! Und er ist gerade bis zu deinem Namen gekommen. Diese Freude müssen Sie aber unserer Klára machen, daß Sie ihren Namen in ihrer Gegenwart einsetzen! Nehmen Sie die Feder, Herr Doktor, bitte sehr!«

Der Herr Doktor saß da, wie vom Schlag gerührt.

»Zieren Sie sich doch nicht so!« Frau Lakmusová tauchte selbst die Feder ein und drückte sie dem Herrn Doktor in die Hand. »Klára, komm her und schau zu!«

Plötzlich faßte der Herr Doktor einen Entschluß. Er ergriff die Feder, zog geräuschvoll den Schreibtischsessel heran, setzte sich und schrieb: »Klára Lakmusová.«

Frau Lakmusová klatschte vor Freude in die Hände. »Und jetzt gebt euch einen Kuß! Jetzt dürft ihr es schon. Zier dich doch nicht, du dummes Ding!«

X

Eine Stunde der Erregung

Über dem Laurenziberg steht der Mond, hell und strahlend. Der mit Bäumen dicht bewachsene Hang ist in milchiges Licht getaucht und bietet einen verträumten, romantischen Anblick. Es ist, als erblicke man auf dem Meeresgrund einen versunkenen Wald. Wie viele Blicke schweifen jetzt über diesen Hang und bleiben in tiefem Nachsinnen oder in gefühlvoller Erregung irgendwo haften.

Vom zweiten Stock des Hintergebäudes blickt Josefinka, ans Fenster gelehnt, zum mondscheinbeglänzten Laurenziberg.

An ihrer Seite steht der Bräutigam. Das klare Licht des Mondes läßt uns die sympathischen Züge des jungen Mannes erkennen. Sein ovales Gesicht ist von einem dichten, hellen Bart umsäumt, aus seinen Augen strahlt Lebensfreude.

Josefinka schaut schweigend und unverwandt in die Lichtflut, der Bräutigam läßt seinen Blick immer wieder über das Mädchen gleiten, um dessen Nacken er seinen Arm geschlungen hat, und bei jedem Blick drückt er das Mädchen zärtlich an sich, so leicht, als fürchte er, den Zauber dieser schönen Stunde zu zerstören.

Eben hat er sich niedergebeugt und mit seinen Lippen die Locken des Mädchens berührt. Josefinka hat sich ihm zugewandt, seine Hand ergriffen und sie an ihre Lippen gedrückt.

Nun hat sie ihren Arm ausgestreckt, und ihre Hand

streicht leise über die schöne, dichte Myrte, die neben ihr auf dem Fensterbrett steht. »Wie alt wäre jetzt dein Schwesterlein?« fragt sie mit leiser Stimme.

»Sie wäre wohl jetzt geradeso aufgeblüht wie du.«

»Deine Mutter weiß gar nicht, was für eine Freude sie mir damit gemacht hat, daß sie mir die Myrte zur Hochzeit schickte, und noch dazu aus so weiter Ferne!«

»O doch, sie weiß es! Bei uns glaubt jeder fest daran, daß ein Myrtenzweig, der aus der Hand einer Toten genommen, wieder eingepflanzt und bis zu einer Hochzeit gezogen wird, Glück bringt. Seit ich meiner im Sarg liegenden Schwester diesen Myrtenzweig aus der Hand nahm und ihn wieder in die Erde setzte, hat meine Mutter wohl täglich über ihn ein Gebet gesprochen und ihn mit ihren Tränen genetzt. Meine Mutter ist die Güte selbst.«

»So wie du ...«, seufzte das Mädchen und schmiegte sich noch enger an ihren Bräutigam.

Beide schwiegen und blickten in die klare Luft wie in einen Traum ihrer Zukunft.

»Du bist heute ungewöhnlich schweigsam«, flüsterte schließlich das Mädchen.

»Echtes Gefühl kennt keine Worte. Ich bin glücklich, so glücklich, daß ich wohl auch später nie Worte finden werde, um das Glück dieses Augenblicks auszusprechen. Empfindest du es nicht auch so?«

»Ich weiß gar nicht, wie mir ist. Mir kommt es so vor, als sei ich ganz anders als sonst, viel unbeschwerter. Wenn dieses Gefühl nicht von Dauer sein sollte, würde ich am liebsten gleich sterben wollen.«

»Und der Herr Doktor würde dann am Grabe seiner Gedichte weinen«, neckte sie der Bräutigam. »Siehst du«, setzte er dann wieder ernst geworden hinzu, »mag es sein, wie es will, ich meine, wer wirklich liebt, kann so etwas gar nicht schreiben. Ich könnte es allerdings auch sonst nicht – aber ich glaube, der Herr Doktor spielt mit dir bloß Komödie.«

»Nein, er ist ein guter Mensch.«

»Sieh einmal an, wie du ihn verteidigst! Du kannst sagen, was du willst, die Gedichte haben dir doch Freude gemacht!«

»Nun . . .«

»Aha, ich habe es ja gewußt! Ihr Frauen seid alle gleich. Immer müßt Ihr noch nebenher etwas zum Naschen haben. Ich möchte doch wissen, womit ich das verdient habe.«

»Karel!« rief Josefinka entsetzt und blickte ihm starr in die Augen, als erkenne sie ihn nicht wieder.

»Es ist ja aber auch wahr!« fuhr der junge Mann entrüstet fort. »Hättest du dich ihm und mir gegenüber nicht zweideutig betragen, so hätte er etwas Derartiges gar nicht gewagt.« Und er schob Josefinka etwas von sich. Seine Rechte, die sie umschlungen hatte, sank herab, nur seine Linke blieb in den Händen des Mädchens. Regungslos lagen ihre Hände ineinander.

Beide blickten schmollend vor sich hin. Lange sahen sie so ins ungewisse, lange standen sie stumm, fast ohne zu atmen.

Plötzlich fühlte Karel auf seiner Hand eine heiße Träne, die aus Josefinkas Auge geflossen war. Er zuckte zusammen und zog das schluchzende Mädchen fest an sich. »Verzeih, Josefinka, verzeih mir!« bat er.

Das Mädchen ließ seinen Tränen freien Lauf.

»Ich bitte dich, wein doch nicht! Du kannst mir zürnen, aber weine nicht! . . . Du brauchst mir nichts zu sagen . . . Ich weiß, ich habe gefehlt. Du bist ja keiner Lüge fähig, du liebst mich aufrichtig, so wie ich dich.«

»Aber vorhin hast du mich sicherlich nicht geliebt, als du mich von dir gestoßen hast!«

»Es ist wahr – das war ein böser Augenblick! Ich wußte gar nicht, daß mich eine solch dumme Eifersucht überwältigen kann. Es ist sonderbar, mir war wirklich so, als wäre plötzlich meine Liebe erloschen. Ich habe vergessen, daß du jung und schön bist . . ., ich Dummkopf, ich weiß doch, daß jedes Mädchen, das einen gesunden Körper hat, das nicht verkrüppelt und häßlich ist . . .«

Da raschelte etwas hinter dem Liebespaar. Beide wandten sich mit einem Ruck um.

Josefinkas kranke Schwester Katuška hatte die ganze Zeit im Zimmer hinter ihnen gesessen. Während der ganzen Szene hatte sie sich nicht gerührt, und die Liebenden hatten ihre Anwesenheit völlig vergessen. Bei den letzten Worten Karels hatte sie sich plötzlich erhoben, doch sie hatte nur ein paar Schritte tun können, dann war sie, von einem Weinkrampf geschüttelt, auf den nächsten Stuhl gesunken.

»Katuška, um Himmels willen, meine liebe Katuška!« jammerte Josefinka.

Die beiden Liebenden standen mit pochendem Herzen neben der siechen, noch immer schluchzenden Katuška. Beider Augen standen voll Tränen, ihr Mund zitterte, aber sie wagten nicht, auch nur ein Wort des Trostes zu sagen.

XI

Ein novellistisches Erstlingswerk, das um freundliche Nachsicht bittet

Herrn Doktor Josef Loukota war wunderlich zumute, als er am nächsten Morgen, von der schönsten Sonne der Welt geküßt, erwachte. Sein Kopf dröhnte, es war ihm, als wollte er zerspringen, seine Nerven zitterten fiebrig. Sonderbare Gestalten vermischten sich in seiner Phantasie: Josefinka, Bavorák, Klára, Frau Lakmusová, Václav . . ., alle huschten durcheinander, dazwischen noch andere Leute, die ihm völlig fremd waren, schließlich alle möglichen Tiere.

Plötzlich durchzuckte ihn der erste zusammenhängende, klare Gedanke. Es fiel ihm ein, daß er nun Bräutigam war. Ein kalter Schauer überrieselte ihn, und er richtete sich im Bett auf.

Im gleichen Augenblick fiel sein Blick auf das neben dem Bett stehende Tischchen, auf dem mehrere beschriebene Blätter verstreut lagen. Jetzt dämmerte es dem Herrn Doktor völlig. Es fiel ihm ein: Als er in seiner gestrigen Erregung nicht einschlafen konnte, hatte er nach dem ihm empfohlenen novellistischen Brausepulver gegriffen, nach der ihm von Václav überbrachten Novelle.

Ich habe nicht die Absicht, eine genaue Beschreibung der nervösen Erregung des Herrn Doktors zu geben. Meine Leser sind scharfsinnig genug, um sich nach dem Charakter des Herrn Doktors und nach den bereits geschilderten Ereignissen selbst alles gut ausmalen zu können. Aber um ihnen dabei wenigstens einigermaßen behilflich zu sein, halte ich es für meine Pflicht, hier seine Lektüre mitzuteilen. Dann hat der geschätzte Leser alle Mittel zur Hand und kann sich vielleicht sogar in den bunten Traum des Herrn Doktors selbst versetzen.

Hier ist die Novelle!

ÜBER EINIGE HAUSTIERE

Eine halbamtliche Idylle von Václav Bavor

Siebzehnte Seite aus dem Tagebuch des Herrn Ondřej Dílec

... Meister etwas von der Rechnung abziehen, auf jeden Fall werde ich etwas abziehen, und das ist auch richtig so. Schließlich: Was kann denn der Mörtel schon kosten, und dem einen Maurer gibt er auch nicht 5 Gulden! Ich hätte ohnedies nichts machen lassen, wenn ich das geahnt hätte. Und ich lasse auch nichts mehr machen. Natürlich weiß ich, daß schließlich ... Wenn sie aber nichts hat als die Schankstube und ein Kind, und die Gastwirtschaft nicht viel einbringt ... Die könnte ich ja herrichten lassen. Aber ihr Junge und mein Junge, das sind schon zwei Kinder, und man weiß nie, wie viele noch kommen können, und wenn man eine Witwe nimmt, muß man an die Zukunft denken. Mein Haus ist freilich groß genug, und wer weiß, was ich noch später machen lassen werde, jetzt aber lasse ich nichts machen. Die ganze Nacht habe ich kein Auge zugetan, obwohl mir schon alles verleidet ist. Das ist wahr. Da will sie mich mit diesem Milchbart eifersüchtig machen. Aber das wird ihr nicht gelingen! So eine gesetzte Person sollte doch schon mehr Verstand haben! Daß er sein Studium beendet hat, ist für mich nicht entscheidend. Was wird schon aus ihm? Ein Viehdoktor, ein Pauker oder ein Zeilenschinder. Und das kennt man ja. Schade, daß sie einen Vertrag mit halbjährlicher Kündigung hat! Gleich müßte sie ausziehen! Er wird sie sicherlich nicht heiraten. Das weiß sie auch, aber sie will mich ärgern. Warte nur, ich werde dich schon übertrumpfen! Und wenn ein Hausherr etwas will, setzt er es immer durch! Ich weiß auch schon, was ich tun werde, und zwar noch heute. Dann kannst du rufen: put, put, put, wenn ich über den Hof gehe, damit du mich nicht zu sehen und zu grüßen brauchst und dir den »Guten Morgen« ersparst. Noch heute . . .

Privatbrief des Magistratspraktikanten Jan Střepeníčko an den Konzipienten Josef Píšćik, ebendort

Teurer Freund, geschätzter Gönner!
Euer Wohlgeboren werden entschuldigen, wenn ich mich mit einer Bitte an Sie wende. Sie hatten die Güte, mir zu versprechen, daß Sie mir bei meiner Beamtenlaufbahn durch Ihren Einfluß und Ihre wertvollen Erfahrungen Unterstützung angedeihen lassen werden. Entschuldigen Sie, bitte, daß ich Ihnen meine Angelegenheit nicht persönlich vortrage, aber Sie wissen ja, daß es die Herren Räte nicht gern sehen, wenn ein Praktikant in ein anderes Büro geht und nicht an seinem Pult bleibt.

Nun aber, um Ihre Zeit nicht zu lange in Anspruch zu nehmen, gleich zu meiner Angelegenheit und meiner Bitte!

Der Herr Sekretär gab mir den Auftrag, alle gestern eingegangenen Zuschriften nach den Referaten, in die sie gehören, zu ordnen. Er betrachtet das wohl als eine Art Prüfung, und bei meiner Unerfahrenheit in diesen Dingen bin ich bei einem Schreiben in großer Verlegenheit. Erlauben Sie mir, Euer Wohlgeboren mit dem Inhalt des fraglichen Schreibens bekannt zu machen.

Der Prager Hausbesitzer Herr Ondřej Dílec, NC 1213–I, führt Klage gegen die Gastwirtin Frau Helenka Velebová, daß sie ohne hinlänglichen Grund eine große Menge Hühner, Kapaune und Hähne hält, die in letzter Zeit ungewöhnlich früh am Morgen zu lärmen beginnen und die Mieter des erwähnten Hauses aus dem Schlaf aufstören. Der Kläger fordert, daß der Beklagten das Halten von Geflügel verboten wird.

Dies ist der Inhalt des Schreibens, von dem ich nicht weiß, welchem Referat ich es zuteilen soll. Ich würde Euer Wohlgeboren ja das Schreiben zur persönlichen Einsichtnahme übersenden, aber Sie wissen selbst, daß ich es nicht wagen darf, ein amtliches Schriftstück aus dem Zimmer zu geben. Ich bitte um einen freundlichen, wenn auch kurzen Rat. Wollen Sie, bitte, nicht böse sein, wenn ich darum bitte, mir die Antwort *versiegelt* zu übersenden.

Euer Wohlgeboren ergebenster
Jan Střepeníčko

Amtliches Schreiben Nr. 13211 an den löblichen Herrn, Herrn Dr. med. et chir. Edvard Jungmann

Laut Präsidialanordnung werden Sie hiermit verständigt, daß Sie sich am 4. August im Rathaus, Zimmer 35, einzufinden haben, um sich von dort mit einem Ihnen zugeteilten Beamten in das Haus NC 1213–I zwecks Überprüfung einer in das Gebiet Sanitäres fallenden Angelegenheit zu begeben.

Prag, 2. August 1858 Veřej m. p.

Privatbrief der Gastwirtin Frau Helenka Velebová an ihre Schwester, verehelichte Alojsia Trousilová, Studienratsgattin in Chrudim

Liebe Schwester!
Ich grüße und küsse Dich tausendmal, und auch Toníček schickt Dir viele Küsse, und Du sollst ihm auch etwas schicken. Frag doch einmal Deinen Mann, ob er sich noch an den Jeník Kalhotka erinnert, an den Kleinsten, der ist jetzt auch schon groß, hat studiert und möchte auch Gymnasiallehrer werden. Vielleicht wird sich Dein Mann seiner noch erinnern, weil Jeník immer über die Ferien nach Hause fuhr. Ich hatte ihn nicht mehr in Erinnerung, und Du würdest ihn wohl auch nicht wiedererkennen, so groß und stark ist er geworden. Er verkehrte bei mir über zwei Monate als Kostgänger, aber ausführlicher gesprochen haben wir miteinander erst, als er kein Geld mehr hatte. Du weißt ja, wie das bei Studenten so ist, besonders bei denen, die etwas wert sind; er ist kein Taugenichts, und er hat auch sein Studium schon abgeschlossen, und er läßt Dich und Deinen Mann grüßen. Kalhotka ist ein lustiger Patron, und ich muß immer herzlich über ihn lachen, weil er so aufrichtig ist. Er hat sogar Gedichte über mich verfaßt und sie drucken lassen. Denk Dir nur, solche Dummheiten! Aber als Studienratsgattin hast Du für so etwas ja Verständnis. Er schrieb darin, ich sei wie eine Sternennacht, und ähnlichen Unsinn, daß ich schon gedacht habe, ich müßte bei diesem par plaisir vor Lachen krank werden, aber es war in einer Zeitschrift so schön gedruckt, und darüber stand mit fetten Lettern das Wort »Ihr«, und damit war ich gemeint.

Deinem Mann kannst Du sagen, es geht ihn gar nichts an, ob ich wieder heirate, und er braucht mich damit nicht aufzuziehen. Schließlich bin ich für den Witwenstand noch zu jung, mein Kind braucht einen Vater, und Männer, die mich heiraten wollen, gibt es genug.

Unser Hausherr Dílec möchte mich auch haben, aber er

stellt sich ungeschickt an, und dann möchte er auch gern viel Geld erheiraten, und das habe ich nicht, weil ich nur immer von der Hand in den Mund lebe. Dílec ist nicht sehr klug, und er ist eifersüchtig auf Kalhotka, und deshalb hat er mich beim Magistrat verklagt, daß ich viel Hühner und Hähne halte, die die Mieter durch ihren Lärm stören, vor allem in den frühen Morgenstunden.

Nun waren zwei Herren bei mir, und ich mußte herzlich lachen, als sie immer die vielen Hähne sehen wollten und ich keine hatte, weil ich ja nur etwas Geflügel für den Hausbedarf und für meine Gäste halte. Der Hausherr wird vor Wut platzen, aber meinetwegen, warum tut er so dumm, mir liegt nicht an ihm. Er ist ja auch nicht mehr ein Jüngling im lockigen Haar.

Für Fanynka schicke ich Dir den Hut, aber statt mit Rosen habe ich ihn mit Kirschen garnieren lassen, hoffentlich ist Dir das nicht zu schreiend. Sei so gut und schreib mir, zu welchem Preis Du mir Butterschmalz besorgen kannst, vielleicht käme es doch billiger als in Prag. Sei nicht böse, daß ich Dir soviel schreibe, aber wem sollte ich das alles erzählen, wo ich doch niemanden habe, und es ist schon einmal so, daß ich stets guter Dinge bin. Denke immer an Deine aufrichtige Schwester

Helenka

PS In Eile

Vierte Seite des Protokolls der Senatssitzung vom 15. August 1858

... wurde auf Vorschlag des Herrn Rates Veřej die Tagesordnung angenommen, weil vor den Senat nur Fragen von besonderer Wichtigkeit gehören.

Hierauf schritt man zu Punkt 7 der Tagesordnung.

Herr Rat Veřej referierte über die Klage des Herrn Ondřej Dílec, Besitzer des Hauses Nr. 1213–I, gegen Frau Helenka Velebová, Gastwirtin, ebendaselbst. Herr Ondřej Dílec führt darüber Klage, daß die Gastwirtin Frau Velebová viel Geflügel hält, das durch seinen Lärm am frühen Morgen die übrigen Mieter belästigt. Er liest den Bericht der Kommission vor, die aus den Herren Dr. med. Edvard Jungmann und dem Konzipienten Josef Písčik bestand. Aus dem Bericht geht hervor: Die Kommission hat die Angelegenheit an Ort und Stelle gründlich überprüft und dabei festgestellt, daß die beklagte Gastwirtin nur zwei Hühner, einen Hahn und einen Kapaun auf dem Hof hielt, und zwar für ihre Gäste, falls diese Appetit auf Geflügel haben.

Der den Vorsitz führende Herr Bürgermeister meint, da ließe sich nichts machen, besonders im Hinblick darauf, daß so wenig Geflügel vorhanden sei und man es der Gastwirtin nicht zumuten könne, alles geschlachtet zu kaufen.

Der referierende Herr Rat Veřej bemerkt, der Kläger, Herr Dílec, sei etwas schwerhörig, das Krähen könne ihn also gar nicht so sehr stören. Er stellt den Antrag, die Klage abzuweisen.

Der Antrag wird einstimmig angenommen. Hierauf schreitet man zur Behandlung des Punktes ...

Privatbrief der Gastwirtin Frau Helenka Velebová an ihre Schwester, verehelichte Alojsia Trousilová, Studienratsgattin in Chrudím

Liebe Schwester!
Ich grüße und küsse Dich tausendmal, und auch Toníček schickt Dir viele Küsse. Ich bin wirklich sehr böse, weil Du Dich so alt gibst, und dabei bist Du doch jünger als ich, und wenn Du hundertmal eine Studienratsgattin bist, was liegt schon daran, deshalb bist Du auch nicht gescheiter als ich; spiel Dich nur nicht so auf, denn das kennen wir ja, und wer weiß, was Du tätest, wenn Du eine Witwe wärst. Ich will und will den Dílec nicht, und ich lasse ihn mir nicht aufdrängen. Du würdest auch einen Menschen nicht wollen, der Dich beleidigt hat. Was geht es ihn an, ob ich dünn oder dick bin, und er braucht mir nicht zu sa-

gen, daß man aus mir drei Kadetten machen könnte. Wenn ich ihm nicht gefalle, braucht er mir ja nicht nachzusteigen, ich mag ihn nicht, das sage ich Dir. Und mußte er mich dann verklagen, wenn er mich gern hat? Den Prozeß hat er ja doch verloren, und seither kann er mir nicht einmal mehr in die Augen schauen. Aber ich werde mich an ihm rächen. Alles ist schon eingefädelt. Ein Herr – Du brauchst nicht zu fürchten, daß es schon wieder Kalhotka ist, schließlich bin ich kein flatterhaftes Mädchen, um Bekanntschaften mit Studenten anzuknüpfen, obwohl es niemanden etwas anginge, denn ich bin ja mein eigener Herr und lasse mir von niemandem etwas befehlen, und Kalhotka ist auch besser, als ihr glaubt – hat sich daran erinnert, daß in Prag das Halten von Borstenvieh gesetzlich verboten sein soll, und Dílec hat im Garten zwei Schweine, den ganzen Tag laufen sie dort herum. Toníček spielt zwar mit ihnen, aber das macht nichts, die Klage haben wir schon eingereicht. Dílec wird sich mächtig ärgern, soll er auch! Du ärgerst Dich auch über alles, und es verdrießt mich, daß Dir der Hut zu schreiend ist, weißt Du was, dann schreist Du ihn eben auch an! Aber sei mir nicht böse, Du weißt ja, was auf dem Herzen ist, muß über die Zunge, ich bin nun einmal so, und dann, unter Schwestern, da versteht man sich schon. Denke immer an Deine aufrichtige Schwester

Helenka

PS In Eile

Schreiben privaten Charakters
vom Bürgermeister der Königlichen Landeshauptstadt Prag
an den Herrn Magistratsrat Veřej

Geschätzter Herr Rat!
Weil ich Sie heute nicht mehr antreffe, um mit Ihnen in einer bestimmten Angelegenheit Rücksprache nehmen zu können, morgen aber in meiner Villa bleibe, schreibe ich Ihnen diesen Brief.

Es handelt sich um die Klage der Gastwirtin Helenka Velebová gegen Andřej Dílec, Besitzer des Hauses Nr. 1213–I, wegen des gesetzlich verbotenen Haltens von Borstenvieh. Ad manus inclitissimi praesidii wurde diese Klage neuerlich eingereicht, und zwar durch den Herrn Advokaten Zajíček, der, wie Ihnen bekannt sein dürfte, zu den Gegnern der jetzigen Stadtverwaltung gehört. Einmal wurde bereits über diese Sache verhandelt, wie ich mir jetzt berichten ließ, aber nicht gründlich genug. Wie ich höre, sollen der Vertreter des Stadtviertels und der Herr Bezirksarzt ermittelt haben, daß Herr Dílec nur zwei Ferkel hält, die er für den eigenen Bedarf braucht. Weiter wurde nichts veranlaßt.

Es war nicht gut, Herr Rat, daß Sie eine so wichtige Sache brevi manu erledigt haben, nach eigenem Ermessen und ohne Befragen des Senats. Es ist über jeden Zweifel erhaben, daß Ferkel auch zum Borstenvieh gehören, und das Halten von Borstenvieh ist in Prag nun einmal streng verboten. Jetzt aber, da im Herbst gewöhnlich cholera morbus auftritt, könnten wir in dieser Sache schwere Unannehmlichkeiten haben, zumal der Advokat Zajíček die Sache sicherlich weiterverfolgen wird.

Wegen der Dringlichkeit und der Gefährlichkeit der Sache wollen Sie also, Herr Rat, sofort einen neuerlichen Lokaltermin sowie eine Untersuchung anordnen, dann über diese sofort im Senat in meiner Gegenwart verhandeln lassen und Ihren Antrag so einrichten, daß ex senatu concluso die Beseitigung des beanstandeten Borstenviehs innerhalb von acht Tagen angeordnet wird.

Prag, 17. September 1858

Privatbrief des cand. phil. Jan Kalhotka
an seinen Freund Emil Blažíček, Lehramtsanwärter in Písek

In nomine domini übermittle ich Dir die frohe Kunde, daß ich als Lehramtsanwärter für Hradec Králové, Festung, Stadt und Gymnasialort, ernannt worden bin. Ich werde also hingehen und die Zukunft der tschechischen Nation heranbilden und so wie Du »auf der ererbten Scholle des Volkes« – ein Zitat, das Du vielleicht schon einmal irgendwo gelesen hast – arbeiten. Ich freue mich von ganzem Herzen auf meinen erhabenen Beruf und meine neue Lebensbahn, besonders deshalb, weil es in Hradec Králové viele schöne Mädchen geben soll, für die ich überhaupt eine große Vorliebe habe. Mein Glück bei Frauen ist fabelhaft. Ich glaube, ich brauchte gar nichts anderes zu tun als zu lieben, alles übrige käme dann ganz von selbst, und es ginge mir gut. In letzter Zeit hatte ich nicht einen roten Heller, was bei mir öfters vorkommt, und doch habe ich wie ein Baron gelebt, oder richtiger gesagt, wie ein zufriedener Gastwirt. Weißt Du, eine junge Gastwirtin (Witwe), dazu noch aus unserer Gegend, und ich ein Kerl wie Milch und Blut – nun, kurz gesagt, ich habe billig, sehr billig gelebt. Aber meiner Landsmännin geht es nicht sehr gut, ihr Hausherr wollte sie heiraten, aber sie wollte nicht, weil sie mich liebte. Und jetzt hat er ihr die Wohnung gekündigt, und sie weiß nicht, wo sie hin soll. Ich habe ein Herz im Leibe, und weil ich jetzt zu etwas Geld gekommen bin, gehe ich nicht mehr zu ihr, um ihrem Glück nicht im Wege zu stehen. Frauen sind klug, besonders Witwen, sie wird sich schon zu trösten wissen. Schließlich möchte ich nicht behaupten, daß sie zu dem Hausherrn nicht paßt. Das wird ein schönes Paar; ich sehe schon im Geiste, wie sie am Sonntag einträchtig geschmorte Nieren mit Salat verspeisen. Du siehst also, ich habe mit ihr nicht Komödie gespielt, und sie war mir nicht gleichgültig, sonst hätte ich nicht so viel von ihr geschrieben. Aber – was soll ich mit ihr anfangen – das ist es!

Ich schließe meinen Brief mit dem herzlichen Wunsch, es möge Dir auch gut gehen.

Dein . . .

Erlaß der Statthalterei an Herrn Ondřej Dílec, Besitzer des Hauses Nr. 1213–I, in Erledigung seines Rekurses gegen den Magistratserlaß

... den angeführten Gründen kann kein Gewicht beigemessen werden, denn das Halten von Borstenvieh ist in Prag gesetzlich verboten, und der Umstand, daß der Herr Bürgermeister zwei Pferde hält, die mehr Mist und Unannehmlichkeiten verursachen, steht mit diesem Fall in keinem Zusammenhang. Herr Ondřej Dílec wird hiermit zu einer Strafe von fünf Gulden österreichischer Währung verurteilt, und es wird ihm gleichzeitig aufgetragen, seine beiden Schweine innerhalb von drei Tagen entweder zu schlachten oder aus Prag fortzuschaffen, widrigenfalls es zu einer Schlachtung oder Entfernung von Amts wegen kommen müßte.
Prag, 14. Oktober 1858

Brief der Gastwirtin Frau Helenka Velebová an ihre Schwester, verehelichte Alojsia Trousilová, Studienratsgattin in Chrudím

Liebe Schwester!
Du hast recht, Du siehst, ich gestehe es ein, und das kommt daher, daß Du durch Deinen Mann klug und gelehrt bist, ich aber nur ein dummes Weib nach meinem Seligen. Aber den Kalhotka brauchst Du mir nicht mehr vorzuwerfen, da ist alles aus, er ist davongelaufen. Du weißt ja, daß seine ganze Familie so gewesen ist und daß unsere Mutter nie etwas von ihr wissen wollte. Aber ich bin nicht schuld daran, er hat immerfort auf mich eingeredet, und Du weißt ja, wie wir Frauen sind und daß ich ein gutes Herz habe. Auch mit dem Dílec hast Du recht, und wenn ich nur wollte ... Aber ich weiß jetzt gar nicht, wie ich es anfangen soll. Der ist aber eingegangen! Es ist zu sehen, daß es ihn kränkt, aber er hat einen harten Schädel und dünkt sich wohl Gott weiß was, wenn er Hausbesitzer ist, obwohl es wahr ist, daß er keine Schulden hat und

daß er ein durch und durch guter Mensch ist. Kürzlich habe ich mit seinem Jungen gespielt, das ist ein reizender Junge, er hat so große blaue Augen und so volle Wangen, er ist nur ein halbes Jahr jünger als mein Toníček, und sie spielen auch schon wieder miteinander, und Toníček geht auch zu ihnen in die Wohnung. Da kam gerade Herr Dílec nach Hause, aber ich tat so, als sähe ich ihn nicht, und küßte seinen Jungen; er blieb stehen, sagte aber kein Wort und ging weiter, aber den Jungen hat er nicht holen lassen, wie er es sonst immer tut. Ich danke Dir für die Butter, ich habe sie zwar nicht billig bekommen, aber sie ist recht kernig. Bis Katharina haben wir noch fünf Wochen, und morgen bringe ich dem Dílec selbst die Miete, aber das sage ich Dir, ich werde mich schämen. Siehst Du, es ist doch schön von ihm, daß er mich nicht einmal mahnt. Toníček schickt Dir viele Küsse, und Du sollst ihm auch etwas Hübsches schicken. Ich küsse Dich und Deinen Mann und bleibe für alle Zeiten Deine treue Schwester

Helenka

PS In Eile

Einunddreißigste Seite aus dem Tagebuch des Herrn Ondřej Dílec

... daß ich noch nie so zufriedene Weihnachtsfeiertage verlebt habe. Helenka ist eine gute Hausfrau und eine gute Köchin, und sie liebt mich sehr, sie ist gar nicht so schlimm, wie ich gedacht hatte, sie folgt aufs Wort und ist fast besser als meine selige erste Frau, der Herrgott gebe ihr die ewige Ruhe! Jetzt bin ich schon fest davon überzeugt, daß sie diesen Studenten nicht ein bißchen gern hatte. Wie wunderlich sind doch die Weiber, wenn sie jemanden ärgern wollen, den sie eigentlich lieben! Wenn sie immer so bleibt, und sie wird so bleiben, das ist schon zu sehen, dann wird sie es nicht zu bereuen haben. Sie wird schon merken, was für ein guter Vater ich für ihr

Kind bin und daß ich es auch nicht vergessen werde, wenn ich heute oder morgen sterben sollte. Im Frühjahr lasse ich das Haus streichen, und aus dem Garten machen wir ein Gartenrestaurant mit Musik. Schon jetzt geht das Geschäft ganz anders, ja, wenn man leere Hände hat, geht freilich nichts. Und jetzt werde ich wohl auch mit den Prozessen Ruhe haben. Heute waren zwei Herren bei mir und sagten, sie kämen wegen meiner Appellation nach Wien. Ich hatte die Sache schon ganz vergessen und schaute sie lange an, ohne zu verstehen, worum es sich handelt. Aus Wien ist der Antrag gekommen, die ganze Angelegenheit von neuem gründlich zu untersuchen. Aber wie soll man die Sache untersuchen, wo ich doch heute die letzte Leberwurst zum Frühstück gegessen habe? Helenka hat wie närrisch gelacht und hat nun ordentlich Fett in der Küche, aber ich weiß nicht, wer den Prozeß schließlich gewonnen hätte, und . . .

XII

Fünf Minuten nach dem Konzert

Eine schwache Kinderstimme kletterte winselnd in schwindelnde Höhe und verklang. Fräulein Valinka schloß das Notenheft, der Begleiter am Klavier warf noch einige Schlußakkorde hin, und ein affektiertes Lächeln mit zugehöriger Verbeugung zeigte an, daß das Konzert zu Ende sei.

»Ist das aber eine Freude! Aus der wird einmal eine große Künstlerin! Ach, Herr von Eber, Sie werden ein glücklicher Mensch!« jubelte Frau Baurová, hielt im Applaudieren inne und stand auf, um Valinka in unbeschreiblicher Begeisterung innig zu umarmen.

Hinter ihr erhoben sich die anderen Gäste von ihren Plätzen. Etwa zwanzig hatten sich eingefunden und saßen in zwei Reihen im Paradezimmer. Auf Valinka regneten Küsse nieder, und das von allen Seiten umjubelte Mädchen konnte nur mit Mühe rufen: »Aber ... meine Frisur ... Mama!«

Herr Eber, der während des ganzen Konzerts unbeweglich in einer Fensternische gelehnt hatte, schluckte seine Rührung hinunter, öffnete die Augen und schloß sie wieder und sagte dann mit zitternder Stimme: »Nun, etwa zwei Jahre werden wir sie wohl noch üben lassen müssen, hernach aber soll die Welt sie haben. Sie ist zwar auch dann erst vierzehn Jahre, und die Leute werden sich wundern; aber was tut das, wenn ihr Talent so bedeutend ist? Ob Sie es glauben oder nicht, Frau Baurová, in Französisch hat sie in zwanzig Stunden einen derartigen Fortschritt gemacht, daß sie sich mit ihrem Lehrer schon fließend verständigen kann!«

Frau Baurová schlug überrascht die Hände zusammen. »Ist denn das die Möglichkeit? Valinka – stimmt das?«

»Oui, madame!« bestätigte Valinka.

»Da sehen Sie selbst! Ich habe mich auch gewundert. Aber sie hat ja auch so gute Lehrer! Besonders ihr Gesanglehrer ist ausgezeichnet! Er hat eine sehr gute Methode. Er achtet auf jede Kleinigkeit, ja er steckt ihr sogar den Daumen in den Mund, wenn sie ihn nicht weit genug öffnet. Aber in Prag bleibe ich nicht mit ihr!«

»Das wäre auch eine Sünde!« stimmte Frau Baurová zu und nahm wieder neben ihrer Tochter Platz.

Fräulein Marie, die neben Herrn Oberleutnant Kořínek, dem Verlobten ihrer Freundin, saß, hatte nach Beendigung des Konzerts eigens die Handschuhe ausgezogen, um recht kräftig applaudieren zu können.

Herr Kořínek, ein Mann von schwächlicher Gestalt und kränklichem Aussehen, mit einem ständigen, geradezu erstarrten Lächeln um den Mund, applaudierte mit.

»Jetzt ist mir aber heiß geworden!« sagte das Fräulein nach beendeter Arbeit mit verführerischem Lächeln zu ihrem Nachbarn, der noch immer klatschte. »Wir Mädchen haben aber auch gar keine Kraft! Das Kind singt recht hübsch, nicht wahr?«

»Gewiß«, stimmte der Herr Oberleutnant zu. »Besonders das hohe C am Ende war hervorragend.«

»Aber das war doch nur ein F – nicht?« bemerkte das Fräulein.

»Ach nein, das war ein C, und vorher war es auch schon einmal ein C. Wenn es so hoch geht, ist es immer ein C.«

Das Gesicht von Fräulein Marie wurde lang und ernst. »Sie sind wohl auch musikalisch?« fragte sie, vielleicht, um überhaupt etwas zu sagen.

»Ich? Keine Spur! Ich hatte nicht die geringste Begabung für Musik, hieß es. Aber mein Bruder spielte sogar nach Noten, und jedes Stück ein ums andere Mal immer völlig gleich.«

»Ich hatte auch so einen Bruder«, seufzte das Fräulein, »aber der Arme ist schon tot. Ein strahlender Tenor! Vom hohen C, wie Sie vorhin sagten, bis hinunter zum tiefen A, ich sage Ihnen, bis hinunter zum A!«

»Muß das herrlich gewesen sein!«

»Sie sind wohl ein großer Musikfreund?«

»Gewiß.«

»Und da gehen Sie wohl auch oft in die Oper?«

»Ich? Nein! Das kostet viel Geld, und dann, man hat ja nur zwei Ohren. Einmal habe ich eine Oper gehört, die hat mir gefallen – wie hieß sie doch gleich? Ach, zu dumm! – Aber gefallen hat sie mir. Sonst machen mir Opern keinen Spaß. Wissen Sie, ich bin mit Leib und Seele Soldat, und es ärgert mich immer, wenn ich so einen starken Kerl sehe, der die türkische Trommel schlagen könnte, und er fiedelt auf einer Geige herum. Dann gefällt es mir auch nicht, wenn eine Sängerin ihre Zirkumflexe macht, oder wie man das nennt.«

Fräulein Marie wandte sich plötzlich ihrer Mutter zu, die flüsternd fragte: »Nun, wie unterhältst du dich mit ihm?«

»Gut – ich glaube, er erkennt nicht einmal Streichhölzer, wenn sie mit dem Kopf nach unten liegen!«

»Das macht nichts.«

»Freilich nicht«, beendete Fräulein Marie die im Flüsterton geführte Unterhaltung und wandte sich wieder ihrem Nachbarn zu. »Aber schön ist es doch, daß sie das Kind so unterrichten lassen. Besonders, wenn man bedenkt, daß sie eigentlich selbst nichts haben. Sie stecken bis über beide Ohren in Schulden; wir haben auch Kapitalien auf diesem Haus stehen, und ich sage immer zur Mutter, sie soll vorsichtig sein, aber meine Mutter ist ja so gut!«

Herrn Kořínek gab diese Eröffnung sichtlich einen Riß. Er wollte etwas sagen, wollte eine Frage stellen, aber in diesem Augenblick zeigte lautes Stuhlrücken an, daß die Gesellschaft aufbrechen wollte. Auch Fräulein Marie und Frau Baurová erhoben sich.

»Wir haben einen so weiten Heimweg und müssen ganz allein gehen«, beklagte sich Fräulein Marie bei dem Herrn Oberleutnant. »Ich hatte nie eine Bekanntschaft, und wirklich galante Herren gibt es so wenig . . .!«

»Wenn ich vielleicht dürfte . . .«, lächelte der Herr Oberleutnant galant und zuvorkommend.

»Ach, das wäre aber schön! Mama, Herr Kořínek will uns begleiten!«

»Einen so weiten Weg wollen Sie unsertwegen machen? Aber Herr Kořínek kann dann gleich bei uns zum Abendessen bleiben, nicht wahr? Wir werden uns gut unterhalten!«

Die Hausfrau hatte sich bereits der Reihe nach von den Gästen verabschiedet, Fräulein Matylda, die Herrn Kořínek für einen Augenblick hatte allein lassen müssen, um sich den Gästen zu widmen, teilte gerade an ihre Freundinnen Küsse aus, als ihr Frau Ebrová etwas zuflüsterte.

Fräulein Matylda trat auf den Herrn Oberleutnant zu und sagte leise: »Sie bleiben doch hier, nicht wahr? Meine Mutter läßt Sie zu einem Stück Schinken bitten . . .«

»Ich . . . ich bin . . .«

»Ach, meine liebe Matylda!« sagte Fräulein Marie und umarmte ihre Freundin herzlich. »Habt ihr uns aber heute eine schöne Unterhaltung beschert! Schade, daß es nicht länger gedauert hat, denn wenn wir nicht allein nach

Hause zu gehen brauchen, habe ich keine Angst. Herr Kořínek hat nämlich gerade versprochen, uns zu begleiten, weil wir einen so weiten Heimweg haben. Leb wohl, mein Engelchen, gib mir noch einen Kuß! So! Mein Kompliment, gnädige Frau!«

Fräulein Matylda wurde blaß und stand wie erstarrt.

»Begleite doch Fräulein Marie zur Tür!« nötigte sie die Hausfrau. »Was ist denn mit dir los?« – »Ach!« seufzte sie unwillkürlich, als sie bemerkte, wie sich der Herr Oberleutnant gleichzeitig mit Frau Baurová und Tochter zum Gehen anschickte.

»Leb wohl, mein Engelchen«, winkte Fräulein Marie noch einmal und rauschte zur Tür.

Fräulein Matylda blieb wie angewurzelt stehen.

XIII

Nach der Ziehung

Frau Bavorová saß in beschaulicher Ruhe hinter dem Ladentisch, denn Freitag nachmittag war im Krämerladen nicht viel zu tun; die Gewerbetreibenden aus der Umgebung, die bei ihr etwas zum Abendbrot kauften, waren erst später zu erwarten. Ihr Mann war in geschäftlichen Angelegenheiten unterwegs, Václav hielt sich ohnehin nur selten zu Hause auf, und so saß Frau Bavorová ganz allein und beschäftigte sich mit ihren Traumbüchern, die vor ihr auf dem Tisch ausgebreitet lagen. Große Blätter waren dicht mit Zahlen beschrieben. Sie unterhielt sich gut, zwar gähnte sie manchmal, aber offensichtlich war sie durchaus zufrieden, ihre Wangen leuchteten, und ihre Augen glänzten hinter den Gläsern der mit Stoffresten eingefaßten Brille.

Plötzlich blickte sie zur Tür, da jemand auf der Schwelle erschien. Es war die Gastwirtin. Frau Bavorová tat, als hätte sie ihr Kommen nicht bemerkt, und beschäftigte sich weiter mit ihren Zahlen.

Zweifellos war der Auftritt bei Žanýnkas Begräbnis noch nicht ganz vergessen.

Die Gastwirtin trat auf den Ladentisch zu. »Gelobt sei Jesus Christus«, sagte sie.

»In Ewigkeit, Amen«, antwortete Frau Bavorová, ohne den Kopf zu heben.

»Also haben wir etwas gewonnen?« begann die Gastwirtin das Gespräch.

»Nun, viel ist es gerade nicht, was wir miteinander gewonnen haben«, erwiderte Frau Bavorová kühl, wobei sie auf das Wort »miteinander« besonderen Nachdruck legte.

»Miteinander – hm, das stimmt. Der Kaufmann hat mir erzählt, Sie haben die Reihe noch ein zweites Mal gesetzt, aber so, wie Sie die Zahlen zuerst hatten, bevor wir uns darüber unterhielten, und darauf sollen Sie einen Terno gemacht haben.« Jedes Wort war spitz und lauernd.

»Ja – wenn ich mich auf meinen eigenen alten Kopf verlasse, tue ich immer gut daran.«

»Da habe ich doch wohl auch einen Anteil am Terno?«

»Ich wüßte wirklich nicht, wieso.«

»Nein, so eine Gemeinheit!«

Frau Bavorová wurde weiß wie die Wand. Aber sie hob den Kopf nicht und antwortete langsam und mit eisiger Stimme: »Haben Sie vielleicht bei meiner Reihe etwas zugezahlt? Sie haben mir geraten, die Nummern zu ändern, und bei diesen geänderten Nummern haben Sie mitgehalten und einen halben Ambo gewonnen. Sonst haben wir nichts miteinander zu tun.«

Wenn der kühle Ton der Bavorová auch gezwungen klang, verfehlte er doch nicht seine Wirkung auf die Gastwirtin. »Nun, deswegen brauchen wir uns doch nicht zu streiten«, sagte sie mit versöhnlichem Ton, der ebenfalls sichtlich gezwungen klang. »Ich gönne einem jeden, was ihm Gott beschert – und warum sollte ich da Ihnen nicht Ihren Gewinn gönnen, wo doch Herr Václav und meine Márinka . . . Haben die einander gern . . .«

»Das hat keine Eile – die beiden sind noch jung, und

warum soll man etwas mit Gewalt herbeiführen? Außerdem, ich liebe Hochmut nicht, mein Sohn stammt aus einem Krämerladen, und was einmal aus ihm wird, das wird man ja sehen. So liegen die Dinge.«

»Sie glauben doch nicht etwa, ich werfe meine Tochter Ihrem Václav an den Hals? Das habe ich wirklich nicht nötig. Schließlich ist sie eine Bürgerstochter, das kann ihr niemand nehmen!«

»Mag sie davon satt werden«, bemerkte Frau Bavorová bissig und nahm die Brille ab.

»Ehre, wem Ehre gebührt, und wer keine hat, dem wird sie auch nicht zuteil«, zischte die Gastwirtin böse, »ich kann kommen, wohin ich will, überall habe ich Zutritt, aber ein Holzknecht bleibt immer ein Holzknecht, selbst wenn man ihn vergoldet. Das ist meine Meinung, und mehr habe ich nicht zu sagen. – Adieu!« Und die Gastwirtin rauschte hinaus.

»Habe die Ehre«, rief Frau Bavorová hinter ihr her und hob erst jetzt den Kopf.

Eine Weile schaute sie hinaus. Ihre Wangen nahmen wieder ihre natürliche Farbe an, und in ihre Augen kehrte der alte Glanz zurück. »Mit dir werde ich noch immer fertig!« sprach sie laut vor sich hin. Offensichtlich war sie zufrieden, daß sie sich zu keiner unbedachten Äußerung hatte hinreißen lassen.

Dann setzte sie wieder die Brille auf die Nase und vertiefte sich von neuem in ihre Traumbücher und ihre Nummern.

Die Bavorová war mit Leib und Seele Lotterieschwester, sie war eine Lotterieschwester erster Klasse, das Lotteriespiel grenzte bei ihr schon an Wissenschaft, und sie galt im ganzen Viertel als unbestrittene Meisterin des Spiels. Aber wenn sich eine vollendete Lotterieschwester auf der Höhe ihrer Kunst behaupten will, muß sie ständig an sich arbeiten und jeden freien Augenblick nutzen.

Niemand möchte glauben, welch umfangreiche Vorarbeiten nötig sind, ehe man auch nur ein einziges Mal ganz *sichere* Nummern setzen kann. Eine gute Nummer errechnet man weder mit kaltem Verstand, noch erscheint sie einem wie eine Offenbarung, höchstens durch einen großen Zufall, auf den kaum ein Kluger achtet; eine gute Nummer ist keine mathematische Größe, auch keine transzendente Erscheinung, sie erwächst weder aus dem Verstande noch aus der Phantasie, und man kann sie am ehesten mit einer Blume – oder noch besser mit einem Kristall – vergleichen, der zur Entwicklung und Reife viel Zeit benötigt und der auch einen festen Boden braucht; dieser Boden ist für die Nummern das menschliche Herz. Ja, das Herz ist der Mutterboden der Nummern, und wie das menschliche Herz mit der ganzen übrigen Welt zusammenhängt, wie selbst ein Stern aus unendlicher Ferne mit magnetischer Kraft auf das menschliche Herz einwirkt, so steht auch die Nummer mit der ganzen Welt in Zusammenhang. Aus diesem Grunde sind die Nummern auch unbestrittene Domäne des weiblichen Geschlechts, und sobald sich ein Mann einmischt, gerät er sogleich auf Abwege, bleibt stecken und versinkt im Sumpf einer verstandesmäßigen Berechnung.

Frau Bavorová war sich all dessen durchaus bewußt, wenn sie es auch nicht ebenso schön hätte ausdrücken können wie wir. Sie zog ihre Nummern so, wie der Gärtner aus dem Samen Blumen zieht, gleich weit entfernt war sie von dem Zufallsspiel mit dem Abreißen der Zettel, die beim Kaufmann aushingen, wie von verwickelten Berechnungen; das Fundament ihrer umfangreichen Operationen war das Traumbuch »Kumbrlík«.

Das ist gewiß ein mystischer Name, mystisch schon allein durch seine Tradition, mystisch aber auch durch den Titel dieses wertvollen Werkes, der da lautet »Auslegung der mutmaßlichen Bedeutung der Träume und einiger Naturerscheinungen, Deutung des Geschlechts der Träume auf Grund ihrer verschiedenen Ursachen sowie Verzeichnis der Nummern, die unter Berücksichtigung der Bedeutung der Träume in die Lotterie gesetzt werden können«. Die Einleitung zitiert einige Gestalten der Antike, spricht von Aristoteles und der Gemahlin Hektors, von Severus und der Mutter Vergils, von der Jakobsleiter und den sieben Kühen Pharaos, vom Traum der Heiligen Drei Könige aus dem Morgenlande und dem Traum Nebukadnezars in Babylon, und von all dem in dem gleichen klaren Stil wie der angeführte Buchtitel, in einem Stil, den der bloße Verstand nicht mehr durchdringt, den aber das Gefühl versteht.

Die richtige Traumdeutung ist das Fundament der Lotterie, und dieser richtigen Traumdeutung dient eben der »Kumbrlík«.

Aber nicht jeder Traum eignet sich zur Deutung. Es gibt gewisse Monate, die nur wenige wirklich glückbringende Tage haben; diese Tage sind jeder erfahrenen Lotterieschwester wohlbekannt, denn es sind »Mutmaßungen, von alten Sterndeutern aufgezeichnet und vom obersten Lenker aller Gestirne bestätigt«.

Doch auch ein solcher Glückstag offenbart nicht gleich seine Perle, denn nur ein Eingeweihter weiß, daß es acht verschiedene »Geschlechter« von Träumen gibt und daß nur das fünfte Geschlecht das richtige ist. Zunächst sind von der Auslegung für das Traumlotto alle Träume auszuschließen, die von einem bösen Geist stammen (achtes Geschlecht), sowie jene, die gottgefälligen Menschen als unmittelbare Offenbarung zuteil werden (siebentes Geschlecht). Auch Träume, die »vom Stamm einer Krankheit« ausgehen, die von der Hitze des Blutes und der Gedanken, vom Wasser in der Leber und der Lunge herrühren, fallen gleichfalls nicht ins Gewicht. Das fünfte Geschlecht aber wird jenen zuteil, »die zur Nacht wenig oder gar keine festen Speisen zu sich genommen haben, dabei aber gesunden und zufriedenen Sinnes sind«. Eine richtige Lotterieschwester muß sich also dem Geschlecht der Träume zuliebe eine ganz besondere Lebensweise angewöhnen, und Frau Bavorová hatte das getan.

Bei einem solcherart erzielten Traum weist also der »Kumbrlík« die entsprechenden Lotterienummern nach. (Es gibt zwar noch viele andere Arten von Traumbüchern, darunter auch Traumbücher mit Bildern, aber obwohl jedes auf seine Art wertvoll ist, überragt sie der »Kumbrlík« doch wie die Schneekoppe die anderen Berge.)

Die auf diese Weise gewonnenen Nummern sind zwar nicht über jeden Zweifel erhaben, aber sie werden doch einmal probeweise bei der nächsten Ziehung gesetzt, sozusagen als Schrittmacher. Kommen sie gleich heraus, gut, kommen sie nicht heraus, schadet es nicht; das Riscontro wird nicht weggeworfen, sondern gut aufbewahrt.

Die Lotterieschwestern teilen die Zeit der Träume nämlich in vier Abschnitte, jeden zu drei Stunden; die siebente Abendstunde ist der Beginn, was recht altertümlich wirkt. Je nachdem, in welchem Zeitabschnitt der Traum entstand, weiß man wieder ganz genau, nach welcher Zeit man Erfüllung erhoffen darf, nach acht Tagen oder beim dritten Zug, innerhalb von drei Monaten, von drei Jahren, ja selbst innerhalb von zwölf Jahren. Daher ist es von allergrößter Wichtigkeit, daß die Lotterieschwester eine sorgfältig geordnete Sammlung erprobter Riscontri besitzt.

Damit ist aber die Reihe der Hilfsmittel einer Lotterieschwester noch nicht erschöpft. Frau Bavorová gab zwar nichts auf solche Dummheiten wie die, daß man neunzig Zahlen in ein Glas tut und eine große Kreuzspinne dazu setzt, damit sie eine dieser Nummern mit dem Spinngewebe herauszieht – dafür war sie viel zu klug; aber sie hatte einen langen, schmalen Leinwandbeutel und darin neunzig Kügelchen; aus diesem Beutel zog sie selbst jeden Tag mit der rechten Hand drei und mit der linken ebenfalls drei. Die so gezogenen Nummern schrieb sie mit Angabe des Tages sorgfältig auf besondere Bogen und fügte das Wort »Ich« hinzu, denn sie ließ auch ihren Mann und ihren Sohn sowie andere ihr sympathische Personen täglich ziehen und schrieb getreulich jede Ziehung und jede Person auf.

Die bei den amtlichen Ziehungen herausgekommenen Nummern schrieb sie auf einen anderen Bogen, denn ein derartiges Verzeichnis hat seinen Wert; es läßt sich zwar nicht mit Bestimmtheit ein Gesetz aufstellen, demzufolge sich die bereits einmal gezogenen Nummern wiederholen, aber wenn man zu bestimmten Zeiten das Verzeichnis durchsieht, gibt es einem plötzlich bei einer Reihe einen Riß, und das ist die Inspiration.

Und schließlich: Wenn die Zeit herankommt, daß der ausgelegte Traum eines guten Tages und eines guten Geschlechts seine Erfüllung finden soll, wenn du dann mit der rechten und der linken Hand die gleichen Nummern ziehst und wenn sich auch noch die Inspiration dazugesellt, nun – dann geh hin und setze, denn dann ist dir ein Gewinn sicher.

Nach alldem hatte sich die Bavorová gerichtet, hatte die Reihe entsprechend ihrer Berechnung unverändert gesetzt, hatte in der vollen Gewißheit, daß diese Nummern gezogen werden, den Einsatz ohne Ambo gewagt – und hatte gewonnen.

Ich habe gesagt, eine richtige Lotterieschwester arbeitet ständig an sich; will sie sich stets auf der Höhe halten, muß sie jeden freien Augenblick ausnützen. Wegen des einen Terno schaltete sich die Bavorová nicht aus dem Spiel aus, die Lotterie war ihr ein Bedürfnis, die Lotterie war das Training ihres Verstandes und der Trost ihres Herzens. Darum finden wir sie auch bereits wieder in voller Aktion.

Sie schrieb, übertrug das Geschriebene auf andere Bogen, prüfte und verglich, als Václav eintrat. Er grüßte und blieb vor dem Ladentisch stehen.

Frau Bavorová nickte nur leicht, ließ sich jedoch nicht in ihrer Arbeit stören. Nach einer Weile nahm sie den Leinenbeutel mit den größeren Kügelchen, schüttelte ihn kräftig und reichte ihn dann Václav. »Du hast heute noch nicht gezogen. Zuerst mit der rechten Hand! Weißt du denn überhaupt, daß du ab heute entlassen bist?« sagte sie ganz ohne jede Erregung.

»Was?« stammelte Václav und blickte die Mutter erschrocken an, denn ihre ruhige Stimme verwirrte ihn.

»Eine Kugel hast du geradeso gezogen wie ich – sonderbar, immer ziehe ich die Dreißig! – Ja, der Hausherr ist hier gewesen und läßt es dir bestellen. Sag einmal, was war denn gestern mit dem Friseur los? Zu Mittag war die Tochter des Hausherrn, dieses überspannte Ding, hier; sie läßt dir herzlich danken. Du hättest ihr einen großen Dienst erwiesen, hat sie gesagt.«

»Ach, das ist doch nicht der Rede wert! Die hatten gestern ein Hauskonzert, und der Friseur, der das Fräulein frisieren sollte, fiel in der dunklen Durchfahrt hinter die Wäscherolle und konnte sich nicht heraushelfen. Ich sprang hinzu und zog ihn vor, Márinka war auch dabei . . .«

»Das sage ich dir, die Sache mit der Márinka hört auf! Frag nicht lang, ich will es nicht – und damit basta. Ihre Mutter meint es nicht ehrlich und ist es nicht wert«, sagte Frau Bavorová und redete sich in Wut, doch schrieb sie trotzdem gewissenhaft die von Václav gezogenen Nummern auf. »So – und jetzt ziehe mit der Linken! Die Tochter des Hausherrn hat sich auch kaum wieder hinausgefunden. Du sollst entschuldigen, daß sie dich gestern nicht eingeladen haben; sie hätte sich geschämt – die und schämen! –, und ihre Mutter hätte es vergessen, und jetzt tue es ihnen leid. Ich weiß schon, was die wollen; sie wissen sich vor Schulden keinen Rat, und heute haben sie es vom Kaufmann, dieser alten Tratschbase, gehört – ach, du weißt es ja noch gar nicht, daß ich einen Terno gemacht habe . . .«

»Einen Terno?« brachte Václav wieder stammelnd hervor.

»Jawohl – einen Terno secco bei einem Einsatz von

fünfzig Kreuzern – da bekommen wir einige Tausender . . .«

»Wirklich, Mutter?« jubelte Václav und schlug die Hände zusammen.

»Hat denn deine Mutter je gelogen?«

Václav sprang über den Ladentisch, umarmte seine Mutter und bedeckte ihr Gesicht mit Küssen.

»Aber, aber, du närrischer Kerl, du kommst wohl nie zu Verstand?« wehrte ihn die Mutter ab. »Ich habe es ja gewußt, daß es einmal so kommen muß! Du aber hältst dich jetzt dazu und beendest dein Studium!«

Václavs Augen strahlten vor Freude. Er sprang zum Schlüsselbrett und ergriff einen Bund Schlüssel.

»Wohin gehst du?«

»Aufs Dach.«

»Und was willst du dort?«

»Pläne für mein weiteres Leben schmieden.«

XIV

Eine zärtliche Familie

Der Hausherr ging im Zimmer auf und ab. Er war noch nicht fertig angezogen, nur die Hose hatte er an, die Hosenträger pendelten noch herab, das Hemd stand offen, und die ungekämmten Haare hingen ihm wirr um den Kopf. In seinem kantigen und von tiefen Falten durchzogenen Gesicht zeigte sich Verlegenheit. Seine schlaffen Arme baumelten bei jedem Schritt kraftlos hin und her.

Die Hausfrau, ebenfalls noch spärlich bekleidet, stand am Wäscheschrank und hatte ein Staubtuch in der Hand. Sie tat, als wische sie Staub, aber jede ihrer Bewegungen spiegelte ebenfalls Verlegenheit wider.

Die Ursache dieser Verlegenheit war eine dritte Person, die auf einem Stuhl am Tisch saß. Ein Kenner konnte die Situation sofort richtig einschätzen. Dem Unbekannten war der Haushalt der Familie Eber offensichtlich nicht fremd, denn er tat ganz, als wäre er zu Hause. Bald setzte er seinen schäbigen Hut auf seinen kahlen, nur mit wenigen grauen Haaren bedeckten Schädel, bald nahm er ihn wieder ab; er trommelte auf den Tisch und spuckte ganz ungeniert auf den Fußboden. Aus seinen Augen sprach bewußte Überlegenheit, und ein impertinentes Lächeln, das auch seine nach unten gezogenen Mundwinkel nicht verbergen konnten, spielte in seinen Zügen.

Plötzlich gab er sich einen Ruck, stützte sich auf die Tischplatte und erhob sich.

»Ich sehe, ich habe auch hier mein Geld hinausgeworfen«, sagte er mit lauter Stimme, »nun – ich werde bestimmt einen Weg finden, um es wiederzubekommen. Aber das sage ich Ihnen: Keinen roten Heller gebe ich mehr her!«

Die Hausfrau wandte sich ihm zu und sagte mit gezwungener Liebenswürdigkeit: »Nur noch fünfzig Gulden, Herr Menke! Sie helfen uns damit, und wir werden Ihnen ewig dankbar sein. Sie werden sehen!«

»Was ist das ›dankbar‹, he?« grinste der Wucherer. »Ich wäre auch dankbar, wenn mir jemand fünfzig Gulden schenken wollte!«

»Wir stehen Ihnen doch gut dafür, Herr Menke, wir haben ja unser Haus hier und . . .«

»Ihr Haus? In Prag gibt es viele Häuser und auch viele Hausherren, das weiß ich; aber Sie wissen doch selbst, wer in Ihrem Hause Hausherr ist, nicht? Ich habe Ihren Gehaltsbogen, hm. Aber was nützt er mir, wenn ich darauf nicht einmal meine Prozente bekomme? Wenn ich bis Dienstag nicht meine Zinsen habe, wende ich mich an den Herrn Präsidenten!« Und damit ging er zur Tür.

»Aber, Herr Menke . . .«

»Nein – ich habe Kinder und kann mich nicht um mein Geld bringen lassen. Adieu!« Er ging und ließ hinter sich die Tür sperrangelweit offenstehen.

Der Hausherr schlenkerte mit den Armen und bewegte

den Mund, als wollte er etwas sagen, die Hausfrau sprang wütend zur Tür und schmetterte sie mit aller Gewalt zu.

Die bisher nur einen Spalt offenstehende Tür zum zweiten Zimmer öffnete sich ganz, und Fräulein Matylda trat über die Schwelle. Sie hatte nur einen Unterrock an, gähnte herzhaft und schaute sich verschlafen im Zimmer um. »Ich verstehe gar nicht, daß ihr mit einem solchen Menschen überhaupt sprecht«, bemerkte sie leichthin, »ich hätte ihn hinausgeworfen.«

Herr Eber stand vor dem Spiegel und kämmte sich. Die Worte der Tochter ärgerten ihn, und er wandte sich mit einem Ruck ihr zu. »Schweig! Das verstehst du nicht!« fuhr er sie an.

»Natürlich!« meinte Fräulein Matylda, ohne sich im geringsten aus ihrer Ruhe bringen zu lassen. Sie trat zum Fenster und gähnte höchst zufrieden in den schönen Morgen.

Die Hausfrau schwieg beharrlich. Sie wischte jetzt so eifrig den Staub vom Wäscheschrank, daß der Schrank in allen Fugen ächzte.

Eine geraume Weile blieb es ruhig. Unterdessen zog sich Herr Eber an, und seine Frau lief aufgeregt im Zimmer hin und her, nahm da und dort etwas in die Hand und legte es wieder hin.

Herr Eber fühlte, daß eine derartige Situation nicht von Dauer sein konnte, und fing schließlich selbst an. »Bring mir den Kaffee, Frau – du weißt doch, daß es schon höchste Zeit ist, ins Amt zu gehen!« sagte er, so ruhig er konnte.

»Er ist noch nicht aufgewärmt«, entgegnete die Hausfrau trocken und öffnete die Tür des hohen Kleiderschrankes.

»Aufgewärmt? Du wirst mir doch nicht etwa Kaffee bringen wollen, der von gestern stammt? Das ist doch nicht dein Ernst?«

»Warum denn nicht? Oder verdienst du etwa so viel, daß wir ständig frischen kochen können? Verdien erst einmal das Geld für frischen Kaffee!«

Fräulein Matylda trat vom Fenster zurück, setzte sich

nieder und legte die Hände in den Schoß. Abwechselnd blickte sie auf Vater und Mutter, und es war ihr anzusehen, daß sie sich amüsierte.

Herr Eber kannte seine Frau und begann, von etwas anderem zu reden, da er gerade jetzt nicht auch noch häuslichen Streit haben wollte. »Was haben wir denn heute zu Mittag?« fragte er, als wäre vom Frühstück gar keine Rede gewesen.

»Knödel mit Meerrettich«, war die scharfe Antwort. Knödel mit Meerrettich konnte Herr Eber nicht einmal sehen. Er merkte die Absicht und war verstimmt.

»Und warum gerade heute dieses verdammte Essen, wenn ich mir die Frage erlauben darf, gnädige Frau?« preßte er mit Mühe hervor.

»Warum? Darum! – Heute wird den ganzen Tag gewaschen, und wenn gewaschen wird, koche ich nichts anderes!« Die Hausfrau suchte etwas im Kleiderschrank, und weil sie es nicht gleich finden konnte, riß sie alles von den Haken herunter und warf es auf den Fußboden.

»So – den ganzen Tag waschen! Und wohin soll ich unterdessen gehen?«

»Wohin du willst! Du bist mir ohnehin ein schöner Vater, das ganze Jahr gehst du mit unserem Kind nicht ein einziges Mal spazieren – geh also mit Valinka einen halben Tag weg!«

»Sonst nichts?« krächzte Herr Eber, bereits in höchster Wut.

»Meinetwegen kannst du dich auch an eine Ecke stellen und den Hut hinhalten!« Dabei trat sie, da sie ein Kleidungsstück nicht erreichen konnte, in den Schrank hinein. »Bei deinem Verstande wird uns ja doch bald nichts anderes übrigbleiben. Du wirst schon sehen, ich nehme noch eines Tages Gift, oder ich schneide mir die Pulsadern auf. Jetzt haben wir auch noch die Sache mit Matylda in Ordnung zu bringen, wenn es dem Mädel überhaupt noch gelingt, ihn für sich zu gewinnen ... Mußtest du auch ausgerechnet den Bavor aus dem Amt hinausbeißen?

Sich als großen Herrn aufspielen und dabei selbst ein Nichts sein . . .«

Weiter kam sie nicht. Herr Eber, der sich nicht länger beherrschen konnte, sprang hinzu, stieß seine Frau tiefer in den Kleiderschrank hinein, warf die Tür zu und drehte den Schlüssel um.

Fräulein Matylda klatschte vor Freude in die Hände.

Im Schrank hob ein Lärmen und Poltern an, daß er fast ins Schwanken geriet.

Herr Eber ergriff ein Glas und schleuderte es gegen den Schrank, daß es in tausend Stücke zersprang.

Für Fräulein Matylda war das ein Anlaß zu einem neuen Freudenausbruch.

Der Lärm im Schrank verstärkte sich.

Herr Eber zog schnell seinen Rock an und ergriff den Hut, doch dann blieb er unschlüssig stehen. Er wußte nicht, ob er den Schrank selbst wieder aufschließen sollte.

Fräulein Matylda bemerkte sein Zaudern und sagte schnell: »Laß sie nur drin! Warum kann sie ihren Mund nicht halten!«

»Du hast recht«, stimmte ihr der Vater zu. »Laß sie heraus, sobald ich unten bin. Ich gehe!« Und er ging.

In diesem Augenblick aber durchzuckte Fräulein Matylda ein Gedanke. Mit einem Satz war sie am Schrank, öffnete ihn und sagte zu ihrer Mutter, die mit hochrotem Kopf und wutschnaubend heraussprang: »Er ergreift die Flucht – rasch nach!«

Doch es war gar nicht nötig, die Frau zur Eile zu mahnen.

Sie flog nur so zur Tür, und hinter ihr her rannte das Fräulein Tochter, um nur ja nichts zu versäumen.

In der Küche erwischte die Hausfrau einen Besen und stürzte damit auf den offenen Gang hinaus.

Herr Eber ging eben zum Hof hinunter, an der Aufwartefrau vorbei, die die Treppe scheuerte.

»Schmeißen Sie ihm den Eimer nach, schlagen Sie ihm den nassen Lappen um die Ohren!« kreischte die Hausfrau in höchster Wut.

Ihr Herr Gemahl beschleunigte seine Schritte bis zu lebensgefährlicher Geschwindigkeit. Schon hatte er den Hof erreicht, da sauste der Besen auf ihn hinunter, glücklicherweise, ohne ihn zu treffen.

Als die Hausfrau das sah, riß sie ihre Haube vom Kopf und schleuderte auch sie ihrem flüchtenden Gatten nach.

Dabei schrie sie, daß es im ganzen Hause hallte: »Mörder, Räuber! So siehst du aus! Wie würdest du aber erst aussehen, wenn du nicht sechs Ellen Tuch am Körper hättest? Du Jammergestalt! Ach, habe ich einen Mann! Hat dreihundert Gulden Gehalt im Jahr und spielt sich als Herr auf! Pfui über einen solchen Mann! Komm mir nicht vor einer Woche nach Hause, das sage ich dir!«

Herr Eber hörte jedoch nicht mehr diesen guten Rat, denn er war bereits in der Durchfahrt verschwunden.

Der ganze Auftritt hatte sich so rasch abgespielt, daß die zum Fenster eilenden Hausbewohner nur noch sahen, wie Fräulein Matylda, die die Szene von der Tür aus beobachtet hatte, ihre zurückkehrende Mutter innig umarmte.

XV

Das Ende der Woche

Obwohl Josefinkas Hochzeit am Sonntag in aller Herrgottsfrühe abgehalten wurde, waren Hof und Durchfahrt doch mit neugierigen Nachbarinnen dicht gefüllt, und noch vor dem Hause standen viele Leute. Sie beobachteten alles ganz genau, und das allgemeine Urteil ging dahin, es sei eine »bleiche Hochzeit«.

Mit diesem Ausdruck meinten sie nicht die Einfachheit, denn Josefinkas Bräutigam hatte sich nicht lumpen lassen; die Braut hatte von ihm ein schönes Seidenkleid erhalten, und auch Kutschen waren in ausreichender Zahl vorgefahren.

Aber die Nachbarinnen hatten doch recht. Die ihnen wohlbekannten Gesichter der Hochzeitsgäste waren heute wirklich auffallend blaß, als wäre gerade vor der Abfahrt Gott weiß was geschehen. Daß die Braut totenbleich war, wunderte niemanden, denn es heißt ja: »Eine bleiche Braut – eine lustige Frau.« Doch hinter ihr schritt der vor Erregung bleiche Bräutigam mit dem stets blassen Fräulein Klára als Brautjungfer, und der Zufall wollte es, daß auch die Gesichter aller übrigen Teilnehmer die gleiche Gesichtsfarbe aufwiesen. Selbst das rundliche Gesicht des Herrn Doktors, des Trauzeugen, das doch sonst immer strahlte, war heute eingefallen. Nur Václav, der Brautführer, lächelte und scherzte wie immer, aber alle wußten, daß ihm nichts heilig war.

Am Nachmittag stand der Herr Doktor vor dem Haus, streifte die Handschuhe über und schaute immer wieder in die Durchfahrt, als erwarte er jemanden.

Da kam Václav, zum Ausgehen gekleidet, aus dem Laden und trat zu ihm. »Gehen Sie spazieren, Herr Doktor?«

»Ja – in den Baumgarten.«

»Allein?«

»Ja – das heißt, Frau Lakmusová geht auch mit!«

»Aha – und Fräulein Klára wohl auch! Die war aber heute hübsch!«

Der Herr Doktor blickte rasch die Straße hinab. »Und wohin gehen Sie, Herr Václav?«

»In die Šárka.«

»Aber doch nicht allein, nicht wahr – etwa mit Fräulein Márinka?«

»Das eigentlich nicht«, lächelte Václav, »aber mit der Familie des Hausherrn.«

Aus der Durchfahrt waren Frauenstimmen zu hören; an der Hofseite waren die Damen Lakmus und Eber zusammengetroffen.

»Mit der Familie des Hausherrn?« wunderte sich der Herr Doktor. »Sie werden doch nicht Ernst machen wollen – Menschenskind, Václav!«

»Aber, aber, Herr Doktor, ich weiß, was ich tue, ich räche jetzt bloß unser Geschlecht. Sie tun wohl das gleiche, Herr Doktor?«

Die Augen des Herrn Doktors nahmen einen verlegenen Ausdruck an. Er öffnete den Mund zu einer Antwort, schloß ihn aber wieder, ohne ein Wort zu sagen. Er hüstelte bloß und machte bedeutungsvoll: »Pst – sie kommen schon . . .«

1867

HERR RYŠÁNEK UND HERR SCHLEGL

I

Es wäre lächerlich, wollte ich daran zweifeln, daß auch nur einer meiner Leser das Gasthaus »Zum Steinitz« auf der Prager Kleinseite nicht kennt. Es ist das vornehmste der dortigen Restaurants, das erste Haus hinter dem Brükkenturm auf der linken Seite, Ecke Brückengasse–Badgasse, mit breiten Fenstern und einer großen Glastür. Dabei ist es das einzige Restaurant, das sich kühn in eine so belebte Gasse hineinwagte und das noch dazu den Eingang direkt vom Gehsteig aus hat; alle übrigen Restaurants befinden sich entweder in Nebenstraßen, man betritt sie durch den Hausflur, oder sie haben wenigstens – in echt Kleinseitner Bescheidenheit – einen Laubengang vorgebaut. Deshalb besucht auch ein echter Kleinseitner, ein Sohn dieser stillen, verschwiegenen Gassen voll poetischer Winkel, nicht das Gasthaus »Zum Steinitz«. Es verkehren dort höhere Beamte, Professoren und Offiziere, die der Zufall auf die Kleinseite verschlagen hat und die vielleicht schon morgen ebenso zufällig die Kleinseite wieder verlassen werden, dazu einige wenige Pensionäre, einige alte, reiche Hausbesitzer, die ihr Geschäft schon längst jüngeren Händen übergeben haben, sonst niemand. Kurzum, das Restaurant hat ein bürokratisch-aristokratisches Gepräge.

Schon vor Jahren, als ich noch ein kleiner Gymnasiast war, hatte die Gesellschaft im Gasthaus »Zum Steinitz« einen ähnlich exklusiven Charakter, aber in gewisser Hinsicht doch anders. Um es kurz zu sagen, es war der

Kleinseitner Olymp, der Treffpunkt der Kleinseitner Götter.

Es ist eine unbestrittene historische Tatsache, daß die Götter dem Volke gleichen, das sie verehrt. Jehova war ein düsterer, böser und rachsüchtiger Gott, grausam und blutrünstig. Die griechischen Götter waren elegant und geistvoll, schön und fröhlich – eben jeder Zoll ein Hellene. Die slawischen Götter – pardon! Wir Slawen hatten nicht genug Gestaltungskraft, weder zur Bildung großer Staaten noch zur Formung bestimmter Götter; unsere ehemaligen Götter sind uns heute trotz Erben und Kostomarow noch immer eine nebelhafte Gruppe, weich und zerfließend. Doch vielleicht schreibe ich einmal eine besondere Abhandlung über diese Parallele zwischen Göttern und Menschen, selbstverständlich besonders geistreich; an dieser Stelle möchte ich nur sagen, daß die Götter, die sich im Gasthaus »Zum Steinitz« versammelten, ohne jeden Zweifel echte Götter der Kleinseite waren.

Die Kleinseite – die Häuser und die Menschen – hat etwas Stilles, Würdevolles, Altertümliches, ja etwas Verträumtes an sich, und diese Atmosphäre der Verträumtheit umgab auch jene Gäste.

Gewiß, es waren Beamte, Militärs, Gymnasiallehrer und Pensionäre, wie es sie auch heute gibt, aber damals versetzte man die Beamten und die Offiziere nicht so von einem Land ins andere wie jetzt. Da konnte ein Vater seinen Sohn in Prag das Studium beenden lassen, da verhalf er ihm hier zu einer Stelle und erhielt sie ihm dank seiner Protektion. Wenn einige Stammgäste des Gasthauses »Zum Steinitz« eine Weile auf dem Gehsteig vor dem Restaurant beisammenstanden, grüßte sie jeder vorübergehende Bürger, denn er kannte sie.

Für uns Gymnasiasten aber war der Olymp »Zum Steinitz« um so mehr ein Olymp, weil auch alle unsere alten Lehrer dort zu finden waren. Die alten? Warum: die alten? Ich kannte sie alle gut, diese Götter unserer lieben Kleinseite, und es kam mir immer so vor, als sei kein einziger von ihnen jemals jung gewesen – oder eigentlich, als hätten sie schon als Kinder fast so ausgesehen, nur vielleicht etwas kleiner.

Ich sehe sie vor mir, als wäre es heute. Allen voran den Herrn Appellationsrat, lang, hager und ungemein bedächtig. Er war noch im Amt, aber ich konnte mir nie eine Vorstellung davon machen, worin seine Tätigkeit bestand. Kamen wir um zehn Uhr aus der Schule, verließ er eben erst sein Haus in der Karmelitergasse und bog gemessenen Schrittes in die Spornergasse ein, wo er Čardas Weinstube aufsuchte. Hatten wir am Donnerstagnachmittag frei und tobten auf den Marienschanzen, ging er in den Anlagen spazieren. Und täglich um fünf Uhr nachmittags betrat er bereits das Gasthaus »Zum Steinitz«. Ich nahm mir fest vor, fleißig zu sein und auch einmal Appellationsrat zu werden, aber irgendwie habe ich es dann wohl vergessen.

Dann war da der einäugige Herr Graf. Auf der Kleinseite war zwar niemals Not an Grafen, aber dieser einäugige war wohl doch der einzige, der regelmäßig eines der Kleinseitner Gasthäuser aufsuchte, wenigstens dazumal. Er war groß, knochig, hatte immer eine frische Gesichtsfarbe, seine weißen Haare waren kurzgeschnitten, und über dem linken Auge trug er eine schwarze Binde. Manchmal stand er zwei Stunden vor dem Gasthaus »Zum Steinitz« auf dem Gehsteig, und wenn ich dort vorüber mußte, machte ich immer einen großen Bogen. Die Natur hat nämlich den Adligen ein ganz bestimmtes Profil gegeben, das man das aristokratische nennt und das sie Raubvögeln sehr ähnlich macht. In der Tat kam mir der Herr Graf wie der Falke vor, der sich täglich zur Mittagsstunde mit einer erbeuteten Taube auf der Kuppel von St. Niklas niederließ und hier seine Beute rupfte, daß die Federn bis hinunter auf den Kleinseitner Ring flogen. Ich machte also um den Herrn Grafen immer einen großen Bogen, denn ich wurde die unbestimmte Furcht nicht los, er könnte mit seinem Geierkopf nach mir hacken.

Zu den Stammgästen gehörte auch der dicke Herr Stabsarzt; er war noch keineswegs alt zu nennen, war aber bereits in Pension. Man erzählte von ihm, er habe einmal einer hochgestellten Persönlichkeit, die die Prager Krankenhäuser besuchte und verschiedenes auszusetzen fand, rundweg ins Gesicht gesagt, davon verstehe sie nichts. Darum war er in Pension geschickt worden; gleichzeitig aber hatte er unsere Liebe gewonnen, denn uns Jungen erschien dieser dicke Herr deshalb gleich als ausgemachter Revolutionär. Er war freundlich und gesprächig. Traf er einen Jungen, der ihm gefiel – es konnte aber auch ein Mädchen sein –, hielt er ihn an, strich ihm über das Haar und sagte zu ihm: »Grüß deinen Vater von mir!« – auch wenn er ihn nicht kannte.

Dann – doch nein! Alle diese Alten wurden plötzlich noch älter und starben schließlich – lassen wir die Toten ruhen.

Ich erinnere mich voll Freude der stolzen Augenblicke, die ich in ihrer Mitte zubrachte, des Gefühls der Selbständigkeit, der Männlichkeit, ja der Größe, als ich – nachdem ich Hörer der Hochschule geworden war – zum erstenmal und ohne Furcht vor den Lehrern das Gasthaus »Zum Steinitz« betrat und mich unter diesen erhabenen Wesen bewegen durfte. Viel Beachtung geschenkt haben sie mir nicht, das ist wahr. Eigentlich gar keine. Nur einmal im Laufe mehrerer Wochen geschah es, daß der Herr Stabsarzt, als er beim Aufbruch an meinem Tisch vorüberging, zu mir sagte: »Jaja, junger Mann, das Bier schmeckt heute gar nicht, mögen die dort sagen, was sie wollen!« Und dabei wies er mit dem Kopf geringschätzig auf jene Herren, mit denen er eben noch zusammengesessen hatte. Ein vollendeter Brutus! Ich wage zu behaupten, daß er es zuwege gebracht hätte, sogar Cäsar selbst die Beleidigung ins Gesicht zu schleudern, er verstehe nichts vom Bier.

Dafür aber habe ich ihnen um so mehr Beachtung geschenkt. Viel gehört habe ich von ihnen nicht, aber ich habe viel an ihnen beobachtet. Ich betrachte mich selbst nur als eine schwache Kopie jener Wesen, aber was an Erhabenem an mir ist, das habe ich von ihnen. Vor allem aber bleiben mir zwei Männer unvergeßlich; sie haben sich tief in mein Gedächtnis eingeprägt: Herr Ryšánek und Herr Schlegl.

Die beiden konnten einander nicht ertragen ...

Doch ich muß schon wieder um Entschuldigung bitten, ich will ihre Geschichte lieber anders anfangen.

Betritt man von der Brückengasse aus das Restaurant »Zum Steinitz«, so sieht man in der vorderen Gaststube, in der die Billardtische stehen, rechter Hand drei Fenster, die auf die Badgasse gehen. In jeder Fensternische steht ein kleiner Tisch, und ringsherum zieht sich eine Bank in der Form eines Hufeisens; auf ihr haben drei Gäste Platz, einer mit dem Rücken zum Fenster, die beiden anderen an den Seiten des Hufeisens einander gegenüber; setzen sich die beiden aber ebenfalls mit dem Rücken zum Fenster, so kehren sie ihr Gesicht dem Billard zu und können dem Spiel zuschauen.

Am dritten Fenster vom Eingang rechts saßen die allgemein geachteten Bürger Herr Ryšánek und Herr Schlegl Tag für Tag, jeden Abend von sechs bis acht. Dieser Tisch war immer für sie reserviert. Daß es vielleicht einmal jemand gewagt hätte, sich auf einen fremden Stammplatz zu setzen – selbst den bloßen Gedanken hätte ein ordentlicher und gesitteter Kleinseitner mit aller Entschiedenheit von sich gewiesen, weil – nun weil das einfach unmöglich, ja undenkbar war. Der Platz am Fenster blieb immer leer, Herr Schlegl saß an der Seite des Hufeisens, die sich näher zum Eingang befand, Herr Ryšánek an der gegenüberliegenden Seite, nur eine Elle davon entfernt. Beide saßen immer mit dem Rücken zum Fenster, mithin auch vom Tisch und voneinander halb abgewandt, und schauten zum Billard. Dem Tisch wandten sie sich nur dann zu, wenn sie trinken oder die Pfeife stopfen wollten. Elf Jahre saßen sie bereits so, Tag für Tag. Und in diesen elf Jahren hatten sie kein Wort miteinander gesprochen, ja einander keines Blickes gewürdigt.

Auf der ganzen Kleinseite war der grimmige Haß bekannt, den einer gegen den andern hegte. Die Feindschaft zwischen ihnen war alt und unversöhnlich. Auch die Ursache dafür war bekannt. Es war der Ursprung alles Bösen: eine Frau. Sie hatten das gleiche Mädchen geliebt. Zuerst hatte sie sich Herrn Ryšánek zugeneigt, der schon länger selbständiger Kaufmann war, doch plötzlich vollzog sie eine unerwartete Wendung und ruhte in den Armen des Herrn Schlegl. Vielleicht, weil Herr Schlegl fast zehn Jahre jünger war. So wurde sie denn Frau Schleglová.

Ob Frau Schleglová eine so bedeutende Schönheit gewesen war, daß das den dauernden Schmerz und das ewige Junggesellentum des Herrn Ryšánek rechtfertigte, weiß ich nicht zu sagen. Sie war schon lange tot, gleich im ersten Kindbett gestorben, und hatte ein Töchterchen hinterlassen. Vielleicht war das ihr Ebenbild.

Zu der Zeit, von der ich spreche, war Fräulein Schleglová etwa zweiundzwanzig Jahre. Ich kannte sie, denn sie kam oft zu Poldýnka zu Besuch, der Tochter des Hauptmanns – das ist die, die im Stockwerk über uns wohnte und die auf der Straße bei jedem zwanzigsten Schritt stolperte. Es hieß, Fräulein Schleglová sei eine Schönheit. Das ist schon möglich, aber für den Geschmack eines Architekten. Alles war bei ihr am rechten Fleck, alles hatte seine richtigen Maße, und bei allem wußte man, wozu es da war. Aber für einen anderen als einen Architekten war es zum Verzweifeln. Ihr Gesicht war ebenso unbeweglich wie die Fassade eines Palastes. Ihre Augen glänzten ausdruckslos wie frisch geputzte Fenster. Ihr Mund, übrigens hübsch wie eine kleine Arabeske, öffnete sich so langsam wie ein Schleusentor und blieb dann entweder sperrangelweit offen oder schloß sich ebenso langsam wieder. Ihre Hautfarbe wirkte wie ein frisch getünchter Raum. Vielleicht ist sie jetzt, falls sie noch lebt, nicht mehr so schön, dafür aber hübscher; Gebäude dieser Art wirken hübscher, wenn sie leicht verwittert sind.

Es tut mir leid, daß ich dem geschätzten Leser nicht berichten kann, wie Herr Ryšánek und Herr Schlegl gemeinsam an diesen Tisch am dritten Fenster kamen. Sicherlich war es die Schuld eines verdammten Zufalls, der den beiden alten Männern einen Tag um den andern vergällen wollte. Als der unbekannte Zufall die beiden an diesen Tisch gebracht hatte, hielt sie wahrscheinlich zunächst ihr männlicher Stolz dort fest. Das zweitemal setzten sie sich wohl aus Trotz dorthin. Schließlich saßen sie an diesem Tisch zum Zeichen ihrer Unbeugsamkeit und um keinen Anlaß zu Redereien zu geben. Und nun wußte es schon längst jeder im Gasthaus »Zum Steinitz«, daß es für beide eine Frage ihrer Mannesehre war und daß keiner nachgeben konnte.

Sie kamen immer gegen sechs Uhr abends, heute der eine um eine Minute früher, morgen der andere. Sie grüßten höflich nach allen Seiten und jeden einzelnen Gast, nur nicht einander. Der Kellner nahm ihnen im Sommer Hut und Stock, im Winter Pelzmütze und Mantel ab und hängte alles auf einen Haken hinter ihrem Platz. Dann wippten sie wie Tauben mit dem Oberkörper – alte Leute haben die Gewohnheit, so zu wippen, wenn sie sich setzen wollen –, stützten sich dann mit einer Hand auf ihre Tischecke (Herr Ryšánek also mit der linken Hand, Herr Schlegl mit der rechten) und setzten sich schließlich langsam mit dem Rücken zum Fenster nieder, das Gesicht dem Billardtisch zugekehrt.

Wenn der dicke, immer lachende und plaudernde Wirt kam, um mit ergebener Verbeugung die erste Prise Schnupftabak anzubieten, mußte er bei jedem neuerlich auf die Dose klopfen und neuerlich bei jedem die Bemerkung machen, heute sei schönes Wetter. Sonst hätte der andere die Prise nicht genommen und die Bemerkung überhört.

Nie gelang es jemandem, mit beiden gleichzeitig ein Gespräch zu führen. Nie schenkte einer dem anderen auch nur die geringste Beachtung, das Individuum an der anderen Tischseite existierte für ihn einfach nicht.

Der Kellner brachte jedem ein Glas Bier. Nach einer Weile – aber nie gleichzeitig, denn trotz der äußerlichen Nichtbeachtung beobachteten sie einander sehr genau – wandten sie sich zum Tisch, holten aus der Brusttasche eine große, silberbeschlagene Meerschaumpfeife und aus dem Rockschoß einen vollen Tabaksbeutel, stopften ihre Pfeifen, zündeten sie an und wandten sich wieder vom Fenster ab.

So saßen sie zwei Stunden, tranken je drei Glas Bier, dann erhoben sie sich – heute der eine um eine Minute früher, morgen der andere –, steckten ihre Pfeife ein, verwahrten wieder den Tabaksbeutel, der Kellner half ihnen in den Mantel, und dann verabschiedeten sie sich von allen, nur nicht voneinander.

Ich setzte mich absichtlich an einen Seitentisch neben dem Ofen. So konnte ich Herrn Ryšánek und Herrn Schlegl direkt ins Gesicht schauen und sie bequem und unauffällig beobachten.

Herr Ryšánek handelte mit Kanevas, Herr Schlegl mit Eisenwaren. Jetzt hatten sich beide als reiche Hausbesitzer bereits zur Ruhe gesetzt, aber ihre Gesichter erinnerten noch immer irgendwie an ihre frühere Beschäftigung. Beim Anblick von Herrn Ryšáneks Gesicht mußte ich immer an weiß und rot gestreiften Kanevas denken, Herr Schlegl aber kam mir ganz wie ein mit Grünspan überzogener Mörser vor.

Herr Ryšánek war größer, hagerer und – wie bereits gesagt – älter. Er steckte sozusagen nicht mehr in einer guten Haut, hatte oft Schwächeanfälle, und sein Unterkiefer fiel oft kraftlos herab. Für seine grauen Augen benützte er eine Brille mit schwarzen Rändern. Seinen Kopf bedeckte eine helle Perücke. Die noch nicht ganz ergrauten Augenbrauen ließen darauf schließen, daß Herr Ryšánek einmal blond gewesen war. Die Wangen waren eingefallen und blaß, so blaß, daß die lange Nase dagegen karminrot erschien. An der Nase hing immer ein Tröpfchen wie eine Träne, die seinem Innern entquoll. Als gewissenhafter Biograph muß ich noch bemerken, daß sich Herr Ryšánek manchmal erst zu spät bemühte, diese Träne wegzuwischen, wenn sie schon in seinen Schoß gefallen war.

Herr Schlegl dagegen war untersetzt, ich glaube, er hatte gar keinen Hals. Sein Kopf glich einer Bombe. Sein ehemals schwarzes Haar war leicht ergraut. Wo das Gesicht rasiert war, schimmerte es blauschwarz, an den bartlosen Stellen rosa, immer ein Stück leuchtendes Fleisch und dann eine dunkle Partie, wie ein nachgedunkeltes Bild von Rembrandt.

Ich empfand entschieden Hochachtung vor diesen beiden Heroen, ja ich bewunderte sie. Wie sie hier saßen, fochten sie Tag für Tag miteinander große, grausame, unerbittliche Kämpfe aus. Sie kämpften mit ihren Waffen: mit giftigem, haßerfülltem Schweigen, mit tiefster Verachtung. Und dieser Kampf blieb ewig unentschieden. Wer wird schließlich seinen Fuß auf die Brust des überwundenen Widersachers setzen? Herr Schlegl war der physisch Stärkere. Alles an ihm war kurz und abgehackt, und wenn er sprach, klang es wie das Schlagen der Turmuhr. Herr Ryšánek dagegen sprach weich und gedehnt, er war schwach, aber er schwieg und haßte mit gleichem Heroismus.

II

Da geschah etwas.

Es war am Mittwoch vor dem Sonntag Jubilate, als Herr Schlegl kam und sich auf seinem Stammplatz niederließ. Er setzte sich, stopfte seine Pfeife und stieß Rauchwolken aus, die wie aus einer Esse hervorquollen.

Der Wirt betrat die Gaststube und ging direkt auf ihn zu. Er klopfte auf seine Schnupftabaksdose und bot ihm eine

Prise an. Als er seine Dose wieder schloß und sie schüttelte, bemerkte er mit einem Blick zur Tür: »Heute werden wir Herrn Ryšánek hier nicht zu sehen bekommen.«

Herr Schlegl gab keine Antwort; mit eisiger Miene blickte er starr vor sich hin.

»Der Herr Stabsarzt hat es eben gesagt«, erzählte der Wirt weiter und wandte sich dann wieder mit dem Rükken zur Tür; bei der Wendung streifte sein Blick das Gesicht des Herrn Schlegl. »Heute morgen ist er noch wie sonst aufgestanden, da bekam er plötzlich einen derartigen Schüttelfrost, daß er gleich wieder ins Bett mußte. Schnell schickte man nach dem Arzt. – Eine Lungenentzündung. Der Herr Stabsarzt ist heute schon dreimal bei ihm gewesen! Nun ja, er ist nicht mehr der Jüngste, aber – er ist in guten Händen. Hoffen wir das Beste!«

Herr Schlegl schnaufte mit geschlossenem Mund, doch er sagte kein Wort und verzog keine Miene.

Der Wirt ging zum nächsten Tisch.

Gespannt beobachtete ich Herrn Schlegls Gesicht. Lange blieb es ohne die geringste Bewegung, nur die Lippen öffneten sich ab und zu und stießen den Rauch aus, und manchmal rutschte das Pfeifenrohr sogar aus einem Mundwinkel in den andern.

Dann trat ein Bekannter an seinen Tisch. Sie unterhielten sich, und Herr Schlegl lachte einige Male laut. Dieses Lachen war mir zuwider.

Überhaupt benahm sich Herr Schlegl heute ganz anders als sonst. Sonst saß er wie angenagelt auf seiner Bank, wie ein Soldat auf Schildwache verließ er seinen Posten keinen Augenblick, heute aber hielt es ihn nicht auf seinem Platz, und er ging von einem Tisch zum andern. Ja er spielte sogar mit dem Kaufmann Köhler Billard. Bei jeder Partie hatte er Glück bis zum Dublee, und ich bekenne, ich habe es ihm beinahe gegönnt, daß er das abschließende Dublee kein einziges Mal meisterte und daß ihn Herr Köhler hierbei immer wieder einholte.

Dann setzte er sich wieder an seinen Platz, rauchte und

trank. Trat jemand an seinen Tisch, sprach er lauter und in längeren Sätzen als sonst.

Mir entging auch nicht die geringste seiner Bewegungen, ich sah klar, er freute sich innerlich. Daß er mit seinem kranken Gegner nicht im mindesten Mitleid empfand, machte ihn mir widerwärtig. Einige Male schweifte sein Blick auf Umwegen zum Büfett, an dem der Herr Stabsarzt saß. Sicherlich hätte er dem Arzt am liebsten die Hand gedrückt, nur damit er sich mit dem Kranken nicht zuviel Mühe gebe. Ein schlechter Mensch, durch und durch schlecht!

Gegen acht Uhr abends ging der Herr Stabsarzt weg. Am dritten Tisch blieb er noch einmal stehen. »Gute Nacht«, sagte er, »ich muß noch einmal nach Herrn Ryšánek schauen. Es ist Vorsicht geboten.«

»Gute Nacht«, entgegnete Herr Schlegl kühl.

An diesem Tage trank Herr Schlegl vier Glas Bier und blieb bis halb neun Uhr sitzen.

Tage und Wochen vergingen. Einem naßkalten April folgte ein warmer Mai. Es war ein herrlicher Frühling in diesem Jahr.

Wenn der Mai schön ist, verwandelt sich die Kleinseite in ein Paradies. Der Laurenziberg schäumt über von Blüten, und die ganze Kleinseite ist von Fliederduft erfüllt.

Herr Ryšánek war bereits außer Gefahr. Der Frühling wirkte nun auf ihn wie Balsam. Schon hatte ich ihn beim Spaziergang in den Anlagen getroffen. Er ging langsam, auf einen Stock gestützt. War er schon früher hager, so war er jetzt noch unvergleichlich hagerer, und sein Unterkiefer hing jetzt ständig herab. Man brauchte ihm nur noch das Kinn mit einem Tuch hochzubinden, die müden Augen zuzudrücken und ihn in den Sarg zu legen.

Allmählich erholte er sich aber doch wieder.

Ins Gasthaus »Zum Steinitz« ging er jedoch nicht. Dort thronte am dritten Tisch Herr Schlegl immer allein und drehte und wendete sich, wie er wollte.

Doch eines Tages – es war schon Ende Juni und gerade Peter und Paul – erblickte ich plötzlich Herrn Ryšánek und Herrn Schlegl wieder an ihrem Tisch. Wieder saß Herr Schlegl wie angenagelt auf seinem Platz, und beide wandten dem Fenster den Rücken zu.

Die Nachbarn und die Bekannten kamen zum Tisch und gaben Herrn Ryšánek die Hand. Jeder hieß ihn herzlich willkommen. Der alte Mann war freudig erregt, lächelte und dankte gerührt.

Herr Schlegl blickte zum Billard und rauchte.

Als Herr Ryšánek schließlich wieder allein war, schweifte sein Blick immer wieder zum Büfett, an dem sein Arzt saß. Eine dankbare Seele.

Eben hatte er wieder dorthin geblickt, da wandte Herr Schlegl plötzlich seinen Kopf ein wenig zur Seite. Sein Blick glitt langsam vom Fußboden an Herrn Ryšánek hinauf und tastete sich über seine spitzen Knie bis zur Hand, die wie ein mit Haut überspanntes Gerippe auf der Tischkante ruhte; kurze Zeit verweilte der Blick auf dieser Hand, dann stahl er sich höher, bis er den herabhängenden Unterkiefer und das ausgemergelte Gesicht berührte – doch kaum hatte er es erreicht, huschte er weiter, und der Kopf richtete sich wieder auf.

»Wieder gesund? Das ist aber eine Freude!« sprudelte der Wirt los, der eben aus der Küche oder aus dem Keller kam. Kaum hatte er die Gaststube betreten und Herrn Ryšánek erblickt, war er mit raschen Schritten zu seinem Tisch geeilt. »Nun also, wieder gesund und wieder ganz der Unsere, Gott sei Dank!«

»Ja, Gott sei Lob und Dank«, lachte Herr Ryšánek, »ich bin noch einmal gut davongekommen! Nun fühle ich mich wieder, wie es sich gehört.«

»Sie rauchen aber nicht! Noch keinen Appetit auf etwas Tabak?«

»Doch, heute verspüre ich zum ersten Male wieder Lust zum Rauchen. Ich will mir auch gleich ein Pfeifchen anzünden.«

»So, so, das ist ein gutes Zeichen«, sagte der Wirt, schloß seine Schnupftabaksdose, klopfte darauf, bot auch Herrn Schlegl mit einer freundlichen Bemerkung eine Prise an und ging weiter.

Herr Ryšánek holte seine Pfeife heraus und griff dann in den Rockschoß nach dem Tabaksbeutel. Er schüttelte den Kopf, griff ein zweites Mal hin, dann ein drittes Mal – schließlich rief er den Pikkolo zu sich. »Spring doch einmal in meine Wohnung! Du weißt doch, wo ich wohne? Hier am Eck, ja. Sag, man soll dir meinen Tabaksbeutel geben! Er muß auf dem Tisch liegen.«

Der Junge eilte fort.

Da gab sich Herr Schlegl einen Ruck. Langsam streckte er seine Hand nach seinem offenen Tabaksbeutel aus und schob ihn zu Herrn Ryšánek hinüber. »Wenn's beliebt – ich habe Dreikönigstabak gemischt mit rotem«, sagte er in seiner abgehackten Art und räusperte sich.

Herr Ryšánek gab keine Antwort. Er blickte nicht einmal auf.

Sein Kopf blieb abgewendet, in steinerner Gleichgültigkeit wie in all den elf Jahren.

Einige Male zitterte seine Hand, und sein Mund schloß sich.

Herrn Schlegls rechte Hand blieb auf dem Beutel liegen, sein Auge heftete sich auf den Fußboden, bald paffte er, bald räusperte er sich.

Da war auch schon der Junge zurück.

»Danke, ich habe schon wieder meinen Tabaksbeutel!« bedankte sich erst jetzt Herr Ryšánek bei Herrn Schlegl, aber er blickte nicht auf. »Ich rauche auch Dreikönigstabak gemischt mit rotem«, fügte er nach einer Weile hinzu, als habe er das Empfinden, er müsse doch noch etwas sagen.

Er stopfte die Pfeife, zündete sie an und rauchte.

»Schmeckt's?« brummte Herr Schlegl mit einer Stimme, die rauher war als sonst.

»Ja, es schmeckt – Gott sei Dank.«

»Gott sei Dank«, wiederholte Herr Schlegl. Um seinen Mund zuckte es wie Blitze am dunklen Himmel, und rasch fügte er hinzu: »Wir hatten schon Angst um Sie.«

Jetzt erst wandte ihm Herr Ryšánek langsam den Kopf zu. Die Blicke der beiden Männer begegneten einander.

Und seit der Zeit sprachen Herr Ryšánek und Herr Schlegl am dritten Tisch wieder miteinander.

1875

SIE HAT DEN BETTLER ZUGRUNDE GERICHTET

Ich möchte eine traurige Geschichte erzählen, aber wie eine fröhliche Initiale steht darüber das Gesicht des Herrn Vojtíšek. Ein Gesicht, so strahlend vor Gesundheit und rötlich glänzend wie ein mit frischer Butter übergossener Sonntagsbraten. Doch gegen Sonnabend – Herr Vojtíšek rasierte sich immer nur am Sonntag –, wenn der weiße Bart auf dem runden Kinn bereits wieder kräftig wucherte und wie dicke Sahne glänzte, erschien er mir noch schöner. Auch sein Haar gefiel mir. Er hatte nicht mehr viele Haare auf dem Kopf; sie begannen unter der runden Glatze an den Schläfen und waren schon ergraut, nicht mehr silbern, sondern schon leicht ins Gelbliche spielend; dabei waren sie weich wie Seide und umwallten geschmeidig seinen Kopf. Herr Vojtíšek trug seine Mütze immer in der Hand und setzte sie nur dann auf, wenn er durch glühenden Sonnenschein gehen mußte. Überhaupt gefiel mir Herr Vojtíšek sehr, seine blauen Augen blickten so aufrichtig, ja sein ganzes Gesicht war sozusagen ein rundes, aufrichtiges Auge.

Herr Vojtíšek war ein Bettler. Was er früher gewesen war, weiß ich nicht. Aber danach zu schließen, wie bekannt er auf der Kleinseite war, mußte er schon sehr lange Bettler sein, und er konnte es noch lange bleiben, denn er war kräftig wie eine Buche.

Wie alt er damals war, weiß ich ungefähr. Einmal sah ich ihn nämlich, wie er mit kleinen Schritten über den Johannisberg humpelte und in die Spornergasse einbog.

Dort trat er zu Herrn Schimmer, der sich mit dem Rücken bequem an die Brüstung gelehnt hatte und sich sonnte.

Herr Schimmer, das war der dicke Polizist. Er war so dick, daß sein grauer Uniformrock zum Platzen gespannt war, und sein Kopf sah von hinten aus wie ein Paar fetttriefende Leberwürste – der geschätzte Leser möge diesen Vergleich entschuldigen. Der glänzende Helm wakkelte bei jeder Bewegung auf seinem Kopf hin und her, und wenn Herr Schimmer hinter einem Gesellen herlief, der schamlos und allen Vorschriften zum Hohn mit brennender Pfeife im Mund über die Gasse ging, mußte er seinen Helm schnell abnehmen und in der Hand tragen. Dann lachten wir Kinder und hüpften vor Freude von einem Bein aufs andere, aber wenn er uns ansah, machten wir gleich wieder ein unschuldiges Gesicht. Herr Schimmer war ein Deutscher und stammte aus Schluckenau. Wenn er noch lebt – ich hoffe, ja –, möchte ich wetten, er spricht heute noch genauso schlecht Tschechisch wie damals. »Sehen Sie«, sagte er gern, »ich habe es in einem Jahr erlernt.«

Herr Vojtíšek nahm seine blaue Mütze unter den linken Arm und angelte mit der rechten Hand in der Tiefe der Tasche seines langen, grauen Rockes. Dabei begrüßte er den gähnenden Herrn Schimmer mit den Worten »Helf Gott!«, und Herr Schimmer salutierte.

Inzwischen hatte Herr Vojtíšek seine bescheidene Schnupftabaksdose aus Birkenrinde glücklich gefunden, er klappte den Deckel, der durch ein Lederriemchen mit der Dose verbunden war, hoch und bot Herrn Schimmer eine Prise an.

Herr Schimmer schnupfte und sagte: »Sie haben wohl auch schon manches Jahr auf dem Buckel! Wie alt sind Sie eigentlich?«

»Nun«, schmunzelte Herr Vojtíšek, »das wird wohl schon gut achtzig Jahre her sein, daß mich mein Vater zu seiner Freude in die Welt gesetzt hat.«

Der aufmerksame Leser wird sich gewiß wundern, daß

der Bettler Vojtíšek mit einem Polizisten so reden durfte wie ein Nachbar mit dem anderen, und daß ihn der Polizist nicht mit »Er« ansprach, wie er es bei einem vom Lande oder einem anderen, weit unter ihm stehenden Menschen sicherlich getan hätte. Und dabei muß man noch bedenken, was ein Polizist damals vorstellte! Das war nicht bloß eine Nummer von eins bis sechshundert, das war der Herr Novák, der Herr Schimmer, der Herr Kedlický und der Herr Weisse, die sich in der Überwachung unserer Straße täglich abwechselten. Der kleine Herr Novák aus Slabce, der am liebsten vor den Lebensmittelgeschäften stand, dem Sliwowitz zuliebe; der dicke Herr Schimmer aus Schluckenau; dann der Herr Kedlický vom Vyšehrad, immer mit finsterem Gesicht, dabei aber gutherzig, und endlich Herr Weisse aus Rožmitál, hochgewachsen, mit ungewöhnlich langen, gelben Zähnen. Von jedem wußte man, woher er stammte, wie lange er schon diente und wieviel Kinder er hatte. Wir »Nachbarskinder« hingen an ihnen; sie kannten jeden, ob Mann, ob Frau, und sie konnten den Müttern immer genau sagen, wohin ihre Kinder gelaufen waren. Und als im Jahre 1844 Herr Weisse an den Folgen von Verbrennungen starb, die er sich bei einem Brand im Renthaus zugezogen hatte, gingen alle Bewohner der Spornergasse bei seinem Begräbnis mit.

Herr Vojtíšek war aber auch kein gewöhnlicher Bettler. Strenggenommen sah er gar nicht wie ein Bettler aus und wollte es auch nicht. Er war immer sauber gekleidet, wenigstens zu Beginn jeder Woche; sein Halstuch war stets ordentlich gebunden, auf dem Rock war zwar an manchen Stellen ein Flicken aufgenäht, aber nicht wie ein Stück Blech und auch nicht aus allzu abstechendem Tuch.

In jeder Woche führte ihn seine Betteltour immer einmal durch die ganze Kleinseite. Er hatte überall Zutritt, und sobald die Hausfrauen draußen seine weiche Stimme vernahmen, brachten sie ihm gleich bereitwillig seinen

Dreier. Ein Dreier, ein halber guter Kreuzer, das war damals recht viel Geld.

Er bettelte von früh bis mittag, dann ging er in die Niklaskirche zur Halbzwölfuhrmesse. Hier bei der Kirche bettelte er niemals, ja er würdigte die dort hockenden Bettler keines Blickes.

Und dann ging er irgendwohin essen, er wußte, wo sie ihm – der Reihe nach – einen Teller vom Mittagessen übrigließen.

In seinem ganzen Sein und Tun lag etwas Ungezwungenes und Ruhiges, etwas von dem, was Storm zu seinem rührend-komischen Ausspruch veranlaßte:

»Ach, könnt ich betteln gehen
Über die braune Heid!«

Nur der Gastwirt aus unserem Haus, Herr Herzl, gab ihm nie einen Dreier. Herr Herzl war ein ziemlich hochgeschossener Mann, etwas geizig, aber sonst ganz leidlich. Statt Herrn Vojtíšek Geld zu geben, schüttete er immer etwas Tabak aus seiner Dose in die des Bettlers. Dabei – es war jeweils am Sonnabend – führten sie stets das gleiche Gespräch:

»Ach, Herr Vojtíšek, haben wir jetzt schlechte Zeiten!«

»Jaja, und sie werden auch nicht besser, solange sich der Burglöwe nicht auf die Vyšehrader Schaukel setzt.« Damit meinte er den Löwen auf dem Turm des Veitsdoms.

Ich bekenne, daß mir dieses Wort des Herrn Vojtíšek nicht aus dem Kopfe wollte. Anständigerweise und als verständiger junger Mann – schließlich war ich damals schon acht Jahre alt – durfte ich natürlich keinen Augenblick daran zweifeln, daß der besagte Löwe, geradeso wie ich zur Kirchweih, über die steinerne Brücke gehen, dann zum Vyšehrad laufen und sich dort auf die bekannte Luftschaukel setzen konnte. Aber wie davon die Zeiten besser werden sollten, das begriff ich nicht.

Es war ein wunderschöner Junitag. Herr Vojtíšek kam eben aus der Niklaskirche, setzte sich zum Schutze gegen die glühenden Sonnenstrahlen die Mütze auf und ging langsam über den jetzigen Stefansplatz. Bei der Dreifaltigkeitssäule blieb er stehen und setzte sich auf eine Stufe. Der Röhrenbrunnen hinter ihm plätscherte anheimelnd, die Sonne schien warm, es war so angenehm! Wahrscheinlich war er heute irgendwo zu Mittag, wo erst nach zwölf gegessen wurde.

Kaum hatte er sich niedergelassen, erhob sich eine der Bettlerinnen von der Tür der Niklaskirche und ging in derselben Richtung. Man nannte sie allgemein das »Millionenweib«. Andere Bettlerinnen versprachen, Gott werde das ihnen gegebene Almosen hunderttausendfach vergelten, sie aber ging in die Millionen und aber Millionen. Deshalb gab auch die Frau Offizial Hermannová, die allen Versteigerungen in ganz Prag beiwohnte, nur ihr allein Almosen.

Das »Millionenweib« ging aufrecht, wenn es wollte, und hinkte, wenn es wollte. Jetzt ging es aufrecht und gerade auf Herrn Vojtíšek zu, der an der Dreifaltigkeitssäule saß. Der Leinenrock schlug fast geräuschlos gegen ihre dürren Beine, und das tief in die Stirn gezogene Kopftuch wippte auf und nieder.

Ihr Gesicht war mir stets schrecklich zuwider. Es war von lauter kleinen Runzeln durchzogen, die dünnen Nudeln glichen und bei der spitzen Nase und beim Mund zusammenliefen. Ihre Augen waren gelbgrün wie die einer Katze.

Sie blieb vor ihm stehen. »Gelobt sei Jesus Christus«, sagte sie mit gespitzten Lippen.

Herr Vojtíšek nickte zum Zeichen seines Einverständnisses.

Das »Millionenweib« setzte sich auf die andere Seite der Stufe und nieste. »Brr«, sagte sie dann, »ich liebe die pralle Sonne nicht. Wenn sie mir auf den Kopf brennt, muß ich immer niesen.«

Herr Vojtíšek entgegnete nichts.

Das »Millionenweib« schob ihr Kopftuch zurück, und nun war ihr ganzes Gesicht zu sehen. Ihre Augen blinzelten wie die einer Katze in der Sonne; bald waren sie geschlossen, bald leuchteten sie unter der Stirn wie zwei grüne Punkte. Ihr Mund zuckte unaufhörlich. Wenn sie ihn öffnete, zeigte sich oben ein einziger, ganz schwarzer Zahn.

»Herr Vojtíšek«, begann sie wieder. »Herr Vojtíšek, ich sage ja immer, wenn Sie nur wollten . . .!«

Herr Vojtíšek schwieg. Er wandte ihr nur sein Gesicht zu und sah ihr auf den Mund.

»Ja, ich sage immer: Wenn der Herr Vojtíšek nur wollte, der könnte uns sagen, wo gute Leute wohnen . . .«

Herr Vojtíšek schwieg.

»Was schauen Sie mich denn immerzu so interessiert an?« fragte das »Millionenweib« nach einer Weile. »Was finden Sie denn an mir?«

»Den Zahn! – Ich wundere mich dauernd, wieso Sie diesen einen Zahn haben!«

»Ach, der Zahn!« seufzte das Weib und fügte schnell hinzu: »Sie wissen doch, daß der Verlust eines Zahnes immer den Verlust eines guten Freundes bedeutet. Nun liegen schon alle unter dem kühlen Rasen, die es gut mit mir meinten – alle. Nur einer ist noch übrig – aber ich weiß nichts von ihm –, ich weiß nicht, wo der gute Freund ist, den mir der gütige Gott noch für meinen Lebensweg aufgespart hat. Mein Gott, ich bin ja so einsam und verlassen!«

Herr Vojtíšek blickte vor sich hin und schwieg.

Etwas wie ein Lächeln, wie Freude lief über das Gesicht der Bettlerin, aber es war ein häßliches Lächeln. Sie spitzte den Mund, und ihr ganzes Gesicht wurde lang wie ein Stiel, an dem die Lippen saßen. »Ach, Herr Vojtíšek! Herr Vojtíšek, wir beide könnten noch glücklich werden! – Daher hat mir immer von Ihnen geträumt, ich glaube, der Herrgott will es so. – Sie sind ja so allein, Herr Vojtíšek, niemand ist um Sie besorgt. Und dabei haben Sie überall Freunde, kennen viele gute Menschen. – Sehen Sie, ich würde gleich zu Ihnen ziehen. Federbetten habe ich auch . . .«

Herr Vojtíšek hatte sich inzwischen langsam erhoben. Schon stand er aufrecht und rückte mit der rechten Hand den Lederschirm seiner Mütze zurecht. »Lieber nehme ich Arsenik!« stieß er schließlich hervor und wandte sich ohne Gruß ab.

Langsam ging er zur Spornergasse. Zwei grüne Augen verfolgten ihn, bis er um die Ecke verschwunden war.

Dann zog sich das »Millionenweib« das Kopftuch übers Gesicht und saß lange unbeweglich da. Es sah aus, als wäre es eingeschlafen.

Sonderbare Gerüchte kursierten plötzlich auf der Kleinseite. Und wer sie vernahm, kratzte sich hinterm Ohr. »Herr Vojtíšek«, klang es häufig aus den Gesprächen, und kurz darauf wieder: »Nein, so etwas, Herr Vojtíšek!«

Bald hatte ich alles in Erfahrung gebracht. Herr Vojtíšek war angeblich gar nicht arm, ja Herr Vojtíšek besaß, wie es hieß, am anderen Moldauufer, in der Gegend »Na Františku«, zwei Häuser. Es sei gar nicht wahr, daß er irgendwo unter der Burg im Stadtteil Bruska wohne.

Zum Narren hatte er sie gehalten, die guten Kleinseitner Nachbarn! Und so lange Zeit!

Alle waren erbittert. Die Männer ärgerten sich, fühlten sich beleidigt und schämten sich ihrer Leichtgläubigkeit.

»So ein Taugenichts!« sagte der eine.

»Das stimmt«, sagte ein anderer, »hat ihn je einer am Sonntag betteln sehen? Da war er sicher zu Hause in seinen Palästen und speiste Braten!«

Die Frauen zögerten noch. Das gutmütige Gesicht des Herrn Vojtíšek schien ihnen doch zu aufrichtig.

Aber da sickerte ein neues Gerücht durch. Er sollte auch zwei Töchter haben, die sich als Fräulein aufspielten. Die eine hatte angeblich einen Leutnant, und die andere wollte zum Theater. Sie trage den ganzen Tag Handschuhe und gehe im Baumgarten spazieren, hieß es.

Das gab auch bei den Frauen den Ausschlag.

Innerhalb zweimal vierundzwanzig Stunden war das Schicksal des Herrn Vojtíšek besiegelt. Überall wies man ihn von der Tür und sagte, es seien »schlechte Zeiten«. Wo er immer ein Mittagessen bekommen hatte, hörte er nur, heute sei nichts übriggeblieben, oder: »Wir sind arme Leute, wir hatten nur Erbsen, und das ist doch nichts für Sie.« Und die Gassenjungen sprangen um ihn herum und schrien: »Hausbesitzer! Hausbesitzer!«

Am Sonnabend stand ich vor dem Haus und sah Herrn Vojtíšek die Straße heraufkommen. Herr Herzl lehnte wie gewöhnlich in seiner weißen Schürze am steinernen Torpfeiler der Hauseinfahrt. Unwillkürlich und in unerklärlicher Angst lief ich ins Haus und versteckte mich hinter dem schweren Haustor. Von dort aus konnte ich den näher kommenden Herrn Vojtíšek ganz deutlich erkennen.

Die Mütze zitterte in seiner Hand. Er kam nicht mit dem freundlichen Lächeln wie sonst. Sein Kopf war gesenkt, das gelbliche Haar zerzaust. »Gelobt sei Jesus Christus«, grüßte er wie gewöhnlich. Dabei hob er ein wenig den Kopf. Seine Wangen waren bleich, seine Augen glasig.

»Das ist aber gut, daß Sie kommen«, meinte Herr Herzl. »Herr Vojtíšek, borgen Sie mir doch zwanzigtausend Gulden! Sie brauchen keine Angst zu haben, daß Ihnen das Geld verlorengeht. Ich gebe eine gute Hypothek. Ich könnte jetzt gerade ein Haus kaufen, hier das Nebenhaus ›Zum Schwan‹ . . .«

Er kam nicht zu Ende.

Aus den Augen des Herrn Vojtíšek rannen Tränen. »Aber ich war doch . . .«, schluchzte er, »mein ganzes Leben lang war ich ehrlich!«

Er wankte über die Straße und sank bei der Mauer an

der zur Burg führenden Serpentine zusammen. Sein Kopf fiel auf die Knie, und er schluchzte laut.

Ich stürzte zu meinen Eltern ins Zimmer und zitterte am ganzen Körper. Die Mutter stand am Fenster und sah auf die Straße. Sie fragte: »Was hat denn Herr Herzl zu ihm gesagt?«

Starr blickte ich aus dem Fenster auf Herrn Vojtíšek, der noch immer weinte.

Die Mutter kochte gerade den Nachmittagskaffee, aber auch sie trat immer wieder zum Fenster, sah hinaus und schüttelte den Kopf.

Auf einmal sah sie, wie sich Herr Vojtíšek langsam erhob. Schnell schnitt sie ein Stück Brot ab, legte es auf einen Topf voll Kaffee und eilte hinaus. Sie rief und winkte von der Schwelle aus, aber Herr Vojtíšek sah und hörte nichts. Da ging sie selbst zu ihm und reichte ihm den Topf.

Herr Vojtíšek sah sie stumm an. »Vergelt's Gott«, flüsterte er schließlich, und nach einer Weile fügte er hinzu: »Aber jetzt kann ich nichts essen.«

Fortan bettelte Herr Vojtíšek nicht mehr auf der Kleinseite. Auf der anderen Seite der Moldau konnte er allerdings nicht von Haus zu Haus gehen, denn die Leute kannten ihn dort nicht, auch nicht die Polizisten. So setzte er sich auf den Kreuzherrenplatz unter die Laubengänge des Klementinums, gerade gegenüber der Militärwache an der Brücke. Dort sah ich ihn immer, wenn wir am Donnerstagnachmittag, der schulfrei war, in die Altstadt hinübergingen, um die Auslagen der Buchhändler am Altstädter Ring zu betrachten. Die Mütze lag vor ihm auf der Erde, stets hing sein Kopf auf die Brust herab, in den Händen hielt er den Rosenkranz, und er beachtete niemanden. Glatze, Gesicht und Hände glänzten nicht mehr wie früher, die gelbliche Haut war zusammengeschrumpft und bildete schuppige Falten.

Soll ich es sagen oder nicht? – Doch warum sollte ich es

nicht sagen, daß ich mich nicht traute, auf ihn zuzugehen, sondern daß ich stets um den Pfeiler schlich, um ihm mein donnerstägiges Vermögen, einen Groschen, in die Mütze zu werfen und dann rasch davonzulaufen.

Später begegnete ich ihm einmal auf der Brücke; ein Polizist führte ihn auf die Kleinseite. Danach sah ich ihn nicht mehr.

Es war ein frostiger Februarmorgen. Draußen war es noch dunkel, an den Fenstern glänzten dicke Eisblumen, in denen sich der Feuerschein des gegenüberliegenden Ofens orangefarben abzeichnete. Vor dem Hause rasselte ein Wagen. Hunde bellten.

»Hol doch schnell zwei Seidel Milch«, sagte die Mutter zu mir, »aber nimm einen Schal um den Hals!«

Draußen stand die Milchfrau auf dem Wagen, und hinter dem Wagen der Polizist Kedlický. Eine Unschlittkerze leuchtete trüb in einer viereckigen Laterne.

»Was, Herr Vojtíšek?« fragte die Milchfrau und hielt beim Rühren inne. Es war den Milchfrauen zwar behördlich verboten, mit dem Rührlöffel Schmettenschaum zu erzeugen, um damit Parade zu machen, aber Herr Kedlický war, wie ich schon sagte, ein gutmütiger Mann.

»Ja«, antwortete er, »wir haben ihn nach Mitternacht neben der Artilleriekaserne am Oujezd gefunden. Er war erfroren, und wir haben ihn daher gleich zu den Karmelitern in die Totenkammer gebracht. Nicht einmal ein Hemd hatte er an, bloß einen zerrissenen Rock und eine zerschlissene Hose.«

1875

VOM WEICHEN HERZEN DER FRAU RUSKA

Der Kaufmann Josef Velš gehörte zu den wohlhabendsten Kaufleuten der Kleinseite. Ich glaube, er hatte in seinem Laden alles, was Indien und Afrika hervorbringen, angefangen vom Süßholz und vom Elfenbeinschwarz zum Glänzen bis zum Goldstaub. Sein Geschäft auf dem Kleinseitner Ring war aber auch den ganzen Tag voller Kunden. Herr Velš stand eigentlich immer im Laden, ausgenommen am Sonntag zur Zeit des Hochamtes im Veitsdom und während einiger großer Paraden der Prager Bürgergarde. Herr Velš war nämlich Scharfschütze in der ersten Kompanie, im ersten Schwarm, stets der dritte Mann rechts von Herrn Leutnant Nedoma.

In seinem Laden hätte er am liebsten alle Kunden selbst bedient, obwohl er zwei Verkäufer und zwei Lehrlinge hatte; wen er aber nicht selbst bedienen konnte, den begrüßte er wenigstens, nickte ihm zu, und lächelte freundlich. Herr Velš lächelte eigentlich immer: im Laden, auf der Gasse, in der Kirche, einfach überall; das verbindliche Lächeln hatte sich in seine Wangen eingegraben und ging nicht mehr heraus.

Er war eine liebenswürdige Erscheinung, nicht gerade groß, dick, nickte ständig mit dem Kopf und lächelte dazu. Im Geschäft trug er immer eine flache Mütze und eine lederne Kaufmannsschürze, auf der Straße sah man ihn in einem langen blauen Rock mit Goldknöpfen, einen bauchigen Zylinder auf dem Kopfe.

Ich hatte eine kindische Vorstellung von Herrn Velš. In

seiner Wohnung war ich zu seinen Lebzeiten nie, aber sooft ich mir in Gedanken ausmalte, wie es wohl bei ihm zu Hause aussehen mochte, drängte sich mir stets das gleiche Bild auf: Herr Velš ohne Mütze, aber mit Schürze am Tisch sitzend, vor ihm ein Teller dampfender Suppe, die Ellbogen schwer auf den Tisch gestützt, die Hand mit dem vollen Löffel zwischen dem Teller und dem lächelnden Mund. So saß Herr Velš in meiner Vorstellung wie aus Stein gehauen, und der Löffel bewegte sich weder auf noch ab. Eine dumme Vorstellung, das weiß ich.

Doch zu der Zeit, in der unsere Geschichte anhebt – am 3. Mai 184*, um 4 Uhr nachmittags –, war Herr Velš nicht mehr am Leben. Er lag oberhalb des Ladens im ersten Stock seines Hauses im Paradezimmer seiner Wohnung in einem schönen Sarg. Der Deckel lehnte daneben – und Herr Velš lächelte noch im Tode und mit geschlossenen Augen.

Auf vier Uhr war das Begräbnis angesetzt. Der Leichenwagen, der mit den Quasten, stand schon vor dem Hause. Auch eine Scharfschützenkompanie der Bürgergarde mit Musik war angetreten.

Das Paradezimmer war fast voll. Alle Honoratioren der Kleinseite waren erschienen. Selbstverständlich würde der Pfarrer von St. Niklas mit Assistenz heute etwas später kommen, wie es bei jedem angesehenen Bürger Brauch war, damit es nicht heiße, man beeile sich, ihn aus dem Hause zu bringen.

Im Zimmer war es schwül. Die Nachmittagssonne brannte, und ihre Strahlen brachen sich in den großen Spiegeln, die starken Wachskerzen rings um den Katafalk brannten gelblich und rußten, die heiße Luft war erfüllt von Qualm und vom Geruch des frisch lackierten schwarzen Sarges und der Hobelspäne, auf denen der Tote ruhte, ja vielleicht auch schon vom Leichengeruch.

Es herrschte Stille, die Trauergäste sprachen nur im Flüsterton. Weinen sah man niemanden. Herr Velš hinterließ keine näheren Verwandten, und die entfernteren sagen immer: »Wenn ich mich nur ausweinen könnte – aber ich habe keine Tränen, und wenn es mir das Herz abdrückt!« – »Jaja, aber dadurch ist es ja um so schlimmer.«

Eben betrat Frau Ruska das Zimmer, die Witwe des seligen Herrn Rus, des Gastwirtes vom Grafschen Garten, wo die schönsten Artilleristenbälle stattfanden. Weil es eigentlich niemanden etwas angeht, berühre ich hier nur ganz nebenbei, was man davon zu erzählen wußte, wie Frau Ruska Witwe wurde. Damals gab es bei jedem Artillerieregiment eine eigene Bombardierkompanie, kleine, pausbäckige Burschen, wie Milch und Blut. Diese Kompanie haßte Herr Rus geradezu, und zwar – wie es hieß – wegen seiner Frau, und einmal sollen ihn die Bengels deshalb fürchterlich verprügelt haben. Aber, wie schon gesagt, es geht niemanden etwas an.

Frau Ruska aß ihr Witwenbrot nun schon an die fünfundzwanzig Jahre. Sie lebte kinderlos in ihrem Hause am Bauernmarkt, und wenn jemand gefragt hätte, was sie eigentlich immer tue, hätte man antworten müssen: »Sie besucht alle Begräbnisse.«

Frau Ruska drängte sich zum Katafalk durch. Eine Fünfzigerin, aber noch immer eine stattliche Frau, etwas über mittelgroß. Von ihren Schultern hing eine schwarze Seidenmantille, und eine schwarze, mit hellgrünen Bändern besetzte Haube umsäumte ihr rundes, aufrichtiges Gesicht. Ihre braunen Augen hefteten sich auf das Antlitz des Entschlafenen. Es zuckte in ihrem Gesicht, ihre Lippen begannen zu beben, ein Tränenstrom entquoll ihren Augen. Schweres Schluchzen schüttelte ihren Körper.

Doch schnell wischte sie mit einem weißen Tüchlein über Augen und Mund. Dann sah sie nach ihren Nachbarinnen. Links stand Frau Hirtová, die Frau des Wachsziehers, mit aufgeschlagenem Gebetbuch. Rechts stand eine ordentlich gekleidete junge Frau, die Frau Ruska nicht kannte; wenn sie, wie es den Anschein hatte, aus Prag war, mußte sie auf der anderen Seite der Moldau wohnen.

Frau Ruska sprach die Fremde an, natürlich deutsch, denn in nationaler Hinsicht war die Kleinseite damals wirklich die linke Seite von Prag.

»Gott gebe ihm die ewige Ruhe«, sagte Frau Ruska, »er liegt da wie lebendig und lächelt wie immer.« Und dabei wischte sie die wieder herausströmenden Tränen ab. »Er ist gegangen und hat uns hiergelassen – auch sein ganzes Vermögen mußte er zurücklassen –, jaja, der Tod ist ein Dieb!«

Die unbekannte Frau gab keine Antwort.

»Einmal war ich bei einem jüdischen Begräbnis«, fuhr Frau Ruska flüsternd fort, »aber da war es gar nicht schön. Alle Spiegel sind da verhängt, angeblich, damit man den Leichnam nicht sieht, wenn man sich abwendet. So ist es besser; man kann den Verstorbenen im Sarg von allen Seiten gut sehen! Ich möchte wetten, der Sarg hat zwanzig Silbergulden gekostet, so schön ist er! Aber er hat das auch verdient, der Gute! Wie er uns doch aus dem Spiegel anlächelt! Der Tod hat ihn gar nicht verändert, nur seine Züge sind etwas gespannt, aber sonst – wie im Leben, nicht wahr?«

»Ich habe Herrn Velš zu Lebzeiten nicht gekannt«, meinte die fremde Frau.

»Nicht? Oh, ich sehr gut. Schon als er noch ledig war. Und seine Frau auch als Ledige, der Herrgott gebe ihr die ewige Ruhe! Ich sehe es wie heute vor mir, als sie Hochzeit hielten – sie weinte vom frühen Morgen an –, ich bitte Sie, einen ganzen Tag lang weinen, wenn man mit einem Mannsbild schon neun Jahre gegangen ist! Das ist doch dumm, nicht wahr? Neun Jahre hat er es sich überlegt, aber er hätte es sich lieber noch neunmal neun Jahre überlegen sollen. Das war eine! Ich sage Ihnen, eine widerwärtige Person war das! Von allen war sie die Klügste und Schönste, und die Wirtschaft verstand keine so wie sie; auf dem Markt handelte sie eine Stunde lang um einen lumpigen Groschen, beim Wäschewaschen stritt sie der armen Waschfrau immer eine Bütte Wasser ab, und die Dienstboten konnten sich bei ihr auch nie satt essen. Und der Velš, der hatte die Hölle auf Erden! Bei mir waren nacheinander zwei Dienstmädchen, die bei ihnen gedient hatten, und so weiß ich alles. Keine Minute hatte er Ruhe! Er war nur deshalb ordentlich, weil er Angst vor ihr hatte, und er widersprach ihr nur deshalb nie, damit sie sich um so mehr ärgerte. Wissen Sie, sie war, wie man so sagt, romantisch veranlagt und wollte von aller Welt bemitleidet werden. Dauernd beklagte sie sich, ihr Mann tyrannisiere sie. Hätte er sie aus Wut vergiftet, so hätte sie sich noch darüber gefreut, und wenn er selbst den Strick genommen hätte, ebenfalls; denn dann hätte sie die Welt wenigstens bemitleidet.«

Frau Ruska blickte wieder zu ihrer unbekannten Nachbarin. Aber die Unbekannte stand nicht mehr da. Im Feuer der Rede hatte Frau Ruska gar nicht bemerkt, daß sich das Gesicht ihrer Nachbarin immer mehr rötete, und daß sie während des Redeflusses weggegangen war. Gerade sprach die Unbekannte im Hintergrund des Zimmers mit dem dürren Herrn Uhmühl, Offizial beim Landesrechnungsamt, einem Verwandten des Herrn Velš.

Frau Ruska blickte wieder in das stumme Antlitz des Verblichenen. Wieder begannen ihre Lippen zu zucken, und Tränen quollen aus ihren Augen.

»Der Arme«, sagte sie ziemlich laut zu Frau Hirtová, »aber es gibt für alles eine Strafe Gottes, für alles! Er war auch nicht der Ehrlichste, aber lassen wir das! Wenn er die arme Tonda genommen hätte, mit der er doch ein Kind hatte . . .«

»Sie sind wohl in der Walpurgisnacht auf einem Besen geritten?« klang es heiser, aber laut hinter ihrem Rücken, und eine knochige Männerhand legte sich auf ihre Schulter.

Alle Anwesenden zuckten zusammen und blickten auf Frau Ruska und Herrn Uhmühl, der jetzt vor sie trat. Er wies mit der Hand zur Tür und kommandierte mit seiner heiseren, aber durchdringenden Stimme: »Hinaus!«

»Was ist denn dort los?« fragte von der Tür her der zweite Herr Uhmühl, der damalige Polizeikommissar für die Kleinseite. Das reinste Skelett, ebenso dürr wie sein Bruder.

»Diese Hexe ist hier eingedrungen und verleumdet die Toten. Eine Zunge hat sie wie ein Schwert.«

»Dann schlag sie doch auf ihr ungewaschenes Maul!«

»Das macht sie bei jedem Begräbnis so«, tönte es von allen Seiten.

»Sie hat sogar schon auf dem Friedhof Skandale herbeigeführt!«

»Verschwinden Sie, aber sofort!« kommandierte der Herr Kommissar und faßte Frau Ruska am Arm.

Frau Ruska ging und schluchzte wie ein Kind.

»So ein Skandal – und bei einem so schönen Begräbnis!« meinten die übrigen.

»Jetzt aber Ruhe!« gebot der Herr Kommissar der Frau Ruska im Vorzimmer, denn eben ging der Herr Pfarrer mit den Kaplänen vorüber. Dann führte er sie zur Treppe.

Frau Ruska versuchte zwar, etwas zu sagen, aber der Herr Kommissar war unerbittlich und brachte sie bis vor das Haus. Dort winkte er einem Polizisten. »Führen Sie die Frau bis zu ihrer Wohnung, damit sie beim Begräbnis nicht stört!«

Frau Ruska war rot wie eine Pfingstrose und wußte gar nicht, was mit ihr geschah.

»So ein Skandal – und so ein schönes Begräbnis!« klang es wieder unten auf dem Ring.

Die Brüder Uhmühl, Söhne des Stadtschreibers Uhmel und Enkel des Färbermeisters Umĕl, waren, wie wir gesehen haben, sehr gestrenge Herren. Doch gegen Frau Ruska wandte sich heute der Unwille der ganzen Kleinseite, ja ich möchte sagen, der ganzen Welt, wenn die Kleinseite, was ich als ihr Sohn wünschen würde, die ganze Welt bedeckte.

Am nächsten Tag erhielt Frau Ruska eine Vorladung zum Polizeikommissariat in der Brückengasse.

Dort ging es immer lebhaft zu. Wenn im Sommer bei offenen Fenstern verhandelt wurde, konnte man alles bis auf die Straße hören. Man ließ dort auf jeden ein Donnerwetter niedergehen, denn damals kannte man noch nicht den höflichen Ton, der heute sicherlich jede polizeiliche Handlung mildert.

Oft blieb dort auf dem Gehsteig unter den Fenstern der Harfenist Josef stehen, der bekannte Kleinseitner Revolutionär. Und wenn einer von uns Jungen vorüberkam und ihn ansah, blinzelte Josef, wies mit dem Daumen nach oben und sagte mit ruhigem Lächeln: »Sie bellen wieder!« Ich will hoffen, daß darin nichts Respektwidriges lag, sondern daß Josef nur ein möglichst plastisches Wort verwenden wollte.

Nun stand in ihrer Mantille, die Haube mit den hellgrünen Bändern auf dem Kopf, in der Mittagsstunde des 4. Mai 184* Frau Ruska vor dem gestrengen Herrn Kommissar.

Sie war niedergeschlagen, schaute zu Boden und vermochte nicht zu antworten. Und als der Herr Kommissar seine strenge Ermahnung beendet hatte und zu ihr sagte: »Unterstehen Sie sich ja nicht wieder, irgendeiner Beerdigung beizuwohnen! – Jetzt können Sie gehen!« – ging sie. Damals konnte ein Kommissar selbst das Sterben verbieten, um so mehr die Beteiligung an Begräbnissen.

Als sie die Kanzlei verlassen hatte, blickte der Herr Kommissar den Unterbeamten an und sagte lachend: »Sie kann nicht einmal etwas dafür. Sie ist wie eine Säge und zersägt alles, was ihr unterkommt.«

»Sie sollte dafür eine Steuer zugunsten der Taubstummen zahlen«, meinte der Untergebene.

Beide lachten laut und waren wieder guter Laune.

Aber Frau Ruska konnte ihr früheres inneres Gleichgewicht lange nicht wiederfinden.

Schließlich fand sie es doch. Etwa ein halbes Jahr später zog sie aus ihrem Hause fort und mietete eine Wohnung gleich neben dem Oujezder Tor. Dort mußte jeder Leichenzug vorbei. Und jedesmal, wenn einer vorbeikam, verließ die gute Frau Ruska immer das Haus, ging auf die Gasse und weinte bitterlich.

1875

ABENDPLAUDEREIEN

Es war eine herrliche, warme Juninacht. Die Sterne flimmerten, der Mond schien so fröhlich, und die Luft glänzte wie reines Silber.

Am fröhlichsten aber schien der Mond wohl auf die Dächer der Häuser in der Spornergasse, und da besonders auf die Dächer der beiden stillen Nachbarhäuser »Zu den zwei Sonnen« und »Zum tiefen Keller«.

Sonderbare Dächer sind das! Spielend gelangt man von einem zum andern, und es sind lauter Winkel, lauter Rinnen, lauter Übergänge.

Besonders reich gegliedert ist das Dach des Hauses »Zu den zwei Sonnen«, ein sogenanntes Satteldach mit einem Doppelgiebel zur Straße und einem Doppelgiebel zum Hof. Zwischen den beiden Firsten zieht sich eine breite Rinne hin, in der Mitte durch einen quer verlaufenden Verbindungsgang zwischen den Böden unterbrochen. Aber auch dieser Gang ist wieder überdacht, und das Dächlein ist wie alles übrige mit runden Firstziegeln gedeckt, die auf dem Dach Hunderte von Ablaufrinnen bilden. Von dem Verbindungsgang führen zwei große Bodenfenster auf jene breite Mittelrinne, die über das ganze Dach läuft und dem gutgezogenen Mittelscheitel eines Prager Stutzers nicht unähnlich sieht.

Plötzlich war es, als habe an den Bodenfenstern eine Maus gepiepst.

Und noch einmal.

Gleichzeitig erschienen jetzt in dem zum Hof gehenden Bodenfenster Kopf und Brust eines Mannes. Leicht schwang sich der Mann hinaus und stand nun in der Mittelrinne. Es war ein etwa zwanzigjähriger junger Mann mit schmalen, dunklen Wangen, schwarzen Locken und einem leichten Flaum über den Lippen; auf dem Kopf trug er einen Fes, und in der Hand hielt er ein langes, schwarzes Pfeifenrohr mit einem Gipskopf. Ein grauer Rock, eine graue Weste, eine graue Hose – Jan Hovora, Student der Philosophie, bitte sehr.

»Ich piepse wie eine Maus, aber die Nachtwächterstube ist leer«, brummte er. Dann ging er bis zum Schornstein. Daran klebte ein Blatt Papier.

Auf einmal fuhr sich Hovora mit der Hand über die Augen und blickte genauer hin. »Jemand war hier und hat das Papier ausge. . .«, brummte er wieder, »nein – nicht ausgetauscht –, es ist mein Blatt. Aber . . .«, und er sah noch genauer hin, dann schlug er sich mit der Hand an die Stirn. »Aha – die Sonne hat mein Gedicht ausgebleicht! So eine Naschkatze! Gerade wie bei Petöfi. Armer Kupka, nun muß er den Vorabend seines Namenstages unbesungen verbringen – und dabei hatte ich eine so schöne Idee, der heilige Antonius selbst hatte sie mir eingegeben!« Er riß das Blatt ab, knüllte es zusammen und warf es über das Dach.

Dann ließ er sich nieder, stopfte seine Pfeife und setzte sie in Brand. Wohlig streckte er sich auf den warmen Dachziegeln aus und stemmte die Füße in die Rinne.

Wieder pfiff es wie eine Maus, und Hovora antwortete, ohne den Kopf zu wenden, mit dem gleichen Laut.

In die Rinne schwang sich ein zweiter junger Mann. Er war kleiner, sein Gesicht war bleich, sein Haar blond, und auf dem Kopf hatte er eine blaue Mütze, wie sie im Jahre 1848 die Technische Legion trug. Bekleidet war er mit Jacke und Hose aus hellem Segeltuch. Zwischen seinen Lippen steckte eine brennende Zigarre.

»Servus, Hovora!«

»Servus, Kupka!«

»Was machst du?« Und der Techniker und zukünftige Ingenieur Kupka streckte sich gemächlich neben Hovora aus.

»Was soll ich machen? Ich habe mir den Bauch mit Kartoffeln und Graupen vollgeschlagen und warte nun darauf, daß mir übel wird. Was hast du zu Abend gegessen?«

»Ich habe wie der Herrgott gespeist.«

»Und was speist der Herrgott?«

»Nichts.«

»Hm! – Aber was rennst du dauernd hin und her?«

»Ach, ich hätte mir gern die Stiefel ausgezogen. Aber wir haben ja in unserem Salon nicht einmal einen Stiefelknecht! Wenigstens dieses Möbelstück sollten wir uns leisten!«

»Ein Stiefelknecht ist kein Möbelstück, der Stiefelknecht gehört zur Familie!« Erst jetzt wandte Hovora träge seinen Kopf Kupka zu. »Ich bitte dich«, fing er wieder an, »was rauchst du denn da für eine Zigarre? – Eine ordinäre? Oder eine von den ganz ordinären?«

»Unser Salon auf dem Dach gefällt mir! Seht nur, was er für ein prachtvolles Gewölbe hat!« meinte Kupka.

»Und dabei so billig!«

»Je größer eine Wohnung ist, desto billiger ist sie. Der Herrgott hat die größte Wohnung und braucht daher überhaupt nichts zu bezahlen.«

»Du bist heute, am Vorabend deines Namenstages, recht fromm!«

»Ach, Dächer, Dächer – ihr seid meine Leidenschaft!« schwärmte Kupka und fuchtelte mit der Zigarre in der Luft herum. »Die Schornsteinfeger würde ich beneiden – wenn sie nur nicht eine so einseitig schwarze Ansicht vom menschlichen Leben hätten!«

Diese ganze Unterhaltung verlief ungezwungen mit gehörigen Pausen und mit etwas gedämpften Stimmen. Sonderbar, daß man im Hochwald, an einsamen Orten und auf Bergen seine Stimme unwillkürlich etwas dämpft.

»Das ist eine herrliche Nacht!« schwärmte Kupka weiter. »Diese Ruhe! – Heute ist das Singen der Wehre berauschend wie der Traum eines Helden! – Und die Nachtigallen auf dem Laurenziberg – ist das ein Jubilieren! Hörst du es?«

»Jaja, noch drei Tage, dann ist der Veitstag vorbei, und aus ist es mit dem Schlagen der Nachtigallen. – Ach, ist das schön! – Um keinen Preis möchte ich in der Altstadt wohnen!«

»Freilich! Vier Meilen im Umkreis ist dort kein Vogel zu sehen. Wenn sich die Altstädter nicht manchmal vom Kohlmarkt eine gebratene Gänsekeule mit nach Hause brächten, wüßten sie nicht einmal, wie ein Vogel aussieht.«

»Bisher sind erst zwei hier!« erklang in diesem Augenblick ein gewaltiger Tenorbariton am Bodenfenster.

»Ach, Novomlýnský – Servus!« riefen Kupka und Hovora.

Novomlýnský, ein Mann über dreißig, kam auf allen vieren in die Mittelrinne gekrochen, behutsam, sozusagen Glied um Glied.

»Verdammt!« brummte er jetzt und richtete sich langsam auf. »Das ist nichts für mich, so etwas bin ich nicht gewohnt!« Novomlýnský war ziemlich groß und wohlbeleibt. Sein Gesicht war dunkelbraun, glatt und rund, er hatte blaue, schelmische Augen und unter der Nase einen mächtigen Schnauzbart. Auch auf seinem Kopf schaukelte ein Fes, und er trug einen schwarzen Rock und eine helle Hose.

»Ich kann mich mit meinem Orléans-Rock nicht wie ihr auf die Dachziegel legen. – Setzt euch, wie es sich gehört!«

Kupka und Hovora hatten sich bereits aufgesetzt. Auf ihren Gesichtern war die frühere, etwas erkünstelte Ruhe einem leichten Lächeln gewichen, und sie betrachteten Novomlýnský mit sichtlichem Vergnügen. Es war offenbar, daß er seiner Reife wegen hier den Ton angab.

Novomlýnský nahm ihnen gegenüber auf der Schräge des anderen Daches Platz und zündete sich eine Zigarre an.

»Nun, Jungen, was macht ihr?«

»Ich singe ein Loblied auf die Kleinseite«, bekannte Hovora.

»Und ich betrachte den Mond«, sagte Kupka, »den toten Mann mit dem lebendigen Herzen . . .«

»Jetzt glaubt schon jeder, er dürfe den Mond betrachten«, spöttelte Novomlýnský. »Man sollte euch in ein Amt zu trockenen Zahlen stecken wie mich!« In seiner sonoren Stimme war nichts Gedämpftes oder Verhaltenes; Novomlýnský hätte auch im Hochwald, an einsamen Orten und auf Bergen mit seiner treuherzigen Stimme ebenso laut gesprochen wie hier. »Was gibt es Neues? – Ja, hört doch einmal, stimmt es, daß Jäkl gestern bei der Kaisermühle beinahe ertrunken wäre?« – Und er lachte über das ganze Gesicht.

»Ganz recht«, nickte Hovora mit leichtem Lächeln, »er schwimmt wie ein Mühlstein! Gerade neben mir sank er in die Tiefe – es gurgelte fürchterlich, und Blasen stiegen auf . . . – Hatten wir mit dem eine Last! Nicht wahr, Kupka? Dann habe ich ihn gefragt, was er sich so dachte, als er untersank, und da sagte er, er hätte darüber lachen müssen, deshalb habe es so gegurgelt.«

Alle drei lachten. Das Lachen Novomlýnskýs dröhnte wie Glockengeläut.

»Und was war denn das heute für ein Geschrei beim Professor?« fragte Novomlýnský wieder. »Sie sind doch zu der Zeit noch dort gewesen, Hovora?«

»Etwas ganz Pikantes«, sagte Hovora und spitzte die Lippen. »Die Frau Professor fand im Schreibtisch ihres Mannes einen Brief. Er stammte von einer Frau und war voll Feuer und Liebe – die Frau Studienrat hatte ihn selbst geschrieben, vor zwanzig Jahren! Heute also hatte sie ihn gefunden – und er war noch immer versiegelt! Ihr könnt euch denken, wie beleidigt sie war!«

»Ein Lustspiel in einem Akt«, lachte Novomlýnský. Er streckte seine Beine aus und brummte über Kupka.

Der war nämlich unterdessen bis an das Ende der Mittelrinne gegangen, hatte sich etwas vorgeneigt und in den Hof hinuntergeschaut. Jetzt war er bereits wieder auf dem Rückweg, sichtlich zufrieden mit dem Erfolg seiner Expedition.

»Kupka, bei allen Teufeln, was haben Sie dauernd dort zu suchen? Wohin schauen Sie denn? Sie werden noch einmal hinunterstürzen!«

»Wohin ich schaue? Zum Buchbinder schaue ich. Sie wissen vielleicht noch nicht, daß er schon seit zwanzig Jahren Tag für Tag das Leben von Jan Hus liest, und jedesmal vergießt er dabei bittere Tränen. Ich habe nur nachgeschaut, ob er heute schon geweint hat. Es war aber noch nicht der Fall!«

»So eine Dummheit! Ihr jungen Leute könntet euch wirklich um etwas anderes kümmern als um einen Buchbinder!« sagte Novomlýnský und schnippte mit den Fingern. »Habt ihr denn eigentlich schon drüben beim Töpfer die neue Amme bemerkt? Das ist ein Mädchen, was? Aber sie ist wie eine Amsel; sie hält nicht Wort!«

»Novomlýnský ist wie eine gute Hausfrau; mit den Dienstmädchen hat er das größte Kreuz!« bedauerte ihn Hovora mit aufrichtigem Augenaufschlag.

»Ja, ein wahres Kreuz! Er gönnt sich nicht einmal Schlaf. Morgens ist er schon um fünf Uhr auf der Straße! Die schönsten Mädchen gehen nämlich zeitig früh nach Wasser, damit sie niemand mit der Bütte sieht.«

»Haltet den Mund! Ich verstehe es eben, schnell zu schlafen, und deshalb bin ich frühzeitig auf. Übrigens . . .« – Novomlýnský klopfte langsam seine Zigarre an einem Dachziegel ab und sprach jetzt mit sichtlichem Vergnügen –, »es gab Zeiten – Zeiten, sage ich euch! Ich war ein ungemein eleganter Herr. Acht Paar Handschuhe habe ich in einem Jahr verbraucht! – Ja, es stimmt, noch immer habe ich das Unglück, bei den Mädchen Glück zu haben. Aber kann ich etwas dafür, daß ich so schön bin? Ich möchte euch wünschen, ihr Milchbärte, daß ihr mich einmal sehen könntet! Wenn ich eine Liebeserklärung mache, könntet ihr euch eine Scheibe davon abschneiden. – Aber«, setzte er etwas rascher hinzu, »nun unterhaltet ihr mich doch mit etwas! An wem ist heute die Reihe, den Gegenstand unserer Unterhaltung zu bestimmen?«

»An Jäkl.«

»Dann kommt er bestimmt nicht«, sagte Novomlýnský mit dem Brustton der Überzeugung. »Wir hatten einmal einen Verein zur Bestreitung des Abendessens; jeden Tag sollte ein anderer das Essen bezahlen. Der, an dem die Reihe war, erschien nie.«

Zufällig hob er bei diesen Worten den Kopf zum First des gegenüberliegenden Daches. »Der Ertrunkene!« rief er wie entsetzt.

Kupka und Hovora blickten sich rasch um.

Hinter dem First schaute ein dritter Fes hervor, und darunter erschien mit breitem Lachen Jäkls volles, rotes Gesicht.

»Schnell hierher, schnell!« riefen die lustigen Kumpane auf dem Dach.

Jäkl richtete sich langsam auf. Erst sah man seine Schultern über den First ragen, dann seine Brust, schließlich die untere Hälfte seines Körpers.

»Der nimmt ja kein Ende!« brummte Novomlýnský. »Der Kerl könnte in Fortsetzungen erscheinen!«

Eben wurde das rechte, unheimlich lange Bein herübergeschoben, dann das linke, da glitten beide aus, und mit fürchterlichem Gepolter rutschte Jäkl über das Dach in die Rinne, zu den Füßen seiner Freunde.

Die erhoben ein dröhnendes Gelächter. Es war, als lache das ganze Dach, ja selbst der Mond dort oben am Himmel schien mitzulachen.

Am meisten aber lachte Jäkl selbst. Er lag auf dem

Bauch und stieß mit den Fußspitzen gegen die Rinne. Es bedurfte einiger ordentlicher Rippenstöße und manches freundschaftlichen Trittes, ehe sich Jäkl zum Aufstehen entschloß. Langsam richtete er sich in seiner ganzen Länge auf und untersuchte seinen Sommeranzug, der eine unbestimmte gelbliche Farbe hatte. »Nicht eine Naht ist geplatzt«, sagte er erfreut und nahm neben Novomlýnský Platz.

»Na, hast du dir etwas für unsere heutige Unterhaltung ausgedacht?«

Jäkl streckte die Arme zwischen die Knie und wippte eine Weile mit dem Oberkörper leicht vor und zurück. Dann begann er gemächlich: »Ich – ich habe mir gedacht, jeder von uns berichtet einmal die früheste Erinnerung seines Lebens. Wißt ihr, das erste, woran . . .«

»Ich habe es ja gewußt, daß etwas Dummes kommt«, fiel ihm Novomlýnský ins Wort. »Das ist ja schrecklich! Ein absolvierter Jurist, ein Mensch, der schon einige Examina hinter sich hat . . .«

»Sie sind ja auch nicht so gescheit auf die Welt gekommen!« schmollte Jäkl.

»Ich? Ich muß doch sehr bitten! Mich hat meine Mutter sechzehn Monate unter dem Herzen getragen, und als ich auf die Welt kam, konnte ich schon sprechen. Dann habe ich vierundzwanzig Lateinschulen besucht. Jedes Wort, das ich rede, hat meinen Vater einen Zwanziger gekostet!«

»Vielleicht ist der Vorschlag gar nicht so dumm«, meinte Hovora und klopfte seine Pfeife aus. »Versuchen wir es doch einmal! Du hast deine früheste Erinnerung doch sicherlich schon parat, Jäkl?«

»Ich? Das versteht sich«, nickte Jäkl und schaukelte ruhig weiter. »Ich erinnere mich an etwas, da war ich vielleicht noch nicht einmal zwei Jahre alt. Mein Vater war nicht zu Hause, meine Mutter mußte schnell irgendwohin über die Straße, wohin sie mich nicht mitnehmen konnte, ein Dienstmädchen hatten wir nicht, und so mußte ich allein bleiben. Damit mir die Zeit nicht zu lang wurde, holte die Mutter eine lebende Gans, die sie stopfte, aus der Küche und steckte sie zu mir in die Wohnstube. Als ich allein war, wurde mir bange, und krampfhaft faßte ich die Gans um den Hals; dabei brüllte ich vor Angst, die Gans schnatterte vor Angst – ein hübsches Bild, nicht wahr?«

»Sehr hübsch«, brummte Novomlýnksý.

Eine Weile herrschte in der Rinne nachdenkliches Schweigen. Hovora hatte wohl schon drei Streichhölzer angezündet und an seine frisch gestopfte Pfeife gehalten, doch jedesmal vergaß er zu ziehen. Jetzt aber zog er an seiner Pfeife und rief: »Auch mir ist meine früheste Erinnerung eingefallen! Ich war mit meinem Vater im Ursulinerinnenkloster; die Nonnen nahmen mich auf den Schoß und küßten mich.«

»Noch schöner als die Geschichte mit der Gans«, brummte Novomlýnský wieder. »Haben Sie auch etwas so Schönes auf Lager, Kupka?«

Kupka lächelte. »Mein Großvater war Glöckner in Rakovník. Er war schon sehr alt, und eines Tages kam es ihm in den Sinn, für sich selbst das Totenglöcklein zu läuten; dann ging er nach Hause, legte sich hin und starb. Man führte mich zu seiner Leiche . . . Er war schon angekleidet und hatte weiße Strümpfe an – und ich mußte ihm die große Zehe küssen, ich weiß nicht mehr, was für ein Aberglaube das war. Dann spielte ich beim Tischler, der im gleichen Hause wohnte und am Sarg arbeitete.«

»Das geht ja famos!« freute sich Jäkl. »Und jetzt ist die Reihe an Novomlýnský!«

Der machte ein finsteres Gesicht und schwieg. Schließlich tat er aber doch den Mund auf. »Ich . . . ich habe keine früheste Erinnerung . . . oder eigentlich . . . ich habe deren zwei, aber ich weiß nicht, welche von ihnen die frühere ist. Ich erinnere mich, wie wir von der Neuen Schloßtreppe hinunter zum ›Elefanten‹ übersiedelten; da wollte ich nicht aus dem Hause, ehe mir nicht die Wiege nachgebracht wurde. Und dann – da hatte ich einmal zu meiner Schwester ein häßliches Wort gesagt – wißt ihr, ein ganz häßliches Wort. Meine Mutter gab mir ein paar auf den Mund, und ich mußte zur Strafe am Klavier stehen. – Es ist wahr, ein Kind ist ein interessantes Geschöpf – ein urkomisches Abbild eines erwachsenen Menschen! – So dumm, so gleichgültig gegenüber den Folgen, man möchte wirklich an einen Schutzengel glauben. – Übrigens: Das erste Gebetbuch, das ich hatte, war in deutscher Sprache verfaßt. Damals konnte ich aber noch kein einziges Wort Deutsch. Ein ganzes Jahr lang habe ich das ›Gebet für schwangere Frauen‹ gesprochen, und es ist mir rein gar nichts geschehen!«

Jäkl bearbeitete wieder mit seinen Füßen die Dachrinne. Novomlýnský schaute ihm zufrieden zu. »Seht ihr, das gefällt mir an Jäkl. Da macht man einen guten Witz, und bei Jäkl stellt sich prompt der Erfolg ein.«

»Mir ist gar nicht in den Sinn gekommen, über Ihren Witz zu lachen«, wehrte sich Jäkl. »Aber mir ist gerade etwas ungemein Dummes eingefallen! – Die alten Römer hatten doch auch Kinder, nicht wahr?«

»Es scheint so.«

»Und die konnten wohl auch nicht gleich so reden wie Cicero. Wahrscheinlich plapperten sie gerade wie unsere Kinder. Stellt euch einmal ein solches lateinisches Geplapper vor! Hanibaj ante pojtas! – Hanibaj ante pojtas! – Nicht auszudenken!«

Das Stampfen Jäkls ging in Toben über. Alles lachte, die Freunde, das Dach, ja selbst der Mond am Himmel schien samt seinen Sternchen zu kichern: »Hanibaj ante pojtas!«

»Unser Jäkl ist aber heute gut aufgelegt«, meinte Hovora.

»Das stimmt!« bestätigte Kupka. »Warum wohl?«

Jäkl hatte sich inzwischen beruhigt. Er saß hoch aufgerichtet da, und seine biederen Augen waren auf Kupka gerichtet. »Hm – warum? Aber weshalb sollte ich es euch nicht sagen? – Es drückt mich ohnehin. – Ja, ich sage es! – Ich bin verliebt . . . Das heißt, eigentlich bin ich es nicht mehr ... Aber ich soll heiraten ... oder auch nicht ... ich weiß gar nicht, wie ich es so geschwind sagen soll ...«

»Ist sie hübsch?« fragte Kupka rasch.

»Er wird doch seinen besten Freunden nicht die Kränkung antun und eine häßliche Frau nehmen?« verteidigte Hovora seinen Freund.

»Heiraten – hm! Nun ja, ich wäre auch für ein Familienleben, aber die Herren Ehemänner stehen mir dabei überall im Wege«, meinte, na, wer schon? Natürlich Novomlýnský. »Hat sie Geld?«

»Ach was, Geld! Ich frage nicht nach Geld, und auch nicht nach der Mitgift. Es brauchen nur ein paar trockene Sommer zu kommen, schon ist alles vertrunken.«

»So jung und schon so edelmütig!«

»Aber wer ist das Mädchen?« fragten gleich zwei auf einmal.

»Die Lizinka.«

»Welche Lizinka?«

»Die vom Schneider Perálek aus der Heuwaaggasse, kennt ihr sie?«

»Freilich«, nickte Hovora. »Er hat drei Töchter. Die älteste heißt Marie – die kann ich nicht ausstehen. Wenn ich sie anschaue, fängt sie an zu gähnen. Dann die Lizinka. Und schließlich die spindeldürre Karla.«

»Die ist so dürr, daß sie immer erst die Zähne anfeuchten muß, wenn sie den Mund zumachen will. Und seht ihr, gerade die hat zuerst geheiratet!« wunderte sich Kupka.

Der erfahrene Novomlýnksý hob den Zeigefinger. »Von drei Schwestern heiratet immer die häßlichste zuerst – das könnt ihr euch merken!«

»Ihr habt immer etwas zu quatschen!« brummte Jäkl. »Ich kann es nicht ausstehen, wenn einer so viel spricht, ich komme dann nie zu Wort.«

»Ja, die Lizinka ist hübsch!«

»Das will ich meinen!«

»Und wie lange liebt ihr euch?«

»Wartet einmal – jetzt wird es wohl schon achtzehn Jahre sein.« Und auf Jäkls Gesicht spielte eine feine Ironie. »Ich ging damals in die zweite Volksschulklasse, sie nebenan in die erste. Es war gerade Winter, als ich sie kennenlernte und mich gleich in sie verliebte – für mein ganzes Leben! Ein entzückendes Mädchen! Ein Köpfchen wie eine Mohnblüte, das Haar in langen, schon damals goldblonden Zöpfen und die Wangen wie Rosen. Auf dem Kopf trug sie ein grünes Seidenhütchen, und von den Schultern hing ihr eine grüngelbe Mantille. Auf ihrer Schultasche war ein weißer Pudel auf blauem Untergrund gestickt. Mein Gott, dieser Pudel! Das Mädel blieb nicht lange in der Ungewißheit über die Gefühle, die sie in mir auslöste. Einmal faßte ich mir ein Herz und warf sie mit Schneebällen, und als sie davonlief, holte ich sie ein und riß ihr den Hut vom Kopf. Seit der Zeit lachte sie mich immer an, sie hatte mich verstanden. Allerdings – mit ihr zu sprechen, habe ich mich auch dann noch nicht getraut, aber mit Schnee habe ich sie oft beworfen.

Etwa zwei Jahre später gab ich schon selbst einem kleinen Jungen Nachhilfestunden. Der wohnte ganz am Ende der Heuwaaggasse. So ging ich täglich an der Wohnung der Peráleks vorbei, und Lizinka stand immer vor dem Haus. Ohne Hut und ohne Mantille war sie erst recht schön! Ihre reinen, unschuldigen blauen Augen schauten mich immer so fröhlich an; ich konnte mir nicht helfen, ich errötete jedesmal. Unsere Bekanntschaft wurde immer intimer. Einmal stand sie wieder da und aß eine Butterschnitte. Ich faßte mir ein Herz und blieb stehen. ›Gib mir ein Stückchen‹, sagte ich. – ›Da hast du‹, sagte sie und brach die Schnitte entzwei. – ›Ich will aber den größeren Teil‹, scherzte ich galant. – ›Dann bliebe ja für mich nichts übrig! Und ich habe Hunger‹, sagte sie mit reizendem Lächeln. Beglückt ging ich weiter und zeigte ihr noch von weitem die erhaltene Brotschnitte. Schade – bald danach nahmen die Eltern des Jungen, den ich unterrichtete, einen anderen Nachhilfelehrer; sie bedienten sich dabei der dummen Ausrede, wir beide hätten miteinander bloß Unsinn getrieben. –

Dann habe ich Lizinka etwa fünfzehn Jahre nicht gesehen. Bis zu diesem Jahr. Am ersten Mai – es war ein Sonntag – bekam ich plötzlich Lust, etwas weiter vor die Tore der Stadt hinauszugehen; ich weiß gar nicht, wie das kam; meinetwegen könnten sonst alle Tore das ganze Jahr hindurch vermauert sein. Vielleicht war der Magnetismus des Herzens daran schuld. Ich ging also in die Šárka zu Čistecký. Dort saß der alte Perálek, und bei ihm saßen seine Frau und seine Töchter Marie und Lizinka. – Eine erblühte Rose! – Die Arme rund, wie eine Periode von Goethe! – Die Augen noch immer so unschuldig, so rein wie bei einem Kinde. – Als Mann erging es mir im Nu ebenso wie vor achtzehn Jahren als Kind.

An einem Nebentisch, an dem ich Platz nahm, tratschte man über Perálek. ›Wenn er spricht, deutet er immer auf die Stirn, damit die Leute glauben, er denkt – so ein widerlicher Dummkopf!‹ lachte mein Nachbar. – ›Man sagt, er ohrfeigt seine Töchter, wenn sie niemand zum Tanz holt!‹ meinte ein zweiter. – Ich erhob mich. – Arme Lizinka! Die Jugend tanzte nebenan unter freiem Himmel. Ihr wißt, ich tanze nicht gern, ich bin etwas hochgeschossen, und da wirkt man nicht so graziös, aber jetzt war es mir einerlei, ob es schön aussah oder nicht! Am Tisch bei Perálek saß der alte – wie heißt er denn nur, der alte, pensionierte Hauptmann, dieser – Vítek, richtig! Er unterhielt sich lebhaft mit der Marie. Wir kennen einander. Ich trat zu ihm und begrüßte Familie Perálek. Lizinka lachte, dann wurde sie rot. Nach einer Weile bat ich sie um einen Tanz. Sie blickte auf ihre Mutter und versprach mir dann die Quadrille; Rundtänze liebe sie nicht. Das war mir sehr recht.

Fast schweigend tanzten wir die Quadrille. Aber dann gingen wir am Bach spazieren, und da bahnte sich ein Gespräch an. Ich fragte sie, ob sie mich noch kenne. Sie legte den Kopf zur Seite und sah mich mit ihren unschuldigen

Augen an. Gleich war mir, als wäre ich wieder ein kleines Kind, ich sprach von Schneebällen, vom Pudel und von der Butterschnitte – und ihr erging es wohl so wie mir, das fühlte ich. – Und dann begleitete ich sie nach Hause. Lizinka strengte das Gehen an, und ich führte sie. ›So ist es recht, Jugend gehört zur Jugend‹, sagte Vítek – ein widerlicher Kerl! Wirklich, ein verliebter Mensch ist empfindlich, selbst bei einem gutgemeinten Wort.

Einige Tage später erhielt ich von Lizinka ein Billett; um drei Uhr sollte ich zu St. Niklas kommen. Ich zitterte vor Glück. Von der Kirche gingen wir in den Waldstein-Garten – dort schwuren wir einander ewige Liebe, dort versprach ich ihr, bis August zu promovieren und sie innerhalb von zwei Jahren zu heiraten. – Dann führte sie mich zu ihren Eltern; ich sah, daß Herr Perálek ein lieber Mensch ist und Mutter Perálková eine rechtschaffene Frau, nur die Marie gefiel mir nicht, sie sah mich so sonderbar an.

Gleich darauf – nun sind es schon vier Wochen her – mußte Lizinka ganz plötzlich aufs Land, zu einer Tante nach Klattau, die im Sterben lag.

Und gestern kam ein Freund zu mir, der Mediziner Bureš. Er fragte mich unter anderem: ›Kennst du die Lizinka Perálková?‹ – ›Ja.‹ – ›Die hat heute einen Jungen zur Welt gebracht, bei uns im Entbindungsheim . . .‹«

Die Freunde waren Jäkls Erzählung zwar bisher gespannt gefolgt, doch bei seinen letzten interessanten Worten war es plötzlich, als erzähle er gar nicht mehr – auf einmal gab es allen dreien einen Ruck, und sie blickten zum Fenster.

»Und mittags kam der alte Hauptmann Vítek hin und erkundigte sich nach ihrem Befinden und nach dem Kind«, ergänzte Jäkl.

»Die Mädchen aus dem Haus belauschen uns – ich höre sie kichern«, flüsterte Novomlýnský plötzlich. Und schon war er aufgesprungen und mit einer Geschwindigkeit, die man ihm gar nicht zugetraut hätte, im Fenster verschwunden. Und hinter ihm hopp, hopp Kupka und Hovora.

Der Mond am Himmel machte einen langen Hals und spitzte die Ohren – ihm war, als vernehme er unter dem Dach leises Quieken von Mädchen und hernach ein Schmatzen.

Wahrscheinlich hörte Jäkl auch etwas Ähnliches. Jedenfalls faltete er seine langen Hände wieder ruhig zwischen den Knien, schaukelte vor und zurück und brummte: »Diebstahl bei Nacht – das ist ein erschwerender Umstand.«

1875

DOKTOR FREVLER

Nicht immer hatte man ihn so genannt, erst seit einer gewissen Begebenheit; die aber war so seltsam, daß sie sogar in die Zeitung kam.

Eigentlich hieß er Herr Heribert; sein Taufname war irgendwie ganz ungewöhnlich, und ich weiß ihn nicht mehr. Herr Heribert war Arzt, das heißt, er hatte, um die Wahrheit zu sagen, promoviert, war Doktor der Medizin, aber er behandelte niemanden und nichts. Er selbst hätte bekennen müssen, daß er seit der Zeit, in der er als Student die Kliniken besuchte, keinen einzigen Kranken mehr unter den Händen gehabt hatte. Und er hätte sich vielleicht auch bereitwillig dazu bekannt, wenn er überhaupt mit jemandem gesprochen hätte. Aber er war ein ganz sonderbarer Kauz.

Dr. Heribert war der Sohn des einst sehr beliebten Arztes der Kleinseite Dr. Heribert. Seine Mutter war frühzeitig gestorben, und auch sein Vater hatte kurz vor der Promotion des Sohnes das Zeitliche gesegnet. Am Oujezd hatte er ihm ein einstöckiges Haus hinterlassen, auch etwas Geld, aber nicht viel. In diesem Hause wohnte nun Dr. Heribert junior. Zwei Ladengeschäfte zu ebener Erde und die im ersten Stock zur anderen Straße zu gelegene Wohnung waren vermietet und trugen ihm etwas Miete ein.

Er selbst bewohnte die Hofseite des ersten Stockwerkes; zu seiner Wohnung führte vom Hof aus eine besondere, nicht überdachte, aber gleich unten am Hof mit einem Holzgatter abgeschlossene Treppe empor.

Wie es in seiner Wohnung aussah, weiß ich nicht, doch daß er sehr bescheiden lebte, ist mir bekannt. Eines der beiden Geschäfte war nämlich ein Greißlerladen, die Greißlerin war zugleich seine Aufwartung, und ihr Sohn Jozífek ist mein Kamerad gewesen – doch das ist schon lange, sehr lange her. Jozífek wurde nämlich später Kutscher beim Erzbischof, und das machte ihn stolz. Aber von ihm habe ich erfahren, daß sich Dr. Heribert sein Frühstück selbst bereitet, daß er zu Mittag ein billiges Speiserestaurant in der Altstadt aufsucht und daß er auch mit dem Abendessen nicht viel Umstände macht.

Dr. Heribert junior hätte auf der Kleinseite viele Freunde haben können, wenn er nur gewollt hätte. Nach dem Tode seines Vaters übertrugen die Kranken ihr Vertrauen auf ihn, aber es konnte ein Reicher oder ein Armer kommen, er behandelte niemanden und machte auch keine Krankenbesuche. So erstarb denn das Vertrauen sehr bald, die Nachbarn hielten ihn für einen »verbummelten Studenten«, und es dauerte nicht lange, da spöttelten sie: »Was, der und ein Doktor? Nicht einmal eine Katze würde ich ihm anvertrauen!«

Doch Dr. Heribert berührte das anscheinend gar nicht. Ja, er schien sich überhaupt nicht um andere Menschen zu kümmern. Er grüßte niemanden, und wurde er gegrüßt, dankte er nicht.

Ging er über die Straße, sah es so aus, als fege ein Sturm welkes Laub vor sich her. – Er war von kleiner Statur – nach dem neuen Maße war er nur etwa anderthalb Meter groß, und er steuerte seine dürre Gestalt so durch Straßen und Gassen, daß sie stets zwei Schritte oder mehr von den übrigen menschlichen Gestalten entfernt blieb. Daher sein schwankender Gang.

Seine blauen Augen hatten einen so scheuen Ausdruck wie die eines geprügelten Hundes. Er hatte einen wirren hellbraunen Bart – und dabei galt ein bärtiges Gesicht nach den damaligen Ansichten ebenfalls als ungehörig. Im Winter, wenn er seinen grauen Müllerrock aus zottigem

Tuch anhatte, versank sein kleiner, mit einer Tuchmütze bedeckter Kopf ganz in dem baumwollenen Astrachankragen, im Sommer aber, wenn er einen grauen, karierten Anzug oder einen noch leichteren Leinenanzug trug, wippte sein Kopf unsicher wie auf einem zu schwachen Stiel auf und ab.

Im Sommer ging er schon um vier Uhr früh in die Anlagen auf den Marienschanzen und setzte sich, stets ein Buch in der Hand, auf eine der entlegensten Bänke. Einmal geschah es, daß sich ein gutherziger Kleinseitner Nachbar zu ihm setzte und ein Gespräch begann. Dr. Heribert stand auf, klappte das Buch zu und ging fort, ohne ein Wort zu erwidern.

Seit diesem Vorfall überließ man ihn ganz sich selbst. Ja, Dr. Heribert hatte es so weit gebracht, daß sich, obwohl er erst vierzig Jahre alt war, von den Kleinseitner Mädchen kein einziges mehr für ihn interessierte.

Auf einmal aber geschah etwas, was, wie schon gesagt, sogar in die Zeitung kam. Von diesem Ereignis will ich erzählen.

Es war ein wunderschöner Junitag. Einer jener Tage, an denen man vermeint, das Lächeln höchster Zufriedenheit sei über den Himmel, die Erde und die Gesichter aller Menschen ausgebreitet. An diesem Tage bewegte sich am späten Nachmittag ein prunkvoller Leichenzug zum Oujezder Tor. Man trug den Landes-, oder wie es damals hieß, den Ständischen Rechnungsrat Herrn Schepeler zu Grabe.

Gott mag es uns vergeben, aber uns schien es, als habe sich jenes zufriedene Lächeln selbst über diesen Leichenzug ausgebreitet! Das Gesicht des Toten war freilich nicht zu sehen, bei uns herrscht nicht der südliche Brauch, die Toten im offenen Sarg zu Grabe zu tragen, damit sie sich noch einmal, ehe sie in die Grube fahren, an der Sonne wärmen können. Doch sieht man von diesem Umstand ab, so ließ sich die allgemeine Zufriedenheit nicht verleugnen. An diesem herrlichen Tag lag sie allen Menschen sozusagen in den Knochen. – Was kann man da machen?

Am zufriedensten waren wohl die Praktikanten der Landesämter, die den Herrn Rat auf der Bahre trugen. Das hatten sie sich nicht nehmen lassen. Zwei Tage waren sie aufgeregt aus einer Kanzlei in die andere geeilt, jetzt schritten sie stolz und gemessen unter ihrer Last, jeder felsenfest davon überzeugt, daß die Augen der Welt auf ihm ruhten und daß diese Welt flüsternd feststellte: »Das sind die Ständischen Praktikanten!«

Zufrieden war ferner der hochgeschossene Dr. Link, der für eine nur achttägige Behandlung des entschlafenen Herrn Rates von dessen Witwe ein Honorar von zwanzig Dukaten erhalten hatte; die ganze Kleinseite wußte bereits davon. Jetzt ging er mit etwas gesenktem Kopf, wie in tiefen Gedanken.

Zufrieden war sein Nebenmann Ostrohradský, Sattlermeister und nächster Verwandter des Herrn Rates. Zu Lebzeiten hatte ihn der Herr Onkel zwar links liegenlassen, aber jetzt wußte Herr Ostrohradský bereits, daß ihm im Testament fünftausend Gulden vermacht worden waren, und er hatte beim Leichenzug schon mehrmals zu seinem Nebenmann, dem Braumeister Kejřík, gesagt: »Er hatte doch ein gutes Herz!«

Ostrohradský ging unmittelbar hinter dem Sarge, und neben ihm der korpulente, vor Gesundheit strotzende Herr Kejřík, der beste und vertrauteste Freund des Verstorbenen.

Gleich hinter diesen beiden gingen die Herren Kdojek, Mužík und Homann, alles Räte des Landesrechnungsamtes, aber dem Dienstalter nach jünger als der entschlafene Schepeler; auch sie waren sichtlich zufrieden.

Ja, voll Schmerz müssen wir gestehen, daß sich selbst Frau Schepelerová, die allein im ersten Fiaker saß, der allgemeinen Zufriedenheit nicht entziehen konnte, daß aber diese ihre Zufriedenheit leider nicht ausschließlich der Junistimmung zuzuschreiben war. Die gute Frau war freilich auch nur ein Weib, und drei Tage lang Gegenstand warmen Mitgefühls so vieler Menschen zu sein, ist ein besonderer Nervenkitzel. Außerdem kleideten die schwarzen Trauerkleider ihre schlanke Gestalt geradezu reizend, und ihr immer etwas blasses Gesicht hob sich aus dem Rahmen des schwarzen Schleiers besonders schön hervor.

Der einzige, dem der Tod des Herrn Rates naheging und der sich eines zutiefst unangenehmen Eindrucks nicht erwehren konnte, war der Braumeister Kejřík, noch immer Junggeselle und, wie bereits gesagt, der beste und vertrauteste Freund des Verstorbenen. Die junge Witwe hatte ihm schon gestern ganz deutlich zu verstehen gegeben, sie erwarte, daß er sich ihr nun dafür erkenntlich zeigen werde, weil sie ihm schon bei Lebzeiten ihres Mannes so – treu gewesen war. Als sein Nebenmann Ostrohradský heute zum ersten Male sagte: »Er hatte doch ein gutes Herz!«, entgegnete Herr Kejřík traurig: »O nein, sonst hätte er es länger ausgehalten!« Und hernach gab er Herrn Ostrohradský gar keine Antwort mehr.

Der Zug erreichte langsam das Oujezder Tor. Damals war das Tor noch massiv und wuchtig, nicht wie heute, die Straße wand sich durch schwere Befestigungen hindurch, und zwei lange, krumme und dunkle Tunnel waren zu durchschreiten, eine wahre Vorhalle zu den Gräbern hinter dem Tor.

Der prunkvolle Leichenwagen war dem Kondukt vorangefahren und hielt nun am Tor. Die Priester drehten sich um, die jungen Männer ließen die Bahre langsam zu Boden, und nun begann das Besprengen.

Dann zogen die Kutscher das bewegliche Leichenbrett hervor, und die jungen Männer hoben den Sarg, um ihn auf den Wagen zu stellen.

Und da geschah es: Sei es, daß man auf der einen Seite zu kräftig anhob, oder aber, daß auf beiden Seiten die gleiche Ungeschicklichkeit herrschte, jedenfalls rutschte der Sarg mit seinem schmaleren Ende zu Boden, und der Deckel sprang polternd auf. Zwar blieb die Leiche im

Sarg, aber sie knickte ein wenig in die Knie, und der rechte Arm hing über den Sargrand hinaus.

Alle ergriff Entsetzen. Plötzlich wurde es so still, daß einer des anderen Taschenuhr ticken hörte. Aller Augen waren auf das unbewegliche Gesicht des Toten gerichtet.

Und gerade neben dem Sarg stand – Dr. Heribert. Er war eben durch das Tor von einem Spaziergang zurückgekehrt. Zwar hatte er sich geschickt durch die Menschenmenge hindurchlaviert, plötzlich aber hatte er sich genötigt gesehen, gerade hinter den Priestern stehenzubleiben, so daß sein grauer Rock nun unmittelbar neben dem schwarzen Totengewand des Verstorbenen zu erblicken war.

Doch das dauerte nur einen Augenblick. Fast unwillkürlich ergriff Dr. Heribert die herabhängende Hand, wohl um sie wieder in den Sarg zu legen. Aber er hielt sie in seinen Händen fest, seine Finger spielten unruhig, und seine Augen ruhten forschend auf dem Gesicht des Toten. Dann streckte er seine Hand aus und hob das rechte Augenlid des Entschlafenen.

»Was ist denn los?« rief Ostrohradský laut. »Warum wird denn das nicht in Ordnung gebracht? Sollen wir hier stehenbleiben?«

Einige junge Leute machten Anstalten, den Sarg zu schließen.

»Halt!« rief der kleine Dr. Heribert mit unglaublich voller und kräftiger Stimme. »Dieser Mann ist nicht tot!«

»Unsinn! – Sie sind ein Narr!« brauste Dr. Link auf.

»Wo ist denn die Polizei?« mengte sich Ostrohradský ein.

Auf allen Gesichtern zeigte sich die größte Verwirrung.

Nur der Braumeister Kejřík trat rasch zu dem ruhigen Dr. Heribert. »Und was soll geschehen?« fragte er hastig. »Ist er – ist er wirklich nicht tot?«

»Nein. Er ist bloß scheintot. Jetzt geschwind mit ihm in ein Haus, damit wir Wiederbelebungsversuche anstellen können!«

»Das ist ja barer Unsinn!« schrie Dr. Link. »Wenn der nicht tot ist, dann . . .«

»Wer ist denn das?« fragte Ostrohradský.

»Angeblich ein Doktor . . .«

»Ein Leichenfrevler! – Doktor Frevler! – Polizei!« brüllte der Sattler, den der Gedanke an die fünftausend Gulden nicht losließ.

»Doktor Frevler!« wiederholten die Herren Räte Kdojek und Mužík.

Doch schon trug der opferwillige Freund, Herr Kejřík, mit einigen jungen Männern den Sarg langsam in das nahegelegene Gasthaus »Zur Kalkbrennerei«.

Auf der Straße erhob sich geradezu stürmischer Lärm und Tumult. Der Leichenwagen kehrte um, die Fiaker desgleichen. Der Herr Rat Kdojek rief: »Gehen wir – wir werden schon alles erfahren!« Aber niemand wußte, was er tun sollte.

»Gut, daß Sie kommen, Herr Kommissar!« rief Ostrohradský dem herbeieilenden Polizeibeamten entgegen. »Hier wird eine fürchterliche, grausame Komödie gespielt – Leichenschändung am hellichten Tag . . . noch dazu vor den Augen von halb Prag . . .!« Und er folgte dem Kommissar ins Gasthaus.

Dr. Link verschwand unauffällig.

Nach einer Weile war Ostrohradský wieder draußen. Ihm folgte der Kommissar. »Bitte, gehen Sie auseinander!« sagte er zu den Versammelten. »Niemand darf hinein! Dr. Heribert versichert, er werde den Herrn Rat wieder ins Leben zurückrufen.«

Die Frau Rat wollte aus dem Wagen steigen, wurde aber ohnmächtig. Freude kann manchmal sogar töten.

Schnell kam Herr Kejřík heraus und trat zur Kutsche, wo sich die Frauen um die ohnmächtige Frau Rat bemühten. »Fahren Sie sie langsam nach Hause, dort wird sie schon wieder zu sich kommen«, riet er. Dann brummte er für sich: »Sie ist doch reizend – sehr reizend!«, wandte sich um, sprang in einen Fiaker und fuhr, wohin ihn Dr. Heribert geschickt hatte.

Die Wagen fuhren ab, die Trauergäste zerstreuten sich. Aber am Oujezder Tor stand noch immer eine große Menschenmenge, und die Polizei mußte vor dem Hause für Ordnung sorgen.

Die Leute standen in Gruppen beisammen und wußten die absonderlichsten Dinge zu erzählen. Die einen verdammten den Dr. Link und berichteten allerhand Tratsch über ihn, andere wieder spöttelten über Dr. Heribert.

Von Zeit zu Zeit erschien der eilfertige Herr Kejřík und sagte mit strahlendem Gesicht: »Wir haben die beste Hoffnung!« – »Ich habe schon selbst seinen Puls gefühlt. Dieser Doktor ist ein wahrer Hexenmeister!« – »Er atmet schon!« rief er schließlich ganz außer sich und sprang in einen bereitstehenden Fiaker, um der Frau Rat die freudige Nachricht zu überbringen.

Endlich, spät am Abend – es ging schon auf zehn Uhr –, trug man aus dem Gasthaus »Zur Kalkbrennerei« eine bedeckte Tragbahre. Auf der einen Seite gingen Dr. Heribert und Herr Kejřík, auf der anderen der Kommissar.

An diesem Tage gab es auf der ganzen Kleinseite kein Gasthaus, das nicht bis spät nach Mitternacht voll gewesen wäre. Es wurde von nichts anderem gesprochen als von der Wiedererweckung des Herrn Rates Schepeler und von Dr. Heribert. Und man sprach fieberhaft.

»Der versteht mehr, als in der lateinischen Küche steht!«

»Man braucht ihn nur anzuschauen, gleich sieht man es! Schon sein Vater war ein ausgezeichneter, ein hervorragender Arzt! So etwas vererbt sich.«

»Aber warum übt er keine Praxis aus? – Der müßte ein Einkommen haben wie ein Hofrat!«

»Vielleicht hat er genug Geld, das wird es sein.«

»Und warum nennen sie ihn Doktor Frevler?«

»Frevler? Das habe ich nicht gehört.«

»Ich habe es heute schon hundertmal gehört.«

Nach zwei Monaten ging Herr Schepeler wie früher ins Amt. »Unser Herrgott im Himmel und Doktor Heribert auf Erden!« war seine ständige Redensart. Und ein andermal wieder: »Kejřík ist ein Edelstein!«

Die ganze Stadt sprach von Dr. Heribert. Die Zeitungen schrieben über ihn, gewiß in der ganzen Welt. Die Kleinseite war stolz auf ihn. Man erzählte die wunderbarsten Dinge. Barone, Grafen und Fürsten trachteten, Dr. Heribert als Hausarzt zu gewinnen. Ja sogar ein regierender König in Italien machte ihm einen geradezu unerhörten Vorschlag. Überhaupt bemühten sich vor allem jene um ihn, an deren Tod viele ein Interesse haben konnten. Aber Dr. Heribert blieb unzugänglich. Ja, man erzählte, die Frau Rat habe ihm einen Beutel Dukaten bringen wollen, sei aber nie bis zu ihm durchgedrungen, und schließlich habe er sie sogar vom offenen Gang aus mit Wasser begossen.

Wieder war zu merken, daß er mit den Leuten nichts zu tun haben wollte. Man grüßte ihn, aber er dankte nie. Wie früher steuerte er durch die Straßen, und sein durchscheinender dürrer Kopf zitterte leicht wie eine Knospe. Kranke empfing er nie.

Aber man nannte ihn jetzt allgemein »Doktor Frevler«. Der Name war wie vom Himmel gefallen.

Ich habe ihn nun schon mehr als zehn Jahre nicht mehr gesehen, ich weiß nicht einmal, ob er noch lebt. Sein kleines Haus am Oujezd steht noch immer wie früher. Ich muß gelegentlich einmal nachfragen.

1876

DER WASSERMANN

Immer, wenn man ihn sah, trug er den Hut in der Hand, mochte es noch so kalt sein oder die Sonne noch so heiß brennen. Er hielt höchstens seinen niedrigen, dafür aber bauchigen Zylinder mit der breiten Krempe wie einen Sonnenschirm über den Kopf. Sein graues Haar war glatt gekämmt und lief in einen Zopf zusammen, der so fest gepreßt und geflochten war, daß er nicht einmal wippte. Es war einer der letzten Zöpfe in Prag, denn schon damals gab es deren nur noch zwei oder drei. Sein grüner Frack mit den goldenen Knöpfen hatte nur ein kurzes Oberteil, dafür aber waren die Rockschöße ungemein lang und schlugen bei jedem Schritt des Herrn Rybář an die ausgemergelten Waden seiner kleinen, hageren Gestalt. Eine weiße Weste bedeckte seine eingefallene Brust, und die schwarze Hose reichte ihm nur bis zu den Knien, wo zwei silberne Schnallen blitzten. Dann waren – bis zu zwei weiteren silbernen Schnallen – schneeweiße Strümpfe zu sehen, und darunter die großen Schuhe, mit denen er durch die Straßen schlurfte. Ob diese Schuhe einmal repariert wurden, weiß ich nicht zu sagen; sie sahen immer so aus, als wären sie aus dem aufgeplatzten Lederdach des ältesten Fiakers gemacht worden.

Aus dem trockenen, spitzen Gesicht des Herrn Rybář strahlte stets ein freundliches Lächeln. Es war ein besonderes Schauspiel, wenn Herr Rybář durch die Straßen ging. Alle zwanzig Schritte blieb er stehen und wandte sich nach rechts und nach links. Es hatte den Anschein, als wohnten seine Gedanken nicht in ihm selbst, sondern gingen immer ehrerbietig einen Schritt hinter ihm und unterhielten ihn mit fröhlichen Einfällen, so daß Herr Rybář lachen und sich ab und zu nach den Schalken umsehen mußte. Wenn er jemanden grüßte, hob er nur den Zeigefinger der rechten Hand in die Höhe und pfiff leise. Ein solches leichtes Pfeifen war auch immer zu vernehmen, wenn Herr Rybář zu sprechen begann; fast jeder Satz wurde mit dem Ausruf »Djoh!« eingeleitet, was Zustimmung ausdrücken sollte.

Herr Rybář wohnte am Tiefen Weg, gleich unten links, mit Aussicht auf den Laurenziberg. Aber wenn er Fremde erblickte, die rechts zum Hradschin einbogen, ging er ihnen selbst dann nach, wenn er sich schon unmittelbar bei seinem Haus befand. Blieben sie auf der Plattform stehen, von der aus sich jene einzigartige Aussicht auf die Stadt bietet, und bewunderten die Schönheit Prags, so stand er neben ihnen, hob den Finger und pfiff: »Djoh, das Meer! Warum wohnen wir nicht am Meer!« Dann folgte er ihnen in die Burg, und wenn die Fremden in der Sankt-Wenzels-Kapelle die mit böhmischen Edelsteinen ausgelegten Wände bewunderten, pfiff er zum zweitenmal: »Djoh, das will ich meinen! Bei uns in Böhmen wirft der Hirt mit einem Stein nach der Herde, und der Stein hat oft einen größeren Wert als die ganze Herde!« Mehr sagte er nie.

Wegen seines Namens, der soviel wie »Fischer« bedeutet; wegen seines grünen Fracks und seines ständigen Ausrufs »Djoh, das Meer!« nannten wir ihn »Wassermann«. Aber geachtet wurde er von jung und alt.

Herr Rybář war pensionierter Justizbeamter und stammte aus der Gegend von Turnau. Hier in Prag lebte er bei einer jungen Verwandten, die einen kleinen Beamten geheiratet und bereits zwei oder drei Kinder hatte.

Es hieß, Herr Rybář sei unsagbar reich. Nicht so sehr an Geld als an Edelsteinen. In seinem Zimmer stand – so wußten die Leute zu erzählen – ein großer schwarzer

Schrank, darin befanden sich lauter niedrige, viereckige, ziemlich große schwarze Schachteln. Diese Schachteln waren innen durch schneeweiße Pappstreifen in lauter kleine Quadrate unterteilt, und in jedem dieser Quadrate lag auf Baumwolle ein glänzender Edelstein. Es gab Leute, die das gesehen hatten. Angeblich hatte er alle selbst auf dem Berge Kozákov gefunden.

Wir Kinder erzählten einander: Wenn man bei Šajvl – so hießen die Verwandten des Herrn Rybář – den Fußboden scheuerte, wurde er statt mit Sand mit gestoßenem Zucker bestreut. Am Sonnabend, dem Tag des großen Reinemachens, beneideten wir daher die Šajvl-Kinder ungemein.

Einmal saß ich am Graben links vom Bruska-Tor ganz in der Nähe des Herrn Rybář. Dort setzte er sich nämlich an jedem schönen Tag für ein Stündchen gemütlich ins Gras und rauchte seine kurze Pfeife. Da gingen zufällig zwei ältere Schüler vorbei. Einer von ihnen spuckte aus und sagte: »Der raucht ja Mutters wattierten Unterrock!« Seit jener Zeit hielt ich das Rauchen von Mutters wattiertem Unterrock für einen Genuß, den sich nur sehr vermögende Leute gestatten können.

So ging denn der »Wassermann« – aber nein, nennen wir ihn nicht so, wir sind ja keine Kinder mehr! – immer auf den Bruska-Schanzen spazieren. Begegnete er einem von den Kanonikern, deren Spaziergänge auch immer hierherführten, blieb er stehen und sprach mit ihm einige verbindliche Worte. Einmal – ich hörte immer gern zu, was sich Erwachsene zu erzählen hatten – belauschte ich seine Unterhaltung mit zwei Kanonikern, die auf einer Bank saßen, während er ehrerbietig vor ihnen stand. Sie redeten von »Frankreich« und irgendeiner »Freiheit«, lauter sonderbare Dinge. Plötzlich hob Herr Rybář den Finger und pfiff: »Djoh, ich halte mich an Rosenau! Der sagt: Die Freiheit gleicht saftigen Speisen und schwerem Wein; starke Naturen, die daran gewöhnt sind, werden durch sie ernährt und gekräftigt, schwache aber überwältigt, berauscht und vernichtet.« Und dann schwenkte er seinen Hut und ging weiter.

Der größere, beleibte Kanonikus sagte darauf: »Was hat er nur immer mit diesem Rosenau?«

Der kleinere, ebenfalls wohlbeleibte Kanonikus erwiderte: »Ein Schriftsteller, wahrscheinlich ein Schriftsteller.«

Ich aber merkte mir diesen Satz als Inbegriff höchster Weisheit. Von Rosenau und von Herrn Rybář hatte ich die gleiche hohe Meinung. Als ich älter wurde und selbst die verschiedensten Bücher in die Hand bekam, entdeckte ich, daß Herr Rybář damals tatsächlich ganz wörtlich zitiert hatte, nur mit dem Unterschied, daß den betreffenden Satz nicht Rosenau, sondern ein gewisser Rousseau geschrieben hatte. Offensichtlich hatte ein böser Zufall Herrn Rybář mit einem leichtsinnigen Druckfehler angeführt.

Deshalb sank er wahrscheinlich nicht in meiner Achtung. Dieser gute, unsagbar gute Mensch!

Es war an einem sonnigen Tag im August, so etwa gegen drei Uhr nachmittags. Wer gerade durch die Spornergasse ging, blieb stehen; wer gerade gemütlich auf der Straße stand, rief schnell etwas ins Haus; aus den Geschäften liefen die Leute ins Freie. Alle schauten Herrn Rybář nach, der die Straße hinunterging.

»Sicherlich geht er wieder irgendwohin, um sich mit seinen Reichtümern zu brüsten«, sagte Herr Herzl, Wirt im Gasthaus »Zu den zwei Sonnen«.

»Oje«, rief Herr Vitouš, der Kaufmann von der Ecke, »es muß schlecht um ihn stehen, er trägt Sachen zum Verkauf!« Es tut mir leid, daß ich es sagen muß: Herr Vitouš erfreute sich bei den Nachbarn keiner allzu großen Wertschätzung. Man erzählte von ihm, er hätte schon einmal knapp vor dem Bankrott gestanden, und noch heute betrachtet ein guter Kleinseitner Bürger einen »Bankrotteur« ganz anders als die übrige Welt.

Aber Herr Rybář ging ruhig weiter, höchstens ein wenig schneller als sonst. Unter dem linken Arm trug er eine jener viereckigen schwarzen Schachteln, von denen man so viel zu erzählen wußte. Er drückte sie fest an sich, so daß sein Hut, den er wie immer in der Hand trug, ans Bein festgeklebt zu sein schien. In der rechten Hand trug er ein spanisches Rohr mit einem flachen Knauf aus Elfenbein, ein Zeichen dafür, daß Herr Rybář jemandem einen Besuch abstatten wollte, denn sonst trug er nie einen Stock. Wurde er gegrüßt, so hob er seinen Stock und pfiff viel vernehmbarer als sonst.

Er ging durch die Spornergasse, überschritt den Niklasplatz und betrat das Haus von Žamberecký am Kleinseitner Ring. Dort wohnte im zweiten Stock der Gymnasiallehrer Mühlwenzel, Mathematiker und Naturwissenschaftler, also ein für damalige Zeit ungewöhnlich gebildeter Mann.

Der Besuch dauerte nicht lange.

Der Herr Studienrat war gut gelaunt. Seinen stämmigen untersetzten Körper hatte er gerade durch ein Nachmittagsschläfchen erfrischt. Die langen grauen Haare, die seinen kahlen Scheitel umgaben, hingen ihm noch wirr ins Gesicht, doch seine blauen, geistvollen und immer liebenswürdigen Augen leuchteten. Die ohnedies immer roten Wangen glühten. Das breite, gutmütige Gesicht war von Blatternarben stark verunstaltet; sie gaben dem Herrn Studienrat Anlaß zu dem ständig gleichen Witz: »Jaja, so ist es auf der Welt – lacht ein Mädchen und hat Grübchen in den Wangen, gilt das als schön; wenn ich lache, habe ich hundert Grübchen, und doch gelte ich als häßlich.«

Er lud Herrn Rybář ein, auf dem Sofa Platz zu nehmen, und fragte: »Womit kann ich dienen?«

Herr Rybář stellte die Schachtel auf den Tisch und nahm den Deckel ab. Die bunten Steine funkelten.

»Ich möchte – ja, ich wollte nur, was das hier – was für Wert das etwa hat . . .«, stotterte er.

Dann nahm er Platz und stützte sein Kinn auf den Knauf des Stockes.

Der Herr Studienrat betrachtete die Steine. Dann nahm er einen dunklen heraus, wog ihn in der Hand und hielt ihn gegen das Licht. »Das ist ein Moldavit«, sagte er.

»Wie?«

»Moldavit.«

»Djoh, Moldavit«, pfiff Herr Rybář durch die Zähne. Seinem Gesichtsausdruck war anzumerken, daß er dieses Wort zum erstenmal in seinem Leben hörte.

»Der würde sich für unsere Sammlung im Gymnasium eignen. Derartige Steine sind heute selten. Sie könnten ihn uns verkaufen.«

»Darüber ließe sich reden. – Wieviel ist er wohl etwa . . .«

»Drei Gulden würden Sie wohl dafür bekommen. Nun?«

»Drei Gulden!« Herr Rybář pfiff leise. Sein Kinn hob sich, sank aber gleich wieder auf den Stockknauf. »Und die übrigen?« flüsterte er nach einer Weile mit zugeschnürter Kehle.

»Chalzedon, Jaspis, Amethyst, Topas . . . Die sind wertlos.«

Kurz darauf war Herr Rybář bereits wieder an der Ecke der Spornergasse. Langsam schritt er bergan. Zum erstenmal sahen ihn die Nachbarn mit dem Hut auf dem Kopf. Die breite Krempe war tief in die Stirn gezogen. Das spanische Rohr schleifte auf dem Boden nach und holperte über das Pflaster. Herr Rybář beachtete niemanden und pfiff kein einziges Mal. Er blickte sich auch nicht um. Offensichtlich trieb auch heute keiner seiner Gedanken hinter ihm Possen, alle waren tief in seinem Innern begraben.

An diesem Tage verließ er das Haus nicht mehr, ging nicht zu den Schanzen und nicht zum Bruska-Tor. Und es war doch ein so schöner Tag!

Es ging schon auf Mitternacht. Der Himmel war blau wie am Morgen, der Mond leuchtete mit seinem stolzesten, zauberhaftesten Licht, und die Sterne flimmerten wie weiße Funken. Über den Laurenziberg breitete sich ein herrlicher silberner Nebel, und eine Silberflut lag über ganz Prag.

Der helle Mondschein ergoß sich durch die beiden weit geöffneten Fenster in das Zimmer des Herrn Rybář. An einem Fenster stand er selbst. Er stand starr wie eine Bildsäule. Aus der Ferne tönte das Brausen der Moldauwehre mit langgezogenem, mächtigem Ton. Hörte es der Alte?

Plötzlich gab es ihm einen Ruck. »Das Meer! – Warum ist hier kein Meer!« flüsterte er, und seine Lippen zitterten. Vielleicht wogte Bangigkeit in ihm, wie das vom Sturm gepeitschte Meer.

»Ach!« Er zuckte zusammen und wandte sich ab. Über den Fußboden verstreut lagen die offenen Schachteln, und sein Blick glitt über sie hin. Langsam griff er nach der ihm zunächst stehenden und entnahm ihr die Steine. »Pfui – lauter Kieselsteine!« Und er warf sie aus dem Fenster.

Unten prasselte und splitterte Glas. Herr Rybář hatte ganz vergessen, daß unten im Garten ein Treibhaus stand.

»Onkel, was tun Sie denn?« war von draußen eine angenehme Männerstimme zu vernehmen. Offensichtlich kam sie vom Nachbarfenster.

Herr Rybář trat unwillkürlich einen Schritt zurück.

Die Tür knarrte, und Herr Šajvl trat ein. Vielleicht hatte ihn die schöne Nacht noch am Fenster verweilen lassen. Vielleicht hatte er auch an dem alten Onkel eine ungewohnte Unruhe bemerkt und aus seinem Zimmer das dauernde Hinundherlaufen gehört. Vielleicht waren auch die Seufzer des Alten durch das Fenster zu ihm gedrungen.

»Onkel, Sie wollen doch nicht etwa all die schönen Steine wegwerfen?«

Dem Alten gab es einen Riß. Dann schaute er unverwandt zum Laurenziberg und flüsterte: »Alles wertlos – lauter Kieselsteine!«

»Ich weiß, daß die Steine keinen großen Wert haben, ich kenne sie ja selbst, aber sie sind doch wertvoll, für uns und auch für Sie. Sie haben sie doch mühevoll gesammelt ... Onkel, heben Sie die Steine doch bitte für meine Kinder auf! Die können daran lernen, und Sie werden ihnen erzählen ...«

»Sie haben vielleicht gedacht«, flüsterte der Alte wieder mit monotoner Stimme und voller Anstrengung, »ich sei reich, und in Wirklichkeit bin ich ...«

»Onkel«, sagte Herr Šajvl mit fester, aber dabei weicher Stimme und ergriff die Hand des Alten, »sind wir denn nicht reich durch Sie? Meine Kinder hätten keinen Großvater, meine Frau wäre ohne Vater, wenn wir Sie nicht hätten. Sie sehen doch, wie wir durch Sie glücklich sind, Sie sind ein Segen für unser Haus ...«

Plötzlich trat der Alte wieder dicht ans Fenster.

Seine Lippen zitterten, und in seinen Augen fühlte er einen unaussprechlichen Druck. Er blickte hinaus. Aber er konnte nichts erkennen; alles glitzerte wie ein funkelnder Diamant, alles wogte – bis ans Fenster heran – bis in sein Auge – das Meer – das Meer!

Weiter erzähle ich nichts, ich kann nicht mehr.

1876

WIE HERR VOREL SEINE MEERSCHAUMPFEIFE ANRAUCHTE

Am 16. Februar des Jahres 184* eröffnete Herr Vorel seine Greißlerei »Zum grünen Engel«.

»Du, Poldi, hör mal«, sagte die Frau Hauptmann in der Wohnung über uns zu ihrer Tochter, die eben auf den Markt gehen wollte und schon draußen auf dem Gang war, »die Graupen kaufst du hier bei dem Neuen, wir wollen es einmal versuchen.«

Mancher, der rasch urteilt, wird vielleicht denken, die Eröffnung eines neuen Greißlerladens sei gar kein besonderes Ereignis. Aber so einem möchte ich zurufen: »Du Unglückseliger!«, oder ich würde bloß mit den Achseln zucken und gar nichts sagen.

Wenn damals ein Auswärtiger zwanzig Jahre nicht in Prag gewesen war und dann eines Tages durch das Strahover Tor bis zur Spornergasse kam, so fand er den Kaufmann an derselben Ecke wie vor zwanzig Jahren, den Bäcker unter demselben Dach und den Krämer im selben Haus wie früher. Damals hatte alles seinen bestimmten Platz, und so mir nichts, dir nichts dort einen Greißlerladen zu eröffnen, wo früher beispielsweise ein Tuchhändler seinen Laden gehabt hatte, gehörte zu den Dingen, die so dumm waren, daß einem das nicht einmal im Traum einfallen konnte. Das Geschäft vererbte sich vom Vater auf den Sohn, und ging es einmal doch an einen über, der aus einem anderen Stadtteil stammte oder vom Lande zugezogen war, so sahen ihn die Einheimischen nicht allzu scheel an, denn er unterwarf sich ihrer gewohnten Ordnung und verwirrte sie nicht durch Neuerungen.

Dieser Herr Vorel aber war nicht nur ein ganz fremder Mensch, sondern er eröffnete auch seine Greißlerei in dem Haus »Zum grünen Engel«, in dem doch, so weit man zurückdenken konnte, nie ein Kaufladen gewesen war, ja er ließ deshalb sogar eine Mauer von der im Erdgeschoß liegenden Wohnung zur Straße durchbrechen! Dort war doch stets nur ein Bogenfenster gewesen, und an diesem Fenster hatte vom Morgen bis zum Abend Frau Staňková gesessen, ihr Gebetbuch in der Hand und einen grünen Schirm über den Augen; jeder, der vorüberging, hatte sie sehen können. Vor einem Vierteljahr hatte man die alte Witwe nach Košíře gebracht, und jetzt – wozu nur dieser Laden? In der Spornergasse gab es doch schon eine Greißlerei, wenn auch ganz unten, aber wozu eine zweite? Damals hatten die Leute noch Geld und kauften sich zumeist größere Vorräte unmittelbar in der Mühle. Vielleicht dachte sich Herr Vorel: Es wird schon irgendwie gehen! Vielleicht bildete er sich auch ein, er sei ein junger hübscher Mann mit rundem Gesicht, verträumten blauen Augen, schlank wie eine Gerte, dazu ledig, da könne es nicht ausbleiben, daß die Köchinnen bei ihm einkaufen. Doch das sind lauter fragliche Dinge.

Es war wohl etwa ein Vierteljahr her, seit Herr Vorel in die Spornergasse gezogen war; er kam irgendwoher vom Lande. Man wußte von ihm weiter nichts, als daß er der Sohn eines Müllers war. Wahrscheinlich hätte er ihnen selbst gern mehr mitgeteilt, und noch dazu mit größter Bereitwilligkeit, aber sie fragten ihn ja nicht. Sie legten ihm gegenüber allen Stolz der Alteingesessenen an den Tag, er war und blieb für sie ein Fremder.

Am Abend saß er immer im »Gelben Haus« bei einem Krug Bier an seiner Tischecke neben dem Ofen ganz allein. Die anderen beachteten ihn gar nicht, höchstens nickten sie leicht mit dem Kopf, wenn er grüßte. Wer später als er kam, schaute ihn an, als säße der fremde Mensch heute zum ersten Male hier. Kam aber er einmal später, so geschah es, daß das Gespräch verstummte.

Ja nicht einmal gestern hatten sie ihm Beachtung geschenkt, und dabei war es doch eine so herzliche Feier gewesen! Der Postbeamte Jarmárka feierte seine silberne Hochzeit. Zwar war Herr Jarmárka immer noch alter Junggeselle, aber am 18. Februar waren es gerade fünfundzwanzig Jahre her, daß er beinahe geheiratet hätte. Seine Braut war am Tag vor der Trauung gestorben, und Herr Jarmárka hatte seither nicht mehr ans Heiraten gedacht; er blieb seiner Braut treu und meinte es gestern mit der Feier der silbernen Hochzeit ganz ernst. Auch seine Nachbarn, lauter gute Leute, sahen darin nichts Absonderliches, und als Herr Jarmárka nach dem gewöhnlichen Trunk drei Flaschen Melniker Wein auffahren ließ, tranken sie ihm freundlich zu. Die Gläser machten die Runde – die Gastwirtin hatte bloß zwei Weingläser in ihrem Vorrat –, aber keines kam bis zu Herrn Vorel. Und dabei hatte Herr Vorel eine funkelnagelneue, mit Silber beschlagene Meerschaumpfeife mit, die er sich nur aus dem Grunde zugelegt hatte, um den Nachbarn zu gleichen.

Am 16. Februar, um sechs Uhr früh, eröffnete also Herr Vorel sein Geschäft »Zum grünen Engel«. Schon am Tag zuvor war so gut wie alles vorbereitet, und der Laden glänzte vor Sauberkeit und Neuheit. In den Schubläden und den offenen Säcken leuchtete das Mehl weißer als die frisch getünchten Wände, und die Erbsen glänzten gelber als die orangefarbene Einrichtung ringsum. Die Nachbarn und Nachbarinnen warfen im Vorübergehen einen prüfenden Blick hinein, und mancher ging selbst einige Schritte zurück, um noch einmal hineinzusehen. Aber den Laden betrat niemand.

Sie werden schon noch kommen, sagte sich Herr Vorel, der einen kurzen grauen Rock und eine weiße Tuchhose trug, um sieben Uhr.

Wenn ich nur schon die erste Losung hätte, sagte er um

acht, zündete seine neue Meerschaumpfeife an und paffte.

Um neun Uhr trat er fast bis an die Tür, blickte ungeduldig auf die Straße und spähte nach dem ersten Kunden aus.

Da kam Fräulein Poldýnka, die Tochter des Hauptmanns, die Straße herauf. Fräulein Poldýnka war ein rundliches Dämchen, nicht groß, aber mit starken Armen und Hüften, und etwas über zwanzig Jahre alt. Viermal hatte es schon geheißen, sie würde heiraten. Ihre hellen Augen hatten jenen Ausdruck der Gleichgültigkeit, ja eigentlich schon der Resignation, wie er sich in die Augen älterer Mädchen hineinstiehlt, wenn die Hochzeit lange auf sich warten läßt. Ihr Gang war etwas watschelnd, hatte dabei aber noch ein besonderes Kennzeichen. Fräulein Poldýnka stolperte nämlich in gewissen Zeitabständen und griff dabei stets nach ihrem Kleid, als wäre sie darauf getreten. Mich erinnerte ihr Gang immer an ein langes episches Gedicht, das in ganz bestimmte Strophen und mit gleicher Zeilen- und Silbenzahl unterteilt ist.

Das Auge des Greißlers ruhte auf Fräulein Poldýnka.

Sie kam mit einem Korb in der Hand bis zum Laden. Dort blickte sie auf, als wundere sie sich über etwas, dann stolperte sie über die Stufen, und schon stand sie unter der Tür. Sie war aber noch nicht ganz eingetreten, da hatte sie schon ihr Taschentuch zur Nase gehoben. Herr Vorel hatte nämlich aus Langerweile ganz ordentlich geraucht, und der Laden war voller Tabaksqualm.

»Ergebenster Diener! Küß die Hand! Womit kann ich dienen?« fragte Herr Vorel eifrig, trat zwei Schritte zurück und legte seine Meerschaumpfeife auf den Ladentisch.

»Zwei Seidel mittlere Graupen!« verlangte Fräulein Poldýnka und wandte sich halb zum Laden hinaus.

Herr Vorel beeilte sich. Er maß zwei Seidel ab, gab fast noch ein halbes zu und schüttete alles in eine Tüte. Dabei fühlte er sich verpflichtet, etwas zu sagen. »Ich hoffe, das gnädige Fräulein wird zufrieden sein«, stotterte er. »So – ich bitte, hier!«

»Was bin ich schuldig?« fragte Fräulein Poldýnka mit angehaltenem Atem und hüstelte in ihr Taschentuch.

»Vier gute Kreuzer. – Danke sehr. Küß die Hand! Das erste Geld von einem schönen Fräulein – das wird mir gewiß Glück bringen!«

Fräulein Poldýnka sah ihn mit ihren Glotzaugen kühl an. Was nahm sich dieser hergelaufene Greißler heraus? Der könnte froh sein, wenn ihn des Seifensieders rothaarige Anuše nähme, und er erlaubt sich ... Ohne Antwort rauschte sie hinaus.

Herr Vorel rieb sich die Hände. Wieder hielt er Ausschau, und sein Blick fiel auf Herrn Vojtíšek, den Bettler. Bald darauf stand Herr Vojtíšek, seine blaue Mütze in der Hand haltend, auf der Schwelle.

»Hier ist ein guter Kreuzer«, sagte Herr Vorel menschenfreundlich, »kommen Sie immer am Mittwoch!« Herr Vojtíšek dankte lächelnd und ging.

Herr Vorel aber rieb sich wieder die Hände und meinte: »Ich glaube, wenn ich jemanden nur scharf anschaue, muß er in meinen Laden kommen. Es wird schon gehen!«

Aber schon stand Fräulein Poldýnka am »Tiefen Keller« und berichtete gerade brühwarm der Frau Rat Kdojeková: »Sein Laden ist so voller Rauch, daß alles wie geselcht ist.« Und als zu Mittag die Graupensuppe auf den Tisch kam, behauptete Fräulein Poldýnka allen Ernstes: »Sie schmeckt nach Tabaksqualm!« und legte den Löffel weg.

Bis zum Abend sprachen bereits alle Nachbarn davon, daß im Laden des Herrn Vorel alles nach Tabaksqualm stinke, daß das Mehl wie gebrannt und die Graupen geräuchert seien. Und sie nannten Herrn Vorel nicht mehr anders als den »geselchten Graupenhändler«. – Sein Schicksal war besiegelt.

Herr Vorel ahnte von all dem nichts. Der Erlös des ersten Tages war sehr armselig – gut. Ebenso am zweiten und am dritten Tag – nun, vielleicht wird es doch noch! Am Ende der Woche hatte er jedoch nicht einmal eine Einnahme von zwei Gulden. – Das ist aber doch . . .

Und es blieb immer dasselbe. Von den Nachbarn kam niemand, und auch von den Auswärtigen verirrte sich nur selten einmal einer in den Laden. Regelmäßig kam bloß Herr Vojtíšek.

Die einzige Trösterin des Herrn Vorel war seine Meerschaumpfeife. Je verdrossener er war, desto mächtigere Rauchwolken entströmten seinem Mund. Die Wangen des Herrn Vorel wurden bleich, seine Stirn bekam Falten, aber seine Meerschaumpfeife wurde von Tag zu Tag schwärzer und glänzender. Die Polizisten der Spornergasse warfen giftige Blicke in das Innere des Ladens, auf diesen unermüdlichen Raucher . . . Wenn er doch nur ein einziges Mal mit der Pfeife im Munde über die Schwelle auf die Straße getreten wäre! Besonders der kleine Herr Novák hätte ich weiß nicht was dafür gegeben, wenn er Herrn Vorel die brennende Pfeife aus dem Maul hätte schlagen können. Instinktiv teilten sie den Widerwillen der Nachbarn gegen den Fremden. Aber Herr Vorel saß mißmutig hinter dem Ladentisch und rührte sich nicht von der Stelle.

Der Laden vereinsamte und verarmte immer mehr. Etwa nach fünf Monaten stellten sich bei Herrn Vorel verdächtige Gestalten ein – Wucherer. Jedesmal schloß dann Herr Vorel die Glastür seines Ladens. Die Nachbarn erzählten einander mit Bestimmtheit, die Kleinseite werde einen Bankrott erleben. »Wer sich einmal mit Wucherern einläßt!«

Zu Galli wußte man schon, Herr Vorel werde exmittiert, und der Hausherr lasse aus dem Laden wieder eine Wohnung machen. Endlich, einen Tag vor der Räumung, blieb der Laden ganz geschlossen.

Am nächsten Tag aber drängten sich vor dem verschlossenen Laden des Herrn Vorel von neun Uhr früh bis zum späten Abend viele Leute. Man erzählte, der Hausherr habe, als er Herrn Vorel nirgends finden konnte, den Laden gewaltsam öffnen lassen, dabei sei ein Stuhl auf die Straße gefallen, und oben habe der unglückliche Greißler gebaumelt, der sich an einem Haken erhängt hatte.

Um zehn Uhr kam die Gerichtskommission und betrat den Laden durch das Haus. Sie nahmen den Erhängten ab, und Herr Uhmühl, der Polizeikommissar von der Kleinseite, half mit.

Er griff in den Rock des Toten und holte eine Pfeife heraus. Als er sie gegen das Licht hielt, sagte er: »Eine so schön angerauchte Meerschaumpfeife habe ich noch nie gesehen – schauen Sie doch einmal her!«

1876

ZU DEN DREI LILIEN

Ich glaube, damals war ich von Sinnen. Mein Puls flog, mein Blut wallte.

Es war eine warme, aber dunkle Sommernacht. Die schweflige, schwüle Luft der letzten Tage hatte sich endlich zu schwarzen Wolken zusammengeballt. Ein Sturmwind hatte sie gegen Abend vor sich hergepeitscht, dann entlud sich tosend ein mächtiges Gewitter, ein Platzregen prasselte nieder, und Sturm und Regen hielten bis in die späte Nacht hinein an.

Ich saß unter der Holzlaube des Gasthauses »Zu den drei Lilien« in der Nähe des Strahover Tores. Es war ein kleines Gasthaus, das damals nur am Sonntag stärker besucht war, wenn sich dort in dem kleinen Salon Kadetten und Korporale zu den Klängen eines Pianos beim Tanz vergnügten.

Heute war gerade Sonntag. Ich saß ganz allein unter den Arkaden an einem Tisch in der Nähe des Fensters. Gewaltige Donnerschläge rollten fast Schlag auf Schlag, der Regen schlug auf das Ziegeldach über mir, das Wasser rauschte in sprühenden Bächlein zu Boden, und dem Piano im Salon wurden nur kurze Ruhepausen gegönnt; immer wieder klimperte es von neuem.

Ab und zu blickte ich durch das offene Fenster auf die sich drehenden, lachenden Paare; dann wieder schaute ich hinaus in den dunklen Vorgarten. Manchmal, wenn ein hellerer Blitz aufzuckte, sah ich an der Gartenmauer und am Ende der Arkaden Haufen menschlicher Gebeine weiß schimmern. Hier war nämlich einst ein kleiner

Friedhof gewesen, und eben diese Woche hatte man die Skelette ausgegraben, um sie an einen anderen Ort zu überführen. Das Erdreich war noch aufgewühlt, die Gräber standen offen.

Aber ich hielt es an meinem Tisch stets nur kurze Zeit aus. Immer wieder erhob ich mich und trat für eine Weile an die sperrangelweit offenstehende Tür des kleinen Salons, um die Tanzenden näher zu betrachten. Ein schönes, etwa achtzehnjähriges Mädchen zog mich immer wieder hin. Schlank gewachsen, dabei volle Formen, das offene schwarze Haar im Nacken kurz geschnitten, ein längliches, glattes Gesicht, helle Augen – kurz, ein hübsches Mädchen! Besonders aber zogen mich ihre Augen an. Klar wie Quellwasser und rätselhaft wie ein tiefer See, unersättliche Augen, die einem sogleich die Worte in Erinnerung rufen: »Eher sättigt sich das Feuer an Holzscheiten und das Meer am Wasser als eine Schönäugige am Anblick der Männer.«

Sie tanzte fast unablässig. Aber sie merkte sehr wohl, daß ihr meine Blicke immer wieder folgten. Wenn sie an der Tür vorbeitanzte, an der ich stand, blickte sie mich stets unverwandt an, und wenn sie weiter durch den Salon tanzte, sah und fühlte ich, daß mich bei jeder Umdrehung ihr Blick streifte. Ich bemerkte nicht, daß sie mit jemandem auch nur ein Wort gesprochen hätte.

Schon stand ich wieder dort. Unsere Blicke begegneten einander sofort, obwohl sie jetzt in der letzten Reihe stand. Die Quadrille ging zu Ende, die fünfte Tour verklang, da lief ein anderes Mädchen in den Saal, ganz außer Atem und völlig durchnäßt. Sie kämpfte sich bis zu der Schönäugigen durch. Die Musik setzte eben zur sechsten Tour ein. Über die erste Kette hinweg flüsterte das eben angekommene Mädchen der Schönäugigen etwas zu, und diese nickte schweigend mit dem Kopf. Die sechste Tour dauerte etwas länger, ein strammer junger Kadett führte sie an. Als sie zu Ende war, blickte die Schönäugige noch einmal zur Gartentür, dann ging sie zu der Vordertür des

Salons. Ich sah, wie sie draußen das Oberkleid über den Kopf streifte, dann verschwand sie.

Ich ging und setzte mich wieder an meinen Platz. Der Sturm setzte neuerlich ein, als hätte er sich bisher noch nicht ausgetobt; er brauste mit neuer Kraft. Blitze zuckten durch die Luft. Ich lauschte voll Erregung, aber ich dachte nur an jenes Mädchen, an ihre wunderbaren Augen. An den Heimweg war jetzt ohnehin nicht zu denken.

Etwa nach einer Viertelstunde blickte ich zufällig zur Tür des kleinen Salons. Da stand die Schönäugige wieder da. Sie glättete eben ihre durchnäßten Kleider und trocknete ihr feuchtes Haar, wobei ihr eine ältere Gefährtin behilflich war.

»Warum bist du bei diesem Unwetter nach Hause gelaufen?« fragte diese.

»Meine Schwester hat mich geholt.« Zum erstenmal vernahm ich ihre Stimme. Sie war seidenweich und klangvoll.

»Ist zu Hause etwas geschehen?«

»Meine Mutter ist eben gestorben.«

Mich überlief ein Schauder.

Die Schönäugige wandte sich um und trat zu mir in die Dunkelheit hinaus. Sie stand an meiner Seite, ihr Blick ruhte auf mir. Ich fühlte ihre Rechte neben meiner zitternden Hand. Ich ergriff dieses Händchen; es war so weich.

Schweigend zog ich das Mädchen tiefer und tiefer in die Arkaden, und das Mädchen folgte willig.

Der Sturm hatte jetzt seinen Höhepunkt erreicht. Er tobte wie eine Sturmflut, Himmel und Erde tosten, über unseren Häuptern rollte der Donner, rings um uns war es, als brüllten die Toten aus ihren Gräbern.

Sie preßte sich an mich. Ich fühlte, wie sich ihr feuchtes Kleid an meine Brust schmiegte, fühlte ihren weichen Körper, den warmen, glühenden Atem – mir war, als müßte ich ihr die verruchte Seele aussaugen!

1876

DIE SANKT-WENZELS-MESSE

Ich saß auf der untersten Stufe der Treppe zur Orgelempore und wagte kaum zu atmen. Durch die geschlossene Gittertür konnte ich den ganzen Innenraum des Domes gut übersehen; nach rechts hatte ich den Blick frei zum silbernen Grabmal des heiligen Johannes von Nepomuk und querüber zur Sakristei auf der anderen Seite des Doms.

Die Nachmittagsandacht war schon lange beendet, und der Veitsdom war leer. Nur am Grabe des heiligen Johannes kniete, ins Gebet versunken, meine fromme Mutter, und aus der Wenzelskapelle kam eben der alte Mesner, der seinen letzten Rundgang machte. Kaum drei Schritt entfernt, ging er an mir vorüber, dann wandte er sich unter dem Königs-Oratorium zum Ostchor, klimperte mit dem Schlüssel, drehte ihn im Schloß um und überzeugte sich durch Niederdrücken der Klinke noch einmal davon, daß die Tür richtig verschlossen war. Dann ging er weiter. Jetzt erhob sich auch meine Mutter, machte das Kreuzzeichen und trat zum Mesner. Ich konnte die beiden nicht sehen. Das Grabmal verdeckte sie, ich hörte nur ihre hallenden Schritte und einzelne Laute ihres gedämpften Gesprächs. Dann wurden sie auf der anderen Seite bei der Sakristei sichtbar. Der Mesner schlug die Tür zu, wieder rasselte ein Schlüssel, wieder knackte eine Klinke, dann gingen sie zum Ausgang auf der rechten Seite.

Noch klirrten zwei eiserne Riegel, dann war ich allein im Dom – eingeschlossen.

Mir war seltsam zumute, es lief mir heiß über den Rükken – aber es war kein unangenehmes Gefühl. Rasch sprang ich auf, holte mein Taschentuch heraus und band damit die Gittertür, die nur eingeklinkt war, so fest wie möglich zu. Dann lief ich schnell die Treppe hinauf – bis zum ersten Absatz der Empore; dort preßte ich mich an die Wand und setzte mich wieder auf eine Stufe.

Beides hatte ich aus Vorsicht getan. Ich war nämlich fest davon überzeugt, daß sich die Domtür nochmals öffnen würde und daß in langen Sätzen die Kirchenhunde hereinspringen, um den Dom in der Nacht zu bewachen. Zwar hatten wir Ministranten diese Kirchenhunde nie gesehen, ja nicht einmal bellen hören, aber wir erzählten einander, daß es drei große, scheckige, böse Hunde seien, die genauso aussehen wie König Wenzels Bulldogge auf dem Bild hinter dem Hauptaltar. Angeblich bellten sie nie, was ein Zeichen besonderer Bösartigkeit ist. Ich wußte, daß große Hunde imstande sind, Türklinken niederzudrücken, und deshalb hatte ich die untere Tür mit meinem Taschentuch gesichert. Auf die Empore, so glaubte ich, würden sie mir wohl nicht folgen können. Und wenn sie der Mesner am Morgen fortbringt, könnte ich ohne jede Gefahr wieder hinuntergelangen.

Ja, es handelte sich darum, über Nacht im Veitsdom zu bleiben! Natürlich geheim, das war doch selbstverständlich.

Es war ein sehr wichtiges Unternehmen. Wir Jungen waren nämlich fest davon überzeugt, daß der heilige Wenzel Tag für Tag, und immer gerade um Mitternacht, in seiner Kapelle die Messe liest.

Ich gestehe es, eigentlich hatte ich diese Nachricht selbst unter meinen Kameraden verbreitet. Ich hatte sie aber auch aus guter, ganz verläßlicher Quelle. Der Mesner Havel – er hieß allgemein Havel, der Truthahn, wegen seiner ungemein langen und glänzenden Nase – hatte zu Hause bei meinen Eltern davon erzählt, und dabei hatte er so sonderbar zu mir herübergeblickt, daß ich gleich erriet, er wollte nicht, daß ich auch etwas von diesem Geheimnis erfahre. Ich erzählte es meinen beiden besten Kameraden, und wir beschlossen, uns die mitternächtliche Messe einmal anzusehen – der heilige Wenzel war ja unser Ideal. Ich als Haupteingeweihter hatte natürlich den Vorrang, und so saß ich denn heute als erster unseres Triumvirats auf der unteren Empore, eingeschlossen und von der ganzen Welt abgeschieden.

Zu Hause würde man mich an diesem Abend nicht vermissen, das wußte ich. Mit jener Durchtriebenheit, die so manchen begabten neunjährigen Jungen auszeichnet, hatte ich meiner Mutter erzählt, die Tante aus der Altstadt wünsche, daß ich gegen Abend zu ihr komme. Es war selbstverständlich, daß ich dann dort über Nacht bleibe, mich aber am Morgen ganz bestimmt wieder zur Rorate einfinde, um meiner Ministrantenpflicht zu genügen. Wenn ich mich später einmal verraten sollte, machte das nichts aus, ich konnte ja dann erzählen, wie der heilige Wenzel die Messe liest!

Ja, ich war fest davon überzeugt, daß ich dann fast eine ebenso angesehene Persönlichkeit sein würde wie die alte Wimrová, die Mutter des Hradschiner Tischlermeisters Wimr, die einmal zur Zeit der Cholera mit eigenen Augen gesehen hatte, wie die Mutter Gottes aus dem ehemaligen Kapuzinerkloster nachts in ihrem goldenen Gewand über den Lorettoplatz ging und einige Häuser mit Weihwasser besprengte. Da freuten sich die Leute, denn sie hofften, sie würden von der Epidemie verschont; erst als die Cholera gerade in diesen Häusern noch schrecklicher wütete als vorher, fanden sie die richtige Auslegung: Die Jungfrau Maria hatte sich aus der Nachbarschaft selbst jene ausgesucht, die zu ihr ins Himmelreich eingehen sollten.

Wohl jeder wird sich schon einmal, wenn auch nur für Augenblicke, ganz allein in einem leeren Dom aufgehalten haben und wissen, wie mächtig solch ein weites, stilles Gewölbe auf unser Gemüt wirkt. Bei einem Kind mit erhitzter Phantasie, bei einem Kind, das etwas ganz

Außergewöhnliches erwartet, ist dieser Eindruck noch unendlich stärker.

Ich wartete eine Weile, es schlug viertel, es schlug halb, und der Schlag der Uhr versank in der Tiefe des Doms wie in einem Abgrund – aber an den Türen blieb alles ruhig. Glaubte man denn gerade heute auf eine Domwache verzichten zu können? Oder wurden die Hunde erst nach Eintritt der Dunkelheit losgelassen?

Ich erhob mich von der Stufe und richtete mich langsam auf. Durch das nächste hohe Kirchenfenster fiel das Tageslicht nur noch matt und dämmergrau in den Raum. Es war ja schon spät im November, bereits nach Katharina, und die Tage waren kurz.

Von draußen drang nur selten ein Geräusch zu mir, aber dann ungewöhnlich laut. Gegen Abend ist es in dieser Gegend ungemein still. Nur manchmal hallte der schwere Schritt einzelner Fußgänger übers Pflaster. Nach einer Weile hörte ich mehrere Schritte, und zwei vorübergehende Männer unterhielten sich mit rauher Stimme. Dann wieder war aus der Ferne ein dumpfes Poltern zu vernehmen. Wahrscheinlich fuhr ein schwerer Wagen durch das Burgtor. Das Rasseln wurde deutlicher; nun hatte der Wagen wohl schon den Domplatz erreicht. Immer näher kam das Rattern, immer stärker wurde es, Hufe pochten, schwere Ketten klirrten, große Räder holperten über das Pflaster – gewiß fuhr ein Militärwagen vorbei zur Georgskaserne. Das Getöse war so stark, daß selbst die Domfenster leicht erklirrten und die Spatzen hoch oben im Gewölbe unruhig zu piepsen begannen. Bei diesem Piepsen atmete ich auf; das Wissen, daß lebende Geschöpfe mit mir im gleichen Raum waren, beruhigte mich.

Übrigens kann ich nicht sagen, daß ich in der Einsamkeit des Domes Bangigkeit oder Angst empfunden hätte. Warum auch? Ich war mir zwar der Ungewöhnlichkeit meines Unternehmens bewußt, aber durchaus keines Vergehens. Kein Wissen um eine Sünde bedrückte und bedrängte meine Seele, im Gegenteil, ich fühlte mich begeistert und erhoben. Die religiöse Begeisterung machte aus mir gleichsam ein besonderes höheres Wesen; nie zuvor – und ich bekenne, auch nie danach – bin ich mir so vollkommen, so beneidenswert vorgekommen wie damals. Ja, ich hätte mich wohl selbst beweihräuchert, wenn ein Kind der dummen Eigenliebe im gleichen Grade fähig wäre wie ein Erwachsener.

An anderem Ort und zu anderer Zeit hätte ich mich vielleicht vor Gespenstern gefürchtet – aber hier in der Kirche hatten die Gespenster ja nicht die geringste Gewalt! Und die Geister der im Dom bestatteten Heiligen? Heute hatte ich hier bloß etwas mit dem heiligen Wenzel zu tun, und der konnte doch an mir nur seine helle Freude haben, da ich so viel wagte, nur um ihn in seiner Herrlichkeit zu sehen, wenn er Gottesdienst hält. Sollte es sein Wille sein, würde ich bereitwillig ministrieren, behutsam das silberbeschlagene Meßbuch von einer Seite zur anderen tragen und achtgeben, daß ich nicht ein einziges Mal mehr klingle als notwendig! Auch die Riemen unten am Positiv würde ich ziehen, und singen würde ich, so hoch und so schön, daß der heilige Wenzel zu Tränen gerührt wäre, mir beide Hände aufs Haupt legte und sagte: »So ein braves Kind!«

Rasselnd setzte die Turmuhr an und schlug fünf; sie riß mich aus meinem Nachsinnen. Ich holte aus meinem Schulranzen, den ich am Riemen über den Arm trug, das Lesebuch heraus, legte es auf die Brüstung und begann zu lesen. Trotz der schon merklichen Dämmerung brachten es meine jungen Augen doch zuwege. Aber jedes selbst noch so schwache Geräusch störte mich, und jedesmal hielt ich im Lesen inne, bis es draußen wieder totenstill geworden war.

Plötzlich näherten sich hastige kleine Schritte. Gerade unter dem Fenster verstummten sie. Augenblicks überfiel mich die freudige Gewißheit, daß dies meine beiden Freunde seien. Und da ertönte draußen auch schon unser Pfiff. Ich zitterte vor Freude: Also hatten mich meine

Freunde nicht vergessen und waren doch noch einmal hergekommen – vielleicht bekommen die Armen deshalb zu Hause Schläge! Gleichzeitig schwellte der Stolz meine Brust, wenn ich daran dachte, daß sie mich jetzt wohl bewundern. Wie gern wären sie sicherlich an meiner Stelle, und wäre es auch nur für eine Stunde – die ganze Nacht werden die guten Jungen nicht schlafen können! Und wie gern hätte ich sie für diese Stunde zu mir hereingelassen!

Jetzt schrie Fricek – ja, es war Fricek, der Sohn des Schusters, unter Tausenden hätte ich seine Stimme erkannt. Ich hatte Fricek so gern, und der Arme hatte heute den ganzen Tag nur Pech. Gleich früh bei der ersten Messe hatte er das Wasser dem Herrn Pfarrer auf die Schuhe gegossen – Fricek schaut immer in der Kirche herum, statt auf den Herrn Pfarrer –, und am Nachmittag überraschte ihn der Lehrer dabei, wie er Anynka, die Tochter des Direktors, küßte und ihr ein Brieflein zusteckte – alle drei hatten wir Anynka gern, und sie uns auch alle drei.

Und nun juchzte Kubíček – mein Freund Kubíček, juchhu! Wie gern hätte auch ich gejuchzt oder gepfiffen oder ihnen wenigstens mit einem lauter gesprochenen Wort geantwortet, aber – ich befand mich ja in einer Kirche.

Die Jungen sprachen laut, damit ich sie hören sollte, manchmal stießen sie Rufe aus, aber ich verstand bloß einzelne besonders laute Worte: »Bist du dort?« – »Juchhu, bist du dort?« – »Hast du keine Angst?« – »Ja, ich bin hier! Ich habe keine Angst!«

Kam jemand vorbei, liefen sie immer ein Stück davon, kehrten aber gleich wieder zurück. Mir war, als könnte ich durch die Mauer jede ihrer Bewegungen sehen, und ich merkte, daß ein glückliches Lächeln nicht aus meinen Zügen wich.

Plötzlich klirrte das Kirchenfenster – ich fuhr zusammen – offenbar hatten sie ein Steinchen an die Scheibe geworfen. Und wieder! Da erscholl auf dem Platz ganz in der Nähe eine tiefe Männerstimme – ich hörte, wie der Mann schimpfte und wie meine Freunde davonliefen. Sie kamen nicht mehr zurück. – Nein, nicht mehr. – Vergebliches Warten.

Zum erstenmal ließ mich das Gefühl einer ungewissen Furcht erschaudern. Ich steckte das Buch in den Schulranzen, ging zur zweiten Brüstung hinüber und blickte hinunter in den Dom. Alles erschien mir jetzt trauriger als zuvor, und zwar an und für sich trauriger, ohne Rücksicht auf die Dunkelheit. Die einzelnen Gegenstände konnte ich noch sehr gut unterscheiden, ich hätte sie auch bei weit dichterer Finsternis noch erkannt, denn sie waren mir vertraut. Aber die Säulen und die Altäre kamen mir so vor, als wären sie – wie zur Passionszeit – mit langen Streifen violetter Leinwand verhangen, als sei alles in eine Farbe oder in allgemeine Farblosigkeit getaucht. Ich beugte mich über die Brüstung. Dort rechts, gerade unter dem Königs-Oratorium, brannte das Ewige Licht. Ein aus Stein gehauener Bergmann, jene bekannte, freischwebende Karyatide in lebenswahren Farben, hält es in der Hand. Das Licht strahlte so ruhig wie das ruhigste Sternchen am Himmel, es flimmerte nicht einmal. Unter dem Licht sah ich die schachbrettartigen Steinplatten, ich sah die Kirchenbänke gegenüber dunkelbraun glänzen und am nächsten Altar den vergoldeten Streifen am Gewand einer buntbemalten Heiligenstatue schwach schimmern. Wie sehr ich meinen Kopf auch anstrengte, ich konnte mich nicht erinnern, wie dieser Heilige bei Tageslicht aussah. Mein Blick huschte wieder zurück zur Karyatide. Das Gesicht des Bergmanns war von unten beleuchtet, sein pausbäckiges Gesicht wirkte wie eine mißlungene schmutzigrote Kugel, die starren Augen des Bergmanns, vor denen wir uns bei Tage fast fürchteten, sah ich nicht. Etwas weiter entfernt tauchte aus dem Dunkel das Grabmal des heiligen Johannes von Nepomuk auf, an dem ich außer der helleren Farbe nicht das geringste erkennen konnte. Wieder traf mein Blick den Bergmann, und da kam es mir auf einmal so vor, als beuge er den Kopf absichtlich weit zurück, wie bei einem heimtückischen Lachen, und auch die Röte seines Gesichtes schien nur von diesem verbissenen Lachen herzurühren. Vielleicht blinzelte er seitwärts zu mir herüber und lachte mich aus? Da befiel mich Angst. Ich schloß die Augen und begann zu beten. Gleich war mir wieder freier ums Herz, ich stand auf und schaute beherzt auf den Bergmann. Das Ewige Licht leuchtete ruhig weiter. Vom Turme schlug die Uhr sieben.

Jetzt aber stellte sich ein anderes unangenehmes Gefühl ein. Ich schauerte vor Kälte. Draußen herrschte trokkener Frost, im Inneren des Doms war es kühl, und obwohl ich warm angezogen war, reichte meine Kleidung doch nicht aus. Dazu begann sich plötzlich auch noch der Hunger zu melden. Die gewohnte Zeit des Abendessens war schon vorüber, und ich hatte ganz vergessen, mich für mein Unternehmen mit Proviant zu versehen. Doch bald war ich entschlossen, dem Hunger heldenhaft zu widerstehen, ja ich sah in meinem Fasten entschieden eine würdige Vorbereitung für die bevorstehende mitternächtliche Glückseligkeit. Dagegen ließ sich die auf den Körper eindringende Kälte nicht durch eine bloße Willensanspannung bannen, ich brauchte Bewegung, um mich wieder etwas zu erwärmen.

Ich ging auf der Empore hin und her, dann zur unteren Orgel, hinter der eine schmale Treppe zum höhergelegenen Hauptchor emporführte. Ich war ja mit den Räumlichkeiten völlig vertraut, und so machte ich mich daran, die Treppe emporzusteigen. Die erste Stufe knarrte, und mir stockte der Atem. Doch ich schritt weiter, langsam und vorsichtig, so wie an den Feiertagen, wenn wir Jungen uns immer ganz leise hinaufschlichen, damit uns der Balkentreter nicht hörte und zurückjagte, bevor wir uns oben hinter den Musikern verstecken konnten.

Nun befand ich mich auf dem Hauptchor. Langsam setzte ich Schritt vor Schritt, bis ich ganz vorn stand. Hier, wohin wir uns immer nur mit Scheu wagten und wo wir stets in poetischer Verzückung weilten, stand ich nun einmal ganz allein, von niemandem bewacht und beobachtet. Zu beiden Seiten der Orgel befanden sich mehrere Podien, stufenförmig übereinander angeordnet wie die Sitzstufen in einem antiken Theater. Ich setzte mich auf die erste Stufe, neben die Pauken. Wer konnte mich jetzt daran hindern, selbst einmal die Pauken zu schlagen, die für uns von so imponierendem Reiz waren? Ich berührte das Fell der mir zunächst stehenden Pauke ganz leicht wie eine Blume, von der man nicht einmal den Blütenstaub abwischen will, dann noch einmal, diesmal etwas stärker; von dieser zweiten Berührung vernahm ich einen Laut, allerdings fast unhörbar, und ich ließ von dem Spiel ab. Mir war, als hätte ich mich einer sündigen Herausforderung schuldig gemacht.

Vor mir dunkelten auf den Pulten und der erhöhten Brüstung die großen Psalter. Auch die konnte ich jetzt berühren, konnte versuchen, einen von ihnen zu heben, und bei Tage hätte ich der Versuchung wohl nicht widerstanden. Diese riesigen Psalter erschienen uns immer so geheimnisvoll. Ihre Beschläge waren aus schwerem Messing, die hölzernen Einbanddecken waren angebrochen, und die Pergamentblätter, die mit Hilfe von Holzknebeln umgewendet wurden, an den Ecken schmutzig und abgegriffen; aber auf diesen Blättern leuchteten goldene und buntfarbene Initialen neben schwarzen altertümlichen Schriftzeichen, und auf breiten Linien standen schwarze und rote Noten, so groß, daß wir sie selbst von der obersten Stufenreihe aus genau erkennen konnten.

Ein solcher Psalter mußte unheimlich schwer sein, denn der hagere Tenor aus der Burg brachte ihn nicht von der Stelle – wir Jungen verachteten ihn, dieses lange Elend –, und wenn einer von den Psaltern an einen anderen Platz gebracht werden sollte, mußte es stets der dicke, rote Bassist tun, und selbst der ächzte dabei. Den Bassisten hatten wir gern, sein tiefer Baß ließ uns erzittern, als ginge ein ganzer Strom von Musik durch unseren Körper, und bei Prozessionen hielten wir uns stets dicht neben ihm. – Gerade da vor mir hatte der Bassist beim Hochamt seinen Platz, und mit ihm sangen vom selben Blatt noch zwei andere Bassisten, aber bei weitem nicht so stimmgewaltig. Einen Schritt weiter links standen die beiden Tenöre – doch was bedeutet schon ein Tenor! Aber den einen, den kleineren, schätzten wir doch sehr. Er schlug auch die Pauke, und wenn er die Schlegel in die Hand nahm und neben ihm der Kaufmann Rojko, der Besitzer des Hauses »Zum steinernen Vogel«, die Posaune ansetzte, begann für uns der feierlichste Augenblick. Noch weiter links standen die Sängerknaben und mitten unter ihnen der allmächtige Regens chori . . .

Ich hörte seine ermahnenden Worte vor Beginn der Messe, das Rascheln beim Austeilen der Noten, den Klang der Glocken vom Turm – jetzt bimmelte die Glocke an der Sakristei, die Orgel rauschte das Präludium, daß der ganze Dom unter den tiefen, langgezogenen Tönen erzitterte, der Regens chori streckte den Hals in Richtung zum Hauptaltar, plötzlich hob er den Taktstock, sofort wogte die Musik voll und schön, und ein herrliches Kyrie stieg empor zur Wölbung des Domes.

Ich hörte die Sänger, die Musik, im Traum verfolgte ich die ganze Messe bis zum getragenen »Dona nobis pacem«. Noch nie wurde eine so schöne Messe aufgeführt, nie hätte sie so schön sein können, wie sie hier aus meiner Phantasie emporstieg. Der Baß ertönte in ungeahnter Süße, und jeden Augenblick fielen in den Strom der Töne jubelnd Pauke und Posaune ein.

Ich weiß nicht, wie lange diese Messe in meiner Phantasie gedauert hatte, es schien mir, als hätte mehrmals, während ihre wunderbaren Harmonien sich zum Himmel schwangen, der Schlag der Uhr vom Turm herübergeklungen. Plötzlich erschauerte ich wieder vor Kälte, und unwillkürlich stand ich auf.

Die ganze Höhe des Hauptschiffes war in leichten Silberschimmer getaucht. Durch die zahlreichen Fenster drang das Licht der Sternennacht, vielleicht auch der Schein des Mondes herein. Ich trat auf die Stufe an der Brüstung und blickte hinunter in den Dom. Ich atmete tief, und meine Lunge füllte sich mit der ganz eigenartigen, von Weihrauch und Modergeruch geschwängerten Luft, wie sie sich in jeder Kirche findet. Unter mir schimmerte weiß der Marmor des großen Mausoleums, gegenüber am Hauptaltar brannte ein zweites Ewiges Licht, und über die goldenen Seitenwände des Altars schien manchmal ein zarter rosiger Schimmer zu fliegen.

Ich war noch ganz von religiöser Begeisterung erfüllt. Wie wird wohl die Sankt-Wenzels-Messe werden? Die Kirchenglocken werden wohl nicht zu ihrem Beginn erklingen, die Welt würde es ja hören, und um das märchenhafte Geheimnis wäre es geschehen. Doch vielleicht erklingt die helle Glocke an der Sakristei, ertönt die Orgel, und dann plötzlich, umstrahlt von zauberhaft gedämpftem Licht, bewegt sich der feierliche Zug, am Hauptaltar vorbei, langsam durch das rechte Seitenschiff zur Wenzelskapelle.

Sicherlich wird der Zug die gleiche Anordnung haben wie bei der Segensandacht am Sonntagnachmittag; eine andere Anordnung konnte ich mir gar nicht denken. Voran auf roten Stangen glänzende Laternen aus edlem Metall, wahrscheinlich von Engeln getragen, denn wer sollte es sonst tun? Dann – ja, wer kam denn dann an Stelle der Sänger? Mit größter Wahrscheinlichkeit folgen dann wohl paarweise jene Gestalten, deren steinerne, farbige Büsten sich oben im Triforium befinden: die böhmischen Könige, die Königinnen aus dem Hause der Luxemburger, die Erzbischöfe, die Domherren und die Baumeister des Domes.

Die jetzigen Domherren werden gewiß nicht dabei sein, sie sind dessen nicht würdig, insbesondere nicht der Kanonikus Pešina. Der hatte mein Gefühl am meisten beleidigt. Einmal, als ich beim Segen die schwere metallene

Laterne trug und sie etwas schief hielt, gab er mir eine Maulschelle. Und ein andermal – ich war vom Glöckner ganz allein in die Glockenstube gelassen worden, um zum ersten Male die Josefsglocke zum Segen zu läuten, ich war ganz allein dort oben gewesen und Herr der metallenen Riesen – doch als ich nach verrichteter Arbeit, noch voll heiligster Erregung, hinunterstieg, stand der Kanonikus Pešina unten am Glockenturm und fragte den Glöckner: »Was für ein Esel war denn das heute? Der hat ja Sturm geläutet!«

Im Geiste sah ich all die alten Herren mit ihren steinernen Augen, sah, wie sie den Zug eröffneten, aber sonderbar, den Rumpf und die Beine konnte ich mir nicht dazudenken, nur die Büsten schwebten, aber es war doch so, als schritten sie dahin.

Dann folgen wohl die Erzbischöfe, die dort hinten in der Kinský-Kapelle ihre Ruhestätte haben, dahinter die silbernen Engel vom Grabmal des heiligen Johannes von Nepomuk, und hinter ihnen, das Kruzifix im Arm, der silberne heilige Johannes selbst. Sodann die Gebeine des heiligen Sigismund, nur wenige Reliquien auf einem roten Kissen, aber auch dieses Kissen in der schreitenden Bewegung des Zuges. Ferner allerlei gepanzerte Ritter, hinter ihnen die Könige und die Herzöge aus allen hiesigen Mausoleen, einige angetan mit kostbaren Gewändern aus rotem Marmor, andere, darunter Georg von Poděbrad, ganz aus weißem Marmor.

Und schließlich, den mit einem silbernen Schleier verhüllten Kelch tragend, der heilige Wenzel selbst. Eine hohe, jugendlich mächtige Gestalt. Auf dem Kopf trägt er an Stelle des Biretts einen schlichten Metallhelm; aber das den Körper schützende Panzerhemd ist mit einem glänzendweißen Seidenornat bedeckt. Sein kastanienbraunes Haar fällt in dichten Locken bis zu den Schultern herab, sein Antlitz strahlt erhabene Güte und Ruhe aus. Sonderbar, ich konnte mir die Form seines Gesichts ganz genau vorstellen, die großen, blauen Augen, die vor Gesundheit strotzenden Wangen, den weichwallenden Bart, aber doch so, als wäre dieses Gesicht nicht aus Fleisch und Blut, sondern aus ruhig schimmerndem Licht.

Während ich mir so den erwarteten Einzug vorstellte, hatte ich die Augen geschlossen. Die Ruhe, die Müdigkeit und meine traumhafte Phantasie wirkten – der Schlaf überwältigte mich, und meine Beine knickten ein. Doch rasch richtete ich mich wieder auf, und mein Blick schweifte durch den Dom.

Alles war ruhig und tot wie zuvor, aber jetzt begann plötzlich diese Grabesstille ganz anders auf mich zu wirken. Gleichzeitig fühlte ich meine schwere Müdigkeit, die Kälte ließ meinen Körper erstarren, und all das löste auf einmal Angst in mir aus, eine unbestimmte, aber um so bedrückendere Angst. Ich wußte nicht, wovor ich mich fürchtete, aber ich fürchtete mich, und die schwache Kraft des Kindes fand plötzlich nirgends eine Stütze.

Ich sank auf die Stufen nieder und weinte bitterlich. Heiße Tränen brachen aus meinen Augen, meine Brust krampfte sich zusammen, ein lautes Schluchzen entrang sich meinen Lippen; vergebens kämpfte ich dagegen an. Zeitweilig brach das Schluchzen nur noch heftiger hervor, hallte schmerzlich durch die Stille des Domes, und durch dieses ungewohnte Geräusch steigerte sich noch meine Angst. Ach, wäre ich nur nicht so mutterseelenallein in diesem riesigen Dom! Wäre ich hier wenigstens nicht eingeschlossen!

Wieder seufzte ich laut, vielleicht lauter als zuvor; da ertönte – gleichsam als Antwort – über mir Vogelgezwitscher. Also war ich doch nicht allein hier, die Spatzen übernachteten ja mit mir im Dom! Und ich kannte sogar ihr Versteck – zwischen den Balken gerade über dem Podium! Dort hatten sie ihr Asyl, das sie auch vor den ausgelassenen Einfällen von uns Jungen schützte. Jeder von uns hätte sie mit der Hand greifen können, man brauchte nur den Arm auszustrecken, aber wir taten es nie.

Ich faßte einen raschen Entschluß. Mit verhaltenem

Atem stieg ich langsam die Stufen hinauf. Schon war ich am Balken – vorsichtig holte ich noch einmal tief Luft, dann streckte ich den Arm aus – und schon hielt ich einen Sperling in der Hand. Der erschrockene Vogel piepste schrill, hackte kräftig nach meinen Fingern, aber ich ließ ihn nicht los. Unter meinen Fingern fühlte ich sein kleines warmes Herz lebendig schlagen – und da fiel alle Angst von mir ab. Ich fühlte mich nicht mehr einsam und verlassen, und das Bewußtsein, daß ich das stärkere Wesen war, erfüllte mich augenblicks mit neuem Mut.

Ich nahm mir vor, den Sperling auch weiterhin in der Hand zu halten. Dann würde ich mich nicht mehr fürchten und auch nicht einschlafen. Es konnte ja ohnehin nicht mehr weit bis Mitternacht sein. Ich wollte gut achtgeben, damit ich nicht wieder den Stundenschlag überhörte. Am besten würde ich mich über zwei Stufen legen, die Hand mit dem Sperling auf meine Brust legen und mein Gesicht der Wenzelskapelle zuwenden, um gleich aufmerksam zu werden, wenn dort drinnen das Licht zur wunderbaren Messe aufstrahlt.

Ich tat so und blickte zu jenem Fenster. Es lag im Halbdunkel.

Ich weiß nicht, wie lange ich so geschaut habe, aber plötzlich verwandelte sich das Halbdunkel in strahlendes Licht, Blau mischte sich darein, wurde immer heller und reiner, bis ich vermeinte, in den strahlendblauen Himmel selbst zu schauen. Da begann vom Turm die Uhr zu schlagen, und Schlag fiel auf Schlag, ohne Zahl, ins Unendliche . . .

Ein unsagbarer Schmerz ließ mich plötzlich wach werden, ein Schmerz, der von der Kälte herrührte. Mein Körper war wie gerädert und zerschlagen. Meine Augen brannten, als hätten sie in die blutigrote Glut eines Hochofens geblickt. In meinen Ohren gellte ein geradezu höllisches Pfeifen und Quieken.

Allmählich kam ich zu mir. Ich lag noch auf den beiden Stufen und hielt die Hand auf die Brust – aber die Hand war offen und leer.

Das Fenster der Wenzelskapelle mir gegenüber war von innen erleuchtet. Die kleine Orgel brauste, und es ertönte das fromme, mir gut bekannte Roratelied.

War das vielleicht die Sankt-Wenzels-Messe?

Unsicher stand ich auf und stieg leise zu dem Fenster hinunter, das in den unteren Chor geht. Furchtsam blickte ich durch die Scheibe.

Am Altar las der Herr Pfarrer die Messe. Ein Mesner ministrierte und läutete eben zur Wandlung.

Im Nu huschte mein Auge in aufkeimender Angst zu dem vertrauten Platz in den Bänken. Dort kniete wie sonst meine Mutter mit gesenktem Kopf und schlug sich an die Brust. Und neben ihr kniete – die Tante aus der Altstadt.

Eben hob meine Mutter wieder den Kopf, und ich sah, wie ihr Träne um Träne über die Wangen rann.

Da wußte ich alles. Ich fühlte mich zu Tode beschämt, verzweifelt und unglücklich – mein Kopf schmerzte, und alles um mich her drehte sich in rasendem Wirbel. Der Schmerz wegen meiner Mutter, die mich gewiß als verloren beweinte und der ich so unermeßlichen Kummer bereitet hatte, zog mein Herz zusammen, und mein Atem ging stockend.

Ich wollte rasch hinunter, wollte eilends vor meine Mutter treten – aber die Füße versagten mir den Dienst, mein Kopf glitt an der Wand hinab, und ich lag auf dem Fußboden. Ein Glück, daß sich fast gleichzeitig Tränen einstellten. Anfangs brannten sie wie Feuer, dann aber erleichterten sie mich.

Es war noch dunkel, und vom Himmel fiel ein feiner, kalter Regen, als die Leute aus der Rorate gingen.

Ein gedemütigter, enttäuschter religiöser Held stand vor der Domtür, aber niemand beachtete ihn. Auch er beachtete niemanden. Doch als schließlich seine alte Mutter an der Seite der Tante aus dem Dom kam, fühlte sie plötzlich auf ihrer runzeligen Hand zwei glühende Lippen.

1876

WIE ES KAM, DASS ÖSTERREICH AM 20. AUGUST 1849, UM ½ 1 UHR MITTAGS, NICHT ZERSCHLAGEN WURDE

Am 20. August 1849, um ½ 1 Uhr mittags, sollte Österreich zerschlagen werden; so war es im »Pistolenklub« beschlossen worden. Ich weiß nicht mehr, was sich Österreich damals hatte zuschulden kommen lassen, aber ich zweifle nicht im geringsten daran, daß dieser Entschluß nach reiflicher Überlegung gefaßt worden war.

Da war also nichts mehr zu machen, die Sache war beschlossen und beschworen, und die Durchführung war bewährten Händen anvertraut – Jan Žižka von Trocnov, Prokop dem Kahlen, Prokop dem Kleinen und Mikuláš von Hus, das heißt mir, dann Josef Rumpál, dem Sohn des Fleischers, Frantík Mastný, dem Sohn des Schusters, und Antonín Hochmann, der aus der Gegend von Rakovník stammte und auf Kosten seines Bruders, der Bauer war, in Prag das Gymnasium besuchte.

Die angeführten historischen Beinamen verdankten ihre Entstehung nicht etwa dem Spiel des Zufalls, sondern waren ganz nach Verdienst gewählt. Ich war Žižka, denn ich war von allen der schwärzeste, sprach am energischsten und war gleich zur ersten Versammlung unseres Vereins – sie fand auf dem Dachboden bei Rumpál statt – mit einer schwarzen Binde über dem linken Auge erschienen, was allgemein als Sensation empfunden wurde. Die schwarze Binde mußte ich fortan bei allen Versammlungen tragen; das war nicht angenehm, aber was sollte ich tun? Auch die anderen hatten auf ihren Beinamen einen wohlbegründeten Anspruch.

Die Sache war mit geradezu erstaunlicher Umsicht vorbereitet worden. Ein ganzes Jahr lang hatten wir jede freie Stunde zu gemeinsamer Übung im Steinschleudern genutzt. Hervorragendes Schleudermaterial lieferte Mastný – Prokop der Kleine. Auf hundert Schritt trafen wir jeden Baumstamm, wenn er nur die Stärke eines Mannes hatte.

Damit gaben wir uns aber nicht zufrieden. Das ganze Jahr hindurch legten wir auch jeden Kreuzer, ob nun auf ehrliche oder auf unehrliche Weise erworben, in unsere gemeinsame »Pistolenkasse«, nach der unser Verein seinen Namen hatte.

Schließlich war der Betrag auf ganze elf Gulden angewachsen. Für fünf Gulden hatten wir vor einer Woche Auf dem Graben eine Pistole gekauft – »Lütticher Arbeit«, wie der Verkäufer versicherte. Während der Versammlungen, die seit Beginn der Ferien täglich abgehalten wurden, hingen unsere Augen wie gebannt an der Pistole; sie ging von Hand zu Hand, und jeder von uns versicherte, es sei »echte Lütticher Arbeit«. Geschossen hatten wir freilich bisher noch kein einziges Mal damit, erstens, weil wir kein Pulver hatten, und zweitens, weil der Ausnahmezustand noch immer verhängt war und wir deshalb auf der Hut sein mußten. Wir waren überhaupt sehr vorsichtig und darauf bedacht, uns nicht zu verraten; deshalb nahmen wir auch niemanden mehr in unseren Verein auf, nur wir vier »Prinzipisten« gehörten ihm an, aber wir waren davon überzeugt, daß wir stark genug waren.

Für die restlichen sechs Gulden hätten wir uns noch eine Pistole kaufen und dadurch unsere Bewaffnung gerade verdoppeln können, aber wir hatten diesen Betrag für Pulver bestimmt, von dessen Preis wir keine genaue Vorstellung hatten. Für unseren Plan genügte eine Pistole völlig.

Allerdings hatten wir noch weiteres Vereinseigentum – eine Porzellanpfeife, aus der bei unseren geheimen Versammlungen Prokop der Kleine in aller Namen rauchte; es war eine schöne und vielsagende Pfeife, bemalt mit

Kelch, Dreschflegel und Morgenstern, aber für den heutigen Tag hatten wir ihr keine besondere Rolle zugedacht.

Wir besaßen auch einen besonderen elektrischen Apparat. Den hatte der Bruder Prokops des Kahlen, der Schlossergeselle war, aus einem alten Zweigroschenstück für uns angefertigt. Aber der Apparat bewährte sich nicht, und so ließen wir ihn zu Hause.

Ich lege hiermit unseren Plan vor, damit ihn jeder bewundern kann.

Hauptzweck: die Zerschlagung Österreichs.

Erste Bedingung: die Einnahme Prags.

Notwendiges Mittel: die Eroberung der Belvedere-Zitadelle am Auslauf der Marienschanzen, wodurch wir Herren von Prag werden und wo wir nach unserem Ermessen von keiner Seite aus bombardiert werden können.

Einzelheiten – Zeit der Ausführung: Der Überfall auf die Zitadelle erfolgt genau Mittag. Wenn man bedenkt, daß beim Überfall auf die verschiedensten Festungen seit unvordenklichen Zeiten der Brauch herrscht, die Mitternachtsstunde für die Ausführung zu wählen, und daß deshalb die Wachen um Mitternacht wahrscheinlich am wachsamsten sind, muß man zugeben, daß unser Vorsatz einer geradezu teuflischen Schlauheit entsprang.

Um diese Tageszeit hatte die Zitadelle nur eine sehr schwache Besatzung – sechs bis acht Soldaten. Einer war gleich am großen Eisentor postiert, das in den Hof führte; dieses Tor stand immer etwas offen, und wir sahen den Soldaten bequem auf und ab gehen. Ein zweiter patrouillierte auf der anderen, der Stadt zu gelegenen Seite, wo einige Geschütze standen.

Ganz unauffällig wollten wir uns dem Tore nähern, wir vier und noch jemand – es wird sich gleich zeigen, wer –, uns auf den Posten stürzen, ihn unschädlich machen, ihm das Gewehr abnehmen, zweimal mit der Schleuder auf das Fenster des Wachlokals zielen, ins Innere dringen und uns auf die dort ruhenden Wachen werfen, auch sie unschädlich machen und ihnen die Waffen abnehmen. So bleibt nur noch der zweite Posten. Der wird sich höchstwahrscheinlich ergeben, wir binden ihn und nehmen ihm die Waffe ab. Ergibt er sich nicht, ist das seine Sache, dann müssen wir ihn eben auch erledigen.

Hierauf wollten wir sofort ein Geschütz am Tor in Stellung bringen, den Pechkranz anzünden, der dort an einer Stange hängt, und dann von den Schanzen aus den Pragern zurufen, daß Revolution sei.

Natürlich wird sofort Militär anmarschieren. Aber über die Mauer kann es nicht zu uns gelangen, und wir öffnen mehrmals ganz plötzlich das Tor, feuern aus der Kanone einen Schuß auf sie ab und schlagen das Tor schnell wieder zu. Die zuerst anrückenden Soldaten werden wir vernichten, die übrige Besatzung wird sich aller Wahrscheinlichkeit nach bald ergeben, weil sie durch die Revolution von allen Seiten her bedroht wird; ergibt sie sich aber nicht, ist das ihre Sache. Dann machen wir einen Ausfall, vereinigen uns mit den Pragern, und das erste, was wir tun – wir befreien alle auf dem Hradschin noch schmachtenden politischen Gefangenen.

Alles andere ist dann so selbstverständlich wie das Wachsen des Getreides. Die erste große siegreiche Schlacht werden wir bei Deutschbrod schlagen, denn dorthin locken wir die Armee. Das zweite Treffen liefern wir auf dem Marchfeld – ja, gerade auf dem Marchfeld, der Geist Přemysl Ottokars schreit nach Rache. Dann erobern wir Wien und zerschlagen Österreich. Dabei werden uns schon die Ungarn helfen. Und schließlich vernichten wir auch noch die Ungarn. Ist dieser Plan nicht bewundernswert?

Eine sehr wichtige Rolle zu Beginn dieses blutigen Dramas war der fünften Person zugedacht. Sie wußte noch nicht das geringste davon und sollte es auch erst im allerletzten Augenblick erfahren. Diese fünfte Person war der Händler Pohorák. Er stammte aus der Gegend von Jenč hinter dem Weißen Berg und fuhr dreimal in der Woche mit seinem von einem großen Hund gezogenen Handwagen nach Prag, um geschlachtete Hühner und Tauben zu verkaufen.

Auf ihn hatte der Feldherr Rumpál-Prokop der Kahle aufmerksam gemacht, als es um die höchst wichtige Frage der Beschaffung des Pulvers ging. Pulver zu beschaffen war damals ungemein schwierig, denn die Kaufleute durften es nur mit behördlicher Genehmigung verkaufen; aber Prokop der Kahle, bei dessen Eltern Pohorák immer Rauchfleisch kaufte, teilte uns mit, Pohorák besorge in Prag auch immer das Pulver für die Kaufleute von Jenč. Rumpál hatte ihn sogar schon gefragt, ob er nicht auch für ihn gegen eine angemessene Belohnung Pulver einkaufen möchte, und Pohorák hatte zugesagt.

Am 19. August wurde also von Prokop dem Kahlen an Pohorák unser ganzes restliches Vermögen von sechs Gulden übergeben, wovon zwei eine wahrhaft königliche Belohnung darstellten, während vier Gulden für Pulver bestimmt waren. Er versprach, sich am nächsten Tag mit dem Verkauf seines Geflügels und dem Wareneinkauf zu beeilen, dann mit seinem Wägelchen statt durch das Strahover Tor zum Bruska-Tor zu fahren und dort Prokop dem Kahlen das Pulver zu übergeben.

Dann erst sollte er erfahren, daß unsere Kräfte dort konzentriert sind. Er würde seinen weißen Hund ausspannen, das Wägelchen auf der Straße stehenlassen und sich uns anschließen. Daß er sich uns anschließen würde, daran war gar nicht zu zweifeln, schließlich hatte er ja zwei Gulden erhalten – und dann die Ehre! Wir würden ihm auf alle Fälle einen ordentlichen Titel zulegen, darauf konnte er sich verlassen.

Außerdem hatte uns Prokop der Kahle mitgeteilt, Pohorák habe im vorigen Jahr nach den Pfingstfeiertagen erzählt, wie er draußen auf dem Feld einen Husaren vom Pferd gerissen habe. »Ja, hinter dem Weißen Berg wohnen die stärksten Leute in Böhmen«, hatte Prokop der Kahle mit dem Brustton der Überzeugung behauptet.

»Und das geht bis hinter Rakovník«, hatte Mikuláš hinzugefügt und mit seiner mächtigen Faust in der Luft herumgefuchtelt.

Ich muß gestehen, mir war die Mitwirkung Pohoráks ganz angenehm, und ich möchte wetten, daß die anderen Feldherren ebenso dachten. Wie schon oben ausführlich mitgeteilt, handelte es sich ja bei unserem Plan zuerst um den Posten am Tor. Und da hatte sich erst vor wenigen Monaten eine Sache ereignet, die sicherlich auf dem Grund der Seele eines jeden von uns ihre Spur hinterlassen hatte. Wir vier – es waren aber damals noch einige andere dabei – spielten in den Schanzgräben Ball. Unser Ballspiel wogte einige Stunden hin und her. Wir besaßen einen wunderschönen Gummiball, der gewiß zwei Zwanziger gekostet hatte. Wir spielten so ausgezeichnet, daß ein vorübergehender Grenadier stehenblieb und unser Spiel bewunderte. Lange stand er da, ja er setzte sich schließlich sogar ins Gras, um uns bequemer zuschauen zu können. Plötzlich geschah es, daß der Ball direkt zu ihm rollte. Der Grenadier streckte sich träge, wälzte sich herum, bis er auf dem Bauch lag, und fing ihn auf. Dann erhob er sich langsam – das Aufstehen wollte kein Ende nehmen –, und wir warteten, wohin wohl seine gewaltige Rechte den Ball schleudern würde. Aber seine gewaltige Rechte steckte den Ball einfach in die Tasche, und dann bewegte sich seine mächtige Gestalt träge bergauf. Wir umringten den Grenadier, baten, brüllten und drohten – mit dem Ergebnis, daß Prokop der Kahle eine Maulschelle bezog und Mikuláš von Hus desgleichen. Da hoben wir Steine auf, aber der Grenadier lief auf uns zu, und eine wahrheitsgetreue Geschichtsschreibung muß vermerken, daß wir alle das Weite suchten.

»Wißt ihr, wir haben ganz recht getan, daß wir ihn nicht zusammengeschlagen haben«, meinte später Žižka. »Ihr wißt, was wir vorhaben, und wer kann sagen, was dann geschehen wäre! Bei einer Verschwörung weiß man nie, was geschehen kann, das kenne ich! Ich habe schon am ganzen Körper gezittert – ich wollte den Kerl anspringen –, aber dann dachte ich mir: Warte lieber!« Diese verständliche Auslegung wurde allgemein dankbar aufgenommen, und jeder bestätigte, daß er schon am ganzen Körper gezittert habe und kaum an sich halten konnte.

In den ersten Augusttagen, als es bereits um die allersubtilsten Einzelheiten unseres Planes ging, fragte ich plötzlich: »Beißt Pohoráks Hund?«

»Gewiß!« nickte Prokop der Kahle, »erst gestern hat er dem Mädchen des Pfefferkuchenbäckers den Rock zerrissen.«

Das war eine sehr wichtige Sache, daß Pohoráks Hund bissig war.

Der Morgen des denkwürdigen Tages brach an. Die Chronik des Himmels verzeichnete ihn als Montagmorgen.

Ich sah ihn leicht heraufdämmern, dann aschgrau werden, schließlich nach und nach in einen Lichtschimmer übergehen und sodann immer helleres Licht in sich aufnehmen – all das in unendlich langen Zeiträumen. Und dabei verlangte meine Seele in absonderlicher Weise danach, daß es nicht dämmert und nicht hell wird, sondern daß die Natur diesen einen, diesen einzigen Tag überspringt. Ich erwartete, daß sich etwas Ähnliches unbedingt ereignen würde, betete und flehte zu Gott, und ich muß bekennen, meine Seele wollte vor Angst fast vergehen.

Die ganze Nacht hatte ich nicht schlafen können. Nur manchmal, für wenige Augenblicke, war ich in einen fiebrigen Halbschlaf gefallen, hatte mich aber gleich darauf wieder auf meinem heißen Lager hin und her gewälzt und mir Gewalt angetan, um nicht laut zu stöhnen.

»Was ist denn mit dir los? Du seufzt ja?« fragte meine Mutter mehrmals.

Ich stellte mich schlafend.

Da stand meine Mutter auf, machte Licht und trat zu mir. Ich hatte die Augen geschlossen. Sie legte ihre Hand auf meine Stirn. »Der Junge brennt ja wie Feuer. Mann, komm einmal her! Dem Jungen fehlt etwas.«

»Laß ihn«, meinte der Vater, »er ist sicherlich gestern wieder irgendwo herumgetollt. Der Teufel reitet ja die Jungen – aber das mit den Geheimbünden muß aufhören; dauernd steckt er mit dem Frantík, dem Josef und dem Rakovníker zusammen . . .«

»Du weißt doch, daß sie miteinander lernen, da fällt es ihnen leichter.«

Ich berichte ganz ehrlich: Ich fühlte mich hundsmiserabel. Eigentlich fühlte ich mich schon seit Tagen so, aber es wurde ärger, je näher der 20. August kam. Auch bei den anderen Feldherren bemerkte ich Ähnliches. In den letzten Versammlungen wurde manchmal etwas wirr durcheinandergesprochen. In meinem Innern schrieb ich es dem Umstand zu, daß die Feldherren Angst hatten. Ich überwand mich selbst und trat vorgestern ganz energisch auf. Da bekämpften alle heldenhaft ihre Angst und gerieten in Feuer; nie war so energisch gesprochen worden wie vorgestern. Aber die folgende Nacht hatte ich doch schlecht geschlafen. Freilich, wenn ich bei den anderen entschiedenen Heldenmut gesehen hätte, wäre mir auch ganz anders ums Herz gewesen.

Daß ich selbst Angst hatte, konnte ich auf keinen Fall zugeben. Aber mich quälte der Gedanke, und es klang wie eine schwere Anklage gegen das Schicksal: Warum war gerade mir diese entsetzliche Aufgabe zuteil geworden? Die Zerschlagung Österreichs erschien mir auf einmal als ein unaussprechlich bitterer Kelch. Am liebsten hätte ich gebetet: »Herr, laß diesen Kelch an mir vorübergehen!«, doch ich fühlte, daß es keinen Ausweg mehr gab, und der Gipfel des Ruhms war für mich auf einmal zum Gipfel von Golgatha geworden. Aber ich war durch den Eid gebunden.

Um zehn Uhr sollten wir an Ort und Stelle sein, um elf sollte Pohorák kommen, und um halb eins sollte die Aktion beginnen.

Um neun Uhr ging ich aus dem Haus.

Ein angenehmer Sommerwind kühlte meine Schläfen. Der blaue Himmel lachte – wie Márinka, die Schwester Prokops des Kahlen, wenn sie uns zu einem Streich aufforderte. Nebenbei gesagt, Márinka war meine stille Liebe. Ich dachte an sie, dachte an die Hochachtung, die sie stets meinem heldenhaften Charakter zollte, und plötzlich war mir leichter ums Herz, meine Brust weitete sich, und meine Seele wuchs.

Ein wunderbarer Umschwung hatte sich in mir vollzogen, ehe ich den Hirschgraben erreichte, und ich ertappte mich zweimal dabei, wie ich auf einem Bein hüpfte.

Ich überlegte, ob alles in Ordnung sei. Es war vorbildlich in Ordnung. Zwei Schleudern barg eine meiner Taschen, in der anderen steckte meine schwarze Binde. Unter dem Arm trug ich ein Schulbuch, aus Kriegslist. Ich ging auf den Marienschanzen an exerzierenden Militäreinheiten vorüber, ohne auch nur mit der Wimper zu zukken. Ich wußte, daß sie zur Zeit unserer Aktion längst in ihre Kasernen zurückgekehrt sein würden.

Es war noch Zeit genug, und so schritt ich noch einmal den ganzen Schauplatz der bevorstehenden Aktion ab. Ich ging durch die Chotek-Anlagen, wo neben der abschüssigen Straße Mikuláš von Hus Posten beziehen sollte. Ich blickte hinunter nach Bruska. Dort sollte später Prokop der Kleine stehen und Pohorák erwarten, ihm dann durch den steilen Hohlweg voranlaufen und uns rasch die Nachricht überbringen. Ich stieg zur Zitadelle empor und ging von dort über den Wall zum Bruska-Tor. Als ich an der Zitadelle vorüberkam, schlug mein Herz laut, als ich sie aber im Rücken hatte, ließ das Herzklopfen sofort nach. Die Wälle zwischen der Zitadelle und dem Bruska-Tor sind zwei vorspringende Bastionen. Die erste ist erhöht und bildet ein kleines Plateau, in der Mitte des Plateaus befand sich damals ein kleiner ummauerter Teich, ringsum von dichtem Schilf und Strauchwerk umgeben – der Schauplatz vieler unserer Abenteuer. Unter einem solchen Strauch hatten wir einen großen Haufen runder Kieselsteine für unsere Steinschleudern versteckt. Den Rand der zweiten Bastion bildete ein tieferes Tal.

Heute steht in diesem Einschnitt das Kaffeehaus »Panorama«, damals aber war der Ort mit dichtem Strauchwerk bedeckt. Wenige Schritte weiter befand sich das Bruska-Tor, an dem ich als oberster Feldherr meinen Standort hatte.

Ich setzte mich auf eine Bank oberhalb des Tores und schlug mein Buch auf. Ein leichtes Zittern ließ meinen Körper nicht zur Ruhe kommen, manchmal lief mir ein kalter Schauer über den Rücken, aber ich glaube nicht, daß es Angst war. Im großen und ganzen fühlte ich mich nämlich recht wohl. Viel mag dazu beigetragen haben, daß ich keinen meiner Mitkämpfer gesehen hatte. In mir keimte der angenehme Verdacht, daß sie Angst bekommen hatten und nicht erscheinen würden. Dauernd drängte mich mein Herz, darauf stolz zu sein, daß wenigstens ich da bin – aber die Gedanken verrieten mich wieder abergläubisch –, vielleicht könnte ich sie gerade dadurch herbeirufen, meine Mitkämpfer, und deshalb fühlte ich mich lieber nicht stolz.

Trommeln und Trompeten tönten abwechselnd von den Exerzierplätzen auf den Marienschanzen und am Belvedere herüber. Unter mir kamen Leute und Fuhrwerke aus dem Tor oder verschwanden darin. Anfangs schenkte ich ihnen keine Beachtung, aber dann begann der Aberglaube auch hier sein Spiel. Biegt der Wagen dort am Ende der Brücke gegen Bubeneč ab, geht unsere Aktion schief, biegt er links nach Podbaba ein, geht sie gut aus. – Einer – zwei – drei – vier – fünf – alle nach Bubeneč ... Und vom Belvedere schmetterten die Trompeten, als bliesen sie zum Sturm ... Ich sprang auf.

Da schlug die Uhr vom Turm des Veitsdoms zehn. Ich blickte mich um – und sah Mikuláš durch die Allee an seinen Platz trippeln. Edles, tapferes Herz – mutiger Kämpfer! Selbst seine Ferien hat er der großen Sache geopfert;

schon vierzehn Tage hätte er bei seinem Bruder auf dem Lande sein können . . . Aber ich fühlte, daß es mir doch irgendwie nicht recht war, ihn kommen zu sehen. Nun mußte ich, um meinen Pflichten zu genügen, meinen militärischen Kontrollgang machen. Das offene Buch vor mir, ging ich langsam über die Bastion. Nirgends war ein Spaziergänger zu erblicken.

Ich kam zum Teich. Dort lag Prokop der Kahle im Gras. Kaum hatte ich ihn erblickt, begann ich lange Schritte zu machen und fest aufzutreten, als dröhne mein schwerer, gepanzerter Fuß in einer Wagenburg.

Prokop der Kahle hielt auch ein Buch in der Hand und schaute mich an. Seine Augen waren rot.

»Alles in Ordnung?«

»Jawohl.«

»Hast du sie mit?«

»Ja.« – Das heißt, die ihm anvertraute Pistole.

Ich blinzelte zu dem Strauch, unter dem unsere Kieselsteine lagen. Prokop der Kahle blinzelte ebenfalls hin und bemühte sich sichtlich, dabei leicht zu lächeln, aber es gelang ihm nicht.

Da kam aus der Zitadelle ein Soldat. Er trug eine Kanne in der Hand, war mit einem Kittel bekleidet und hatte eine schäbige Mütze auf dem Kopf. Das war der ständige Putzer der Offiziere. Den hatten wir bei unserer Berechnung ganz vergessen. – Nun ja, dann war es eben einer mehr!

Er kam langsam näher, und als er gerade bei uns war, stellte er die Kanne auf die Erde.

Wir fuhren beide zusammen.

»Junge Herren, haben Sie nicht eine Zigarre?«

»Nein, wir . . .« Ich führte den Satz nicht zu Ende, ich konnte doch nicht sagen, daß außer Prokop dem Kleinen noch keiner von uns raucht!

»Aber zwei Kreuzer haben Sie sicher. Geben Sie sie mir für ein Päckchen Tabak! Nun bin ich schon seit der Revolution im vorigen Jahre hier . . .« – wieder fuhren wir zusammen, noch stärker als beim erstenmal, es gab uns geradezu einen elektrischen Schlag –, »und jeden Tag geben mir die jungen Herren Geld für Tabak.«

Ich holte zwei Kreuzer aus der Tasche und reichte sie ihm mit zitternder Hand.

Der Soldat pfiff durch die Zähne, nahm die Kanne auf und ging ohne ein Wort des Dankes weiter.

Ich winkte mit der Hand und stieg zur Straße hinunter. Ich ging in den Chotek-Park und näherte mich der Bank auf der »Schönen Aussicht«. Mikuláš saß dort und blickte über ein aufgeschlagenes Buch hinunter.

Schwere, lange Schritte, wie von einem gepanzerten Fuß.

»Alles in Ordnung?«

»Jawohl!« Und er lächelte ein wenig.

»Ist Prokop der Kleine an seinem Platz?«

»Ja – er raucht.«

Unten saß Prokop der Kleine auf dem Geländer, schlenkerte mit den Beinen und rauchte eine Zigarre. Gewiß eine für einen Dreier.

»Morgen beginne ich auch zu rauchen.«

»Ich auch.«

Ein Wink mit der Hand – und Abgang mit möglichst schweren Schritten.

Wieder saß ich oberhalb des Tores. Die Soldaten kehrten abteilungsweise von ihrem Exerzierplatz hinter dem Tor in die Stadt zurück – ausgezeichnet! Aber sonderbar – heute betrachtete ich sie mit einer gewissen beklemmenden Unlust. Sonst erregte mich ihr Anblick, und schon das Dröhnen einer Trommel genügte zur Entfesselung der blühendsten Phantasie; spielend dachte ich mir die wirbelnden, mitreißenden Klänge eines türkischen Marsches hinzu, ich sah mich an der Spitze des Zuges auf schnaubendem Schimmel, eben aus siegreicher Schlacht heimkehrend, hinter mir Soldaten mit fröhlichem, stolzem Gesang, rings um mich das jubelnde Volk, ich mit regungslosem Antlitz, nur manchmal ganz leicht den Kopf neigend. Heute aber war meine Phantasie fade wie das abgestandene Bier, aus dem meine Mutter immer die widerliche Biersuppe kochte. Mein Kopf wollte sich nicht stolz erheben, auf meiner Zunge spürte ich einen lehmigen Geschmack. Blickte zufällig einer der Soldaten zu mir herauf, wich mein Blick geschwind zur Seite aus.

Ich bohrte meine Blicke in die Landschaft. Sie lag ruhig und heiter da; auf Berg und Tal schien lautlos ein feiner Goldregen niederzugehen. Und doch hatte die Landschaft einen sonderbaren elegischen Ton ... Ich zitterte trotz der warmen Luft.

Dann sah ich hinauf zum blauen Himmel. Wieder dachte ich an Márinka. Mein teures Mädchen! – Aber mir kam es so vor, als fürchtete ich mich in diesem Augenblick ein wenig davor, ihr in die Augen zu sehen. Der Gedanke machte einem anderen Platz. Žižka! Hunderttausend Kreuzfahrer hat er mit einer kleinen Schar geschlagen! Und Parzival tötete hundert Bewaffnete in einer Stunde. – Aber, weiß Gott, was das war – manchmal hat selbst die Historie keine Überzeugungskraft. (Abgestandenes Bier, lehmiger Geschmack auf der Zunge.)

Nein – unmöglich! Ein Zurück gibt es nicht! So mag es denn geschehen!

Nun kamen schon mehr Leute aus dem Tor als vorher. Gedankenlos verfolgte sie mein Blick. Dann begann unwillkürlich wieder das abergläubische Spiel, und ebenso unwillkürlich bediente ich mich jetzt dabei eines Kniffes. Ich zog nämlich bloß jene Personen in Betracht, die der Kleidung nach vom Lande waren und von denen man daher mit großer Wahrscheinlichkeit annehmen konnte, daß sie sich nach links, gegen Podbaba, wenden.

Ein plötzlicher Schauer überrieselte mich, mühsam stand ich auf.

Lieber wieder einen Rundgang! Ohnehin rief bereits die unerbittliche Pflicht.

Als ich mich mit schweren Schritten – aber ich fühlte selbst, daß sie jetzt nicht sehr schwer waren – wieder Prokop näherte, trat gerade der Inspektionsoffizier in die Zitadelle. Jedenfalls werden wir warten müssen, bis er fort ist.

Das Gesicht Prokops des Kahlen wurde kreideweiß.

»Pepík, du hast ja Angst!« sagte ich mit freundlichem Mitgefühl.

Prokop der Kahle gab keine Antwort. Er legte den Zeigefinger der rechten Hand unter das rechte Auge und zog das untere Augenlid so tief herunter, daß man den inneren roten Rand sehen konnte. Eine bekannte Gebärde der Prager Jungen, die, in Worte übersetzt, eine entschiedene Negation zum Ausdruck bringt.

Warum sagte er nur nicht, daß er Angst hat? Dann könnte Österreich doch noch ...

»Elf«, stotterte Prokop der Kahle.

Ja, elf Schläge schwebten langsam durch die warme Luft herab. Jeder Schlag zitterte lange im Ohr nach, und unwillkürlich blickte ich in die Höhe, ob der Klang nicht sichtbare Gestalt angenommen habe. Es waren mächtige Schläge, die da für eines der ältesten und größten Staatsgebilde Europas die Todesstunde anzeigten.

Noch patrouillierte ich langsam um die militärische Position des Mikuláš, dann stieg ich leichten Schrittes hinunter zu Prokop dem Kleinen. Es schien mir, ich müßte seine Aufmerksamkeit noch durch einige oberfeldherrliche Winke schärfen.

Prokop der Kleine saß noch immer auf dem Geländer, aber er rauchte nicht mehr, sondern hielt jetzt eine mit Zwetschen gefüllte Mütze im Schoß. Er aß mit großem Appetit, nahm jeden Kern vorsichtig aus dem Mund, legte ihn auf den Zeigefinger, stemmte den Daumen dagegen, drückte los – und schon lief wieder eines der Hühner, die auf der anderen Seite der Straße spazierengingen, laut gackernd davon. Schon hatten sich fast alle in sicherer Entfernung zurückgezogen, nur ein schwarzes Huhn pickte noch in recht unvorsichtiger Nähe im Boden. Eben hatte Prokop der Kleine auch auf das angelegt, als er mich erblickte. Dadurch erhielt der schnellende Daumen eine andere Richtung, und statt des Huhnes traf der Kern mein Kinn, so scharf und beißend, als hätte mich jemand mit einer Peitsche getroffen.

Das Gesicht Prokops des Kleinen strahlte vor Seligkeit.

»Was treibst du denn da? Du gibst ja gar nicht acht!«

»Ich? Aber natürlich! Ich habe wohl keine Augen, was? – Hast du Appetit?«

»Ich habe keinen Hunger. Was kosten sie?«

»Acht Kreuzer. Nimm!«

»Vier nehme ich für Pepík mit. – Achtung! Jeden Augenblick kann er kommen.« Und ich ging wieder hinauf. Ich spürte noch, wie mich ein Kern schmerzhaft am Ohr traf, aber ich blickte mich nicht um, sondern schritt würdevoll weiter.

Es war halb zwölf, als ich wieder bei der Stellung Prokops des Kahlen ankam. Er lag noch immer lang ausgestreckt im Gras.

»Da hast du ein paar Zwetschen – sie sind von Frantík.«

Prokop der Kahle stieß meine Hand zurück. Ich legte die Zwetschen neben ihn und streckte mich auch der Länge lang ins Gras. Am Himmel stand nicht das geringste Wölkchen. Wenn man so zum Firmament blickt, erlahmt plötzlich die Sehkraft, und es scheint einem, daß in der Luft lauter weiße Würmer herumwimmeln. Nicht nur mein Blick, sondern auch mein ganzer Körper war nach und nach voll von solchen Würmern, bald kreiste mein Blut rasch, bald stand es still, jetzt zuckte dieser Muskel, dann wieder jener. Es war, als tropfe geschmolzenes Blei vom Himmel.

Ich wälzte mich auf die Seite und wandte Prokop mein Gesicht zu.

Es schlug drei Viertel.

»Du – hör einmal . . .«, wandte sich Prokop der Kahle plötzlich an mich, und seine Augen blickten starr, »ob uns der Pohorák nicht verraten hat?«

»Das ist doch nicht . . .«, brachte ich stotternd hervor. Aber es ließ mir keine Ruhe, ich stand auf und ging hin und her. Die schrecklichsten Gedanken von schwarzem Verrat zuckten mir durch den Kopf.

Da blickte ich durch das Strauchwerk zum Hohlweg – dort kam Prokop der Kleine heraufgerannt, so schnell er nur konnte.

»Prokop!« – Der erste Gedanke war: Fliehen!

Prokop der Kahle war auch schon auf den Beinen. Von der anderen Seite eilte Mikuláš herbei. Auch er hatte Prokop den Kleinen herauflaufen sehen.

Prokop der Kleine war ganz außer Atem. »Die Fuhrleute, die dort am Stand Schnaps trinken, erzählen, eben habe ein Polizist auf dem Markt einen Händler mitgenommen!«

Niemand sagte: Das war Pohorák! Aber es war, als sei ein Stein zwischen eine Schar Tauben gefallen; sofort waren wir nach allen Windrichtungen auseinandergestoben.

Ich rannte den Hohlweg in einem Tempo hinunter, daß mir der Kopf brauste. Im Nu war ich an der Waldsteingasse, aber ein gewisser Instinkt trieb mich weiter. Ich bog in die Heuwaaggasse ein, die Pflastersteine flogen nur so unter meinen Füßen. Schon war ich an der Thomaskirche und wollte unter den Lauben den Platz hinauf, der erste Pfeiler lag gerade hinter mir – da hielt ich plötzlich im Laufen inne und preßte mich an den zweiten Pfeiler.

Eben brachte ein Polizist den Pohorák samt Hund und Wagen auf die Wache nebenan. Ich sah genau, daß Pohorák sehr ergriffen war. In seinem Gesicht stand ein unaussprechlicher Schmerz.

Die Geschichte der Menschheit wiese eine nicht zu schließende Lücke auf, wollten wir nicht berichten, was mit Pohorák inzwischen geschehen war.

An jenem Tag war er etwas später als sonst durch das Strahover Tor nach Prag gefahren, ja man kann sagen, nach den Gewohnheiten der Händler und nach Prager Brauch war es schon sehr spät: sieben Uhr.

Im Laufschritt ging es die steile Straße hinab, das »Sattelpferd«, die weiße Bulldogge, brauchte nicht zu ziehen und lief lustig bergab, das »Handpferd«, Herr Pohorák selbst, bremste den Wagen, und seine Linke, die auf der Deichsel lag, hüpfte in fast regelmäßigen Zeitabständen in die Höhe.

»Wieso denn heute so spät, Pohorák?« fragte am Tiefen Weg der Bäcker, der in Hemdsärmeln bequem am Laden lehnte und sein Pfeifchen schmauchte.

»Ach – ich habe mehrmals Station gemacht«, lachte Pohorák und hielt mit langgezogenem »Brrr« seinen Wagen an. Dann griff er in die rechte Tasche, holte eine mit Stroh umwickelte Flasche hervor und hielt sie dem Bäcker hin. »Wie wär's mit einem kräftigen Schluck?«

»Danke, ich habe mir heute früh schon einen hinter die Binde gegossen.«

»Ich auch, aber fünf Vaterunser sind besser als eins!« Und Pohorák leerte die Pulle bis auf den Grund, steckte die leere Flasche ein, nickte dem Bäcker zu und rasselte weiter.

Der Bauernmarkt war schon voll. Der verantwortliche Polizist führte Pohorák mit seinem Wägelchen hin und her, der Händler stritt sich unablässig mit dem »Herrn Korporal«, endlich fand sich ein Platz.

Manchmal brachte Pohorák außer Geflügel auch Hasen, Butter und Eier auf den Markt, heute aber hatte er bloß geschlachtete Hühner und Tauben mit. Der Geflügelhandel war sein Hauptgeschäft. Pohorák war daher mit dem eigenartigen, nicht besonders angenehmen Geruch behaftet, den das Geflügel nun einmal an sich hat, und man merkte ihm den Geflügelhändler schon auf zehn Schritt gegen den Wind an.

Pohorák war bereits weit über die Fünfzig hinaus. Sollte sich der geschätzte Leser nach dem Vorhergehenden Pohorák als eine mächtige Gestalt vorgestellt haben, so muß ich zu meinem Bedauern der Phantasie des Lesers Zügel anlegen. Pohorák sah nicht so aus, als wollte er in der Manege mit einem Herkules um die Wette ringen.

Seine Gestalt war nur wenig mehr als mittelgroß, zum Nacken zu etwas gekrümmt – und mehr dürr und knochig als gedrungen. Sein hageres Gesicht war von Blatternarben so zerrissen, daß ein gutmütiger Mensch leicht auf den Gedanken kommen konnte, ihm anzuraten, sein Gesicht neu pflastern zu lassen. Pohorák trug einen kleinkarierten bläulichen Rock, bei dem aber an einigen Stellen, besonders am Kragen und am linken Arm, vom Muster nichts mehr zu merken war; er sah vielmehr wie trokkener Straßenkot aus. Seine schmutzige braune Hose war immer hochgekrempelt, selbst wenn es seit acht Wochen nicht geregnet hatte. Den Kopf bedeckte im Sommer wie im Winter eine dunkle Tuchmütze, hinter deren Band immer ein Akziseschein hervorschaute.

Pohorák breitete Stroh unter den Wagen, und sein Hund rollte sich auf diesem schattigen Lager zusammen. Dann holte er seine Ware hervor und legte sie auf dem Wagen zum Verkauf aus. Sodann dehnte und streckte er sich und hielt Umschau.

»Junge Frau«, sagte er schließlich zu der neben ihm sitzenden, etwa sechzigjährigen Händlerin, »geben Sie auf meine Sachen ein bißchen acht, ja? Der Weg hat mich müde gemacht, ich will nur schnell eine Tasse Kaffee trinken!«

Er ging zum nächsten Kaffeesieder und trank eine Tasse starken Kaffee. Drei Schritt weiter fand er einen Schnapshändler; bei dem trank er zwei Glas Kümmel und steckte eine Flasche für spätere Fälle ein. Hernach kaufte er noch zwei Mohnsemmeln, eine für sich und eine für seinen Hund, dann ging er wieder zu seinem Wagen.

»Rechts oder links«, fragte ihn die Frau, die an die Händler Hocker vermietete.

Pohorák zeigte schweigend mit dem Finger, drückte der Frau einen Kreuzer in die Hand und setzte sich. Seine Hand fuhr in die linke Rocktasche und brachte eine Pfeife und einen Tabaksbeutel zum Vorschein. Die Schnur des Beutels wurde abgewickelt, die Pfeife gestopft, aus der rechten Westentasche eine Schachtel Streichhölzer hervorgeholt – und Pohorák rauchte. Das Pfeifchen schmeckte.

Jetzt erst galt sein Blick seiner Ware. »Die Hühner gebe ich für zwei Zwanziger, die Tauben für einen«, murmelte er in sich hinein und paffte zufrieden.

Ein stämmiger Bierbrauer trat heran. Einen Bierbrauer oder seine Frau erkennt man unfehlbar daran, daß das Dienstmädchen eine Bütte mit Kupferreifen trägt.

»Was kosten die Hühner?«

»Was sie kosten?« meinte Pohorák bedächtig und schob seine Pfeife in den anderen Mundwinkel. »Da wäre ich schön dumm, wenn ich das sagen wollte. Aber ich verkaufe sie für vierzig Kreuzer.«

»Sie Narr, was fällt Ihnen ein? Zweiunddreißig gebe ich Ihnen. Wollen Sie? Ich nehme sechs Stück.«

Pohorák schüttelte nur stumm den Kopf, setzte sich wieder und rauchte weiter.

Der Brauer ging fort.

»Pohorák, heute werden Sie für diesen Preis nichts verkaufen«, meinte seine Nachbarin, die er vorhin mit »junge Frau« angeredet hatte. »Klammern Sie sich nicht daran, heute ist das Angebot groß!«

»Was geht das dich an, du alte Giftnudel? Ich verkaufe, wie ich will! Kümmere dich lieber um deine stinkigen Kalkeier! Dem Pohorák wirst du das Verkaufen nicht beibringen! – Selbst wenn ich heute nichts verkaufe, habe ich meinen Profit in der Tasche«, fügte er nach einer Weile hinzu, holte aus der Westentasche einige Goldstücke und klimperte mit ihnen in der Luft.

Die Frau antwortete nichts. Aber auch Pohorák schwieg, denn er spülte gerade seinen Zorn mit Schnaps hinunter.

Da kam eine Dame mit einem Dienstmädchen. »Was kosten die Hühner?«

»Vierzig Kreuzer.«

»So teuer?! Fünfunddreißig, nicht?«

Pohorák schwieg.

»Na, seien Sie doch nicht so eigensinnig!«

»Ach was, ich kann nichts dafür – ich habe es mir nun einmal so in den Kopf gesetzt, und damit basta! Anders gebe ich sie nicht.«

»Gnädige Frau, gehen wir weiter!« sagte das Dienstmädchen. »Die Hühner sind ja ohndies schon fast grün.«

»Was – grün? – Du bist grün – du alte Vettel! Meine Hühner spielen alle Farben!« Und er ergriff einige Hühner an den Beinen und schwenkte sie in der Luft. »Juchhu!«

Die Marktweiber ringsherum begannen laut zu lachen.

Pohorák ertränkte seine Wut in Schnaps.

So ging es weiter.

Der Markt leerte sich. Pohoráks Tauben und Hühner lagen noch immer unberührt. Manchmal blickte Pohorák doch wie in stummer Frage über seinen Wagen hin, doch dann brummte er: »Was kann ich denn für meinen Kopf?«

Langsam begann der Schnaps zu wirken.

Ein Würstchenverkäufer kam vorüber. »Heiße Würstchen! Heiße Würstchen!«

»Gib ein Paar her!« Pohorák nahm die Würstchen und verzehrte sie.

Unterdessen bediente der Würstchenverkäufer die in der Nähe sitzenden Hökerinnen. Nach einer Weile kehrte er zu Pohorák zurück. »Ich bekomme noch drei Kreuzer für ein Paar.«

»Für was für ein Paar?«

Darauf die gegenübersitzende Hökerin: »Sie haben es ja gerade gegessen!«

»Ich hätte Würstchen gegessen? Ihr seid ja alle verrückt!«

Streiterei. Pohorák fluchte.

Der Würstchenverkäufer fuchtelte mit seinem Haken in der Luft herum und rief nach dem Polizisten.

Der Polizist: »Haben Sie ein Paar Würstchen gegessen?«

Pohorák glotzte ihn an. »Ja.«

»Dann zahlen Sie!«

»Aber selbstverständlich! – Eben habe ich mich daran erinnert. – Wissen Sie, Herr Korporal – ich bin schon ein alter Mann – mit meinem Kopf ist nicht mehr alles in Ordnung.«

Ringsherum Gelächter.

Aber Pohorák saß fortan trübsinnig da und jammerte nur mehrmals für sich: »Dieser Kopf – dieser Kopf!« – Dann trank er seine Flasche aus und rauchte wie ein Schlot.

Die Sonne brannte unbarmherzig. Pohorák wurde übel. Er schaute auf den Hund, der im Schatten des Wagens schlief – langsam erhob er sich, deckte die Hühner und die Tauben mit einem Tuch zu – und kroch ebenfalls unter den Wagen.

Selbst die »Watschelfrau«, die täglich die letzte Käuferin war, hatte ihren Einkauf erledigt. Körbe und Platten verschwanden, und die Hökerinnen brachten ihre Eierkisten fort. Der Polizist ging herum und mahnte: »Aufräumen!«

Vor Pohoráks Wagen blieb er stehen. »Aufräumen! Wem gehört denn dieser Wagen?« Und er stieß ihn an.

Ein dumpfes Brummen ertönte von unten.

Der Polizist schaute unter den Wagen und sah Pohorák, die Mütze unter dem Kopfe, ruhig auf dem Stroh schlafen. »Pohorák, aufstehen!« Und er zog ihn am Bein.

Da sprang der Hund auf und riß den Wagen zur Seite. Ein Rad fuhr Pohorák über den Arm. Doch der schlief ruhig weiter.

Der Polizist lachte. »Sie, begießen Sie ihn doch ein bißchen!« rief er einem der Straßenfeger zu, die bereits ihres Amtes walteten.

Schwupp! Eine halbe Kanne Wasser ergoß sich über Pohoráks armes Haupt.

Pohorák zuckte zusammen, setzte sich auf und rieb sich die Augen.

»Aufstehen!«

Pohorák erhob sich langsam. »Ich bin wie zerschlagen! Für diese Anstrengungen bin ich wohl doch schon zu alt!«

»Na, Alter, dann kommen Sie eben mit! Dort können Sie sich ausschlafen!« – »Wie Sie befehlen!« Und Pohorák ergriff die Deichsel und ging, großes Leid im Herzen, wohin ihn der Polizist führte.

Auf dem Boden bei Rumpál fand eine erregte Versammlung statt. Wir nahmen einander den Eid ab, nie und nirgends etwas zu verraten. Referat des Jan Žižka: »Ich sah ihn, so wahr ich hier stehe – alles zuckte in mir, aber ich konnte ihm nicht helfen!«

Nur Mikuláš fehlte bei der Versammlung, er befand sich bereits unterwegs zu den Wäldern von Rakovník.

Um sechs Uhr abends fand unsere Todesangst ein Ende.

Mühevoll zog Pohorák seinen Wagen bergan. Vor Rumpáls Laden blieb er stehen.

Mit pochendem Herzen lauschte Prokop der Kahle hinter der Glastür, die aus dem Laden in die Wohnung führte.

»Mir wurde schlecht. Man mußte mich wegbringen. Dort habe ich mich etwas ausgeschlafen. Die Nacht muß ich nun im ›Breiten Hof‹ verbringen. Das Geschäft war heute schlecht – vielleicht ist es morgen besser . . .«

Nach einigen Tagen wurde in einem Winkel am Röhrenbrunnen eine neue Pistole gefunden. Niemand wußte, wie sie dahin gekommen war, und es kursierten die sonderbarsten Gerüchte.

Erst etwa vier Wochen später schlängelte sich einmal Prokop der Kahle an Pohorák heran, der seinen leeren Wagen vom Markt zog, und fragte ihn: »Herr Pohorák, was haben Sie denn eigentlich mit den sechs Gulden gemacht?«

Pohorák blieb stehen. »Mit welchen sechs Gulden?«

»Sie wissen doch, die sechs Gulden, die ich Ihnen gegeben habe, damit Sie für uns – damit Sie für mich etwas Pulver kaufen.«

»Mir sechs Gulden? Pepík, Pepík! Mir scheint, du willst einen alten Mann hinters Licht führen! Und das ist eine große Sünde!« Und er hob tadelnd den Zeigefinger der rechten Hand.

1877

EINE ALLERSEELEN-BETRACHTUNG

Ich weiß nicht, wie oft sie noch zu Allerseelen den Friedhof von Košíře aufsuchen wird, heute jedenfalls hat ihr das Gehen bereits große Anstrengungen verursacht, und ihre Beine versagten zeitweise den Dienst.

Trotzdem aber spielte sich alles so ab wie seit Jahren: Etwa um elf Uhr verließ das große, korpulente Fräulein die Droschke, der Kutscher reichte ihr zwei Kränze, die in ein weißes Tuch eingeschlagen waren, herunter, und dann hob er noch ein fünfjähriges Mädchen aus dem Wagen, das warm eingehüllt war.

Schon seit fünfzehn Jahren ist das sie begleitende Mädchen immer fünf Jahre alt, Fräulein Máry borgt sich für ihren alljährlichen Friedhofsbesuch immer ein Kind dieses Alters in der Nachbarschaft aus.

»So, mein Kindchen! Schau nur, wie viele Leute da sind – nicht wahr? Und die vielen Lichter, die Lämpchen und alle die Blumen! Geh nur – und hab keine Angst – geh nur voraus! Du kannst gehen, nach welcher Seite du willst, ich bleibe hinter dir!«

Schüchtern trippelt das Kind voran. Fräulein Máry folgt ihm auf dem Fuße, ermuntert es, ohne aber die Richtung des Weges zu bestimmen. So gehen sie über den Friedhof, bis das Fräulein plötzlich sagt: »Warte einmal!« Sie nimmt das Mädchen an der Hand und führt es seitwärts zu einer Gräberreihe. Von einem Eisenkreuz nimmt sie einen verwitterten, von Wind und Regen arg mitgenommenen Kranz ab und hängt an dessen Stelle einen neuen aus weißen und schwarzen Kunstblumen. Mit der freien Hand faßt sie dann den Querarm des Kreuzes und spricht ein Gebet – niederzuknien wäre für sie zu anstrengend. Zunächst ist ihr Blick zu Boden gerichtet, auf den welken Rasen und die graue Erde des Grabhügels, aber plötzlich hebt sie den Kopf mit dem breiten, gutmütigen Gesicht, und die großen, aufrichtigen, blauen Augen schauen in die Ferne. Allmählich werden die Augen trüb, die Mundwinkel beginnen zu zucken, die betenden Lippen zittern und werden schmal, Tränen brechen hervor und rinnen langsam über ihre Wangen. Verwundert blickt das Kind auf, doch das Fräulein hört und sieht nichts.

Nach einer Weile aber kommt sie, wie durch innere Gewalt, wieder zu sich, seufzt dumpf und schwer, lächelt dem Kind schmerzlich zu und flüstert mit rauher Stimme: »So – geh weiter, mein Kind, geh weiter! Geh, wohin du willst, ich komme nach.«

Und wieder gehen sie hin und her, wie es dem Kind gefällt, bis das Fräulein plötzlich irgendwo sagt: »Warte einmal!« und an ein anderes Grab tritt. Hier verhält sie sich ebenso wie beim ersten Grab, ich glaube, sie verweilt an keinem auch nur eine Minute länger.

Sodann legt sie auch den zweiten verwitterten Kranz in das Tuch, faßt ihre kleine Begleiterin an der Hand und meint: »Nun ist dir sicher schon kalt, nicht wahr? Komm, damit du dich nicht erkältest! Wir setzen uns wieder in die Droschke und fahren nach Hause. Du fährst doch gern, nicht wahr?«

Langsam gehen sie zur Droschke, erst wird das Mädchen hinaufgehoben, dann folgen die Kränze, und schließlich steigt schnaufend das Fräulein ein. Der Wagen ächzt, das Pferd muß erst zwei, drei Peitschenhiebe bekommen, ehe es anzieht.

Und so geht es Jahr für Jahr.

Wäre ich noch ein naiver Novellist, würde ich hier wahrscheinlich anfügen: »Sie fragen, wessen Gräber das sind?«

Aber ich weiß, daß ein Leser niemals fragt. Ein Novellist muß dem Leser seine Geschichte geradezu aufdrängen.

Das ist aber hier einigermaßen schwierig. Fräulein Máry ist nämlich verschlossen, sie ist schweigsam in bezug auf Angaben aus ihrem Leben, und sie hat sich zeitlebens niemandem aufgedrängt, nicht einmal ihren nächsten Nachbarn. Seit ihrer Kindheit hatte und hat sie eine einzige Freundin, das einst schöne Fräulein Luizi, die jetzige hagere Oberwachtmeisterswitwe Nocarová.

Heute nachmittag werden die beiden wieder in der Wohnung der Frau Nocarová beieinander sitzen. Das kommt nicht oft vor, daß das Fräulein ihre Freundin in der Welschen Gasse besucht, sie verläßt sonst selten, ja fast nie ihre bescheidene Erdgeschoßwohnung am Fuße des Johannisberges, außer am Sonntag früh, wenn sie in die Niklaskirche zur Messe geht. Sie ist allzu korpulent, und das Gehen strengt sie schon lange an. Deshalb nimmt die Freundin auch Rücksicht auf sie und besucht sie selbst täglich. Durch die langjährige aufrichtige Freundschaft sind sie miteinander gleichsam verwachsen.

Heute aber wäre es für Fräulein Máry zu Hause allzu traurig. Die Wohnung erschiene ihr leerer und einsamer als sonst, und so flüchtet sie zu ihrer Freundin. Und auch für Frau Nocarová ist der heutige Tag deshalb ein Feiertag. Nie röstet sie den Kaffee mit einer solchen Sorgfalt wie heute, nie achtet sie so darauf, daß der Napfkuchen nicht zusammenfällt und daß er recht locker ist. Ihre ganze Unterhaltung hat heute einen gedämpften, feierlichen Ton. Es wird nicht viel gesprochen, und was sie sprechen, klingt einförmig und hat doch eine reiche Resonanz. Ab und zu fließt auch eine Träne in ihre Unterhaltung, und öfter als sonst umarmen die beiden Freundinnen einander.

Schließlich, wenn sie schon recht lange nebeneinander auf dem Sofa gesessen haben, kommt es zu ihrem alljährlichen Gespräch.

»Ich bitte dich«, sagt dann Frau Nocarová, »der Herrgott

hat uns beiden fast das gleiche Schicksal zuteil werden lassen. Ich hatte einen guten und braven Mann, und nach zwei Jahren ist er von mir gegangen und hat mir nicht einmal ein Kind als Trost zurückgelassen. Seit der Zeit bin ich auch allein. Ich weiß nicht, was schlimmer ist: die Liebe nie kennenzulernen oder sie kennenzulernen und den Liebsten bald wieder zu verlieren.«

»Du weißt doch, daß ich immer in den Willen Gottes ergeben war«, sagt dann Fräulein Máry mit feierlicher Stimme, »und ich habe ja auch mein Schicksal im voraus gewußt. Ich hatte es ja geträumt. – Als ich zwanzig Jahre war, träumte mir einmal, ich sei auf einem Ball. Du weißt doch, daß ich zeitlebens nie auf einem Ball gewesen bin. Wir gingen bei Musik und strahlender Beleuchtung paarweise hintereinander, aber sonderbarerweise war der Tanzsaal ein großer Bodenraum unmittelbar unter dem Dach. Plötzlich begannen die vordersten Paare die Treppe hinabzusteigen, ich ging als letzte, mit einem Tänzer, an dessen Gesicht ich mich nicht mehr erinnern kann. Schon waren nur noch wenige Paare oben. Da blickte ich mich um und sah hinter uns den Tod schreiten in einem grünen Sammetmantel, eine weiße Feder auf dem Hut, den Degen an der Seite. Ich eilte, damit auch wir rasch hinunterkämen, aber die anderen waren schon alle verschwunden, und auch mein Tänzer war plötzlich nicht mehr zu sehen. Da faßte mich der Tod jählings an der Hand und trug mich fort. Dann war ich lange, lange in einem Palast, und der Tod war sozusagen mein Mann. Er behandelte mich ungemein liebevoll, ja er liebte mich, aber mir war er widerwärtig. Alles um uns war ungemein prächtig, lauter Kristall und Gold und Samt, aber ich konnte mich nicht freuen. Ich sehnte mich nur immer nach der Erde zurück, und unser Bote – das war ein anderer Tod – berichtete mir regelmäßig, was auf der Erde geschah. Meinen Mann schmerzte diese meine Sehnsucht, ich sah es, und er tat mir deshalb leid. Seit der Zeit wußte ich, daß ich nie heiraten würde und daß mein Bräutigam der Tod ist. Nun, und siehst du, Luizi – kommen die Träume nicht aus Gottes Hand? Und hat nicht ein zweifacher Tod mein Leben vom übrigen Leben geschieden?«

Dann weint Frau Nocarová, obwohl sie diesen Traum schon unzählige Male gehört hat, und das Weinen der Freundin tropft wie kühlender, schmerzstillender Balsam in das gramerfüllte Herz des Fräuleins.

In der Tat ist es recht seltsam, daß das Fräulein nie geheiratet hat. Sie war schon frühzeitig Waise geworden, ganz auf sich gestellt – und Besitzerin eines hübschen zweistöckigen Hauses am Fuße des Johannisberges. Sie war auch nicht häßlich gewesen, das ist ihr noch heute anzusehen. Sie war hochgewachsen wie selten eine Dame, ihre blauen Augen waren geradezu schön, ihr Gesicht war zwar etwas breit, aber ihre Züge waren regelmäßig und angenehm – nur etwas korpulent war sie von frühester Jugend an, und das trug ihr den Spitznamen »die dicke Máry« ein. Wegen ihrer Körperfülle neigte sie schon immer zur Bequemlichkeit. Sie spielte auch nie mit anderen Kindern, später ging sie nicht in Gesellschaft, und ihr einziger täglicher Ausgang war ein kurzer Spaziergang zu den Marienschanzen.

Man kann aber nicht sagen, daß auch nur ein einziger Kleinseitner je darüber nachgedacht hätte, warum Fräulein Máry eigentlich nicht geheiratet hatte. Auf der Kleinseite lebt eine Gesellschaft ganz bestimmter Typen, Fräulein Máry verkörperte in dieser Gesellschaft den Typ der alten Jungfer, und niemandem wäre je der Einfall gekommen, daß es auch anders sein könnte. Wenn aber doch eine Frau geflissentlich und mit den üblichen weiblichen Phrasen im Gespräch mit dem Fräulein diesen Punkt berührte, antwortete das Fräulein mit ruhigem Lächeln: »Ich denke, daß ein Mensch, auch wenn er unverheiratet ist, Gott dienen kann – habe ich nicht recht?« Stellte aber jemand diese Frage Frau Nocarová, so zuckte die ihre spitzigen Schultern und sagte: »Sie wollte eben nicht! Sie hätte wiederholt heiraten können, und es waren gute Partien, das ist wahr. Ich selbst weiß von zweien – sehr brave Leute – aber sie hat nicht gewollt!«

Ich aber, der Chronist der Kleinseite, weiß, daß beide leichte Burschen waren und nichts taugten. Es handelt sich ja um keinen anderen als um den Kaufmann Cibulka und den Graveur Rechner, und wo man auch von den beiden sprach, immer hieß es: »Diese Taugenichtse!« Ich behaupte nicht, sie wären Übeltäter gewesen, das hätte noch gefehlt, aber auch so war mit ihnen nichts Rechtes anzufangen: keine Ordnung, kein geregeltes Leben, kein Verstand. Rechner begann vor Mittwoch nie zu arbeiten, und am Sonnabendmittag hörte er mit der Arbeit wieder auf. Er hätte viel Geld verdienen können, denn er war sehr geschickt, wie Herr Hermann, Schreiber und Landsmann meiner Mutter, immer behauptete, aber er konnte der Arbeit keinen Geschmack abgewinnen. Und der Kaufmann Cibulka hielt sich mehr in der Weinstube unter den Lauben auf als in seinem Geschäft, er schlief immer bis in den hellichten Tag hinein, und stand er doch einmal hinter dem Ladentisch, war er verschlafen und brummig. Angeblich konnte er auch Französisch, aber um sein Geschäft kümmerte er sich nicht, und sein Gehilfe machte, was er wollte.

Die beiden waren fast ständig zusammen, und blitzte in der Seele des einen doch manchmal ein edlerer Funke auf, erstickte ihn der andere sicherlich sofort. Aber wer sich zu ihnen setzen wollte, fand nicht so leicht reizendere Gesellschafter.

Auf dem glattrasierten, spitzen Gesicht des kleinen Rechner lag immerzu ein leichtes Lächeln, wie Sonnenschein auf freiem Feld. Seine hohe Stirn, aus der er das lange, kastanienbraune Haar zurückkämmte, war stets klar, und um seine schmalen blassen Lippen spielte ständig ein Lächeln. Seine ganze hagere Gestalt, immer in Gelb, seiner Lieblingsfarbe, gekleidet, war in dauernder Bewegung, und seine Schultern zuckten unablässig.

Sein Freund Cibulka, immer schwarz gekleidet, war

weit ruhiger, aber nur scheinbar. Er war ebenso hager wie Rechner, aber etwas größer. Sein kleiner Schädel lief in eine niedrige viereckige Stirn aus. Seine Backenknochen standen etwas vor, und unter dichten, dunklen Brauen leuchteten die Augen. Sein schwarzes, seidiges Haar war gegen die Schläfen gekämmt, sein langer, sammetweicher schwarzer Schnurrbart bedeckte den scharfgeschnittenen Mund, und wenn Cibulka lachte, leuchteten hinter seinem Schnurrbart schneeweiße Zähne. In Cibulkas Gesicht lag etwas Wildes und zugleich doch Gutmütiges. Cibulka unterdrückte meist das Lachen, bis er nicht mehr konnte, doch dann platzte er plötzlich heraus, und gleich darauf spielte er wieder den Ruhigen.

Die beiden verstanden einander; ein Augenzwinkern genügte, und sie wußten alles.

Selten setzte sich jemand zu ihnen, ihr Witz war den biederen Nachbarn zu frech und zu scharf, sie verstanden ihn nicht, und es kam ihnen so vor, als seien die Reden der beiden ein dauerndes Lästern. Cibulka und Rechner suchten auch nicht die spießbürgerliche Gesellschaft der Kleinseite. Am Abend waren ihnen die entfernteren Gasthäuser der Altstadt hundertmal lieber, gemeinsam streiften sie durch die ganze Stadt, ja sogar der entlegenen Gaststätte »Na Františku« galt fast täglich ihr Besuch. Und wenn lange nach Mitternacht in den Straßen der Kleinseite ein fröhliches Lachen erklang, waren es bestimmt Rechner und Cibulka, die sich erst auf dem Heimweg befanden.

Mit Fräulein Máry waren beide etwa im gleichen Alter. Einst hatten sie gemeinsam mit ihr die Pfarrschule zu Sankt Niklas besucht. Seit der Zeit aber hatten weder sie sich um Fräulein Máry gekümmert noch das Fräulein um die beiden Männer. Sie sahen einander nur ab und zu auf der Straße, und es kam nie zu mehr als zu einem flüchtigen Gruß.

Da geschah es einmal, daß Fräulein Máry durch eine Botin einen sorgfältig, fast kalligraphisch geschriebenen Brief erhielt. Als sie ihn gelesen hatte, sanken ihr die Hände in den Schoß, und das Blatt fiel zu Boden.

Er hatte folgenden Wortlaut:

»Hochgeschätztes Fräulein!
Sicherlich werden Sie sich wundern, daß ich, gerade ich Ihnen schreibe. Und der Inhalt meines Briefes wird Sie wohl noch mehr in Erstaunen setzen.

Ich habe es nie gewagt, mich Ihnen zu nähern, aber – um keine unnötigen Umstände zu machen – ich liebe Sie! Ich liebe Sie schon lange. Ich habe mich geprüft und bin zu dem Schluß gekommen: Wenn ich glücklich sein soll, kann ich es nur durch Sie werden.

Fräulein Máry! Vielleicht werden Sie sich wundern und sich ablehnend verhalten. Vielleicht haben verschiedene falsche Gerüchte auch bei Ihnen meinen Ruf geschädigt, und Sie zucken verächtlich die Achseln.

Ich kann nichts anderes tun, als Sie bitten, nicht übereilt zu handeln, sondern es sich reiflich zu überlegen, ehe Sie das entscheidende Wort sprechen. Soviel kann ich jedenfalls sagen: Sie würden in mir einen Mann finden, der mit jedem Atemzug nur um Ihr Glück besorgt wäre.

Ich bitte Sie nochmals: Überlegen Sie es sich gut! Heute in vier Wochen erwarte ich Ihre Entscheidung, nicht früher und nicht später.

Bis dahin – bitte ich um Entschuldigung.

In Sehnsucht

Ihr ergebener

Vilém Cibulka«

Fräulein Máry dröhnte der Kopf. Nun war sie schon fast 30 Jahre, und unverhofft, urplötzlich lag zu ihren Füßen die erste Liebeserklärung. Wirklich und wahrhaftig die erste. Nie hatte sie selbst an Liebe gedacht, und nie hatte bisher jemand zu ihr von Liebe gesprochen.

Feurigrote Blitze zuckten durch ihren Kopf, ihre Schläfen hämmerten, schwer ging ihr Atem. Sie war nicht imstande, einen klaren Gedanken zu fassen. Nur inmitten der roten Blitze stand plötzlich vor ihr für Augenblicke eine bestimmte Gestalt – der düster dreinblickende Cibulka.

Schließlich hob sie den Brief wieder auf und las ihn nochmals mit zitternden Lippen. Wie schön er geschrieben war! Wie reizend!

Sie wußte sich keinen Rat, sie mußte mit diesem Brief zu ihrer Freundin, der verwitweten Frau Nocarová, eilen. Schweigend reichte sie ihr das Blatt.

»Schau einmal an!« brachte Frau Nocarová schließlich hervor. Auf ihrem Gesicht stand sichtliche Verlegenheit. »Und was willst du tun?«

»Ich weiß es nicht, Luizi.«

»Du hast ja genug Zeit zum Überlegen. – Es ist zwar immerhin möglich – entschuldige –, aber du weißt ja, wie die Männer sind und daß mancher nur dem Geld nachjagt – aber – warum sollte er dich nicht wirklich lieben? Weißt du was, ich werde über ihn Erkundigungen einziehen.«

Fräulein Máry schwieg.

»Hör einmal, Cibulka ist ein hübscher Mann! Er hat Augen schwarz wie Kohle, einen schwarzen Schnurrbart und Zähne – ich sage dir, Zähne weiß wie Zucker! Eigentlich ist er sehr hübsch!«

Und Frau Nocarová neigte sich über ihre schweigsame Freundin und umarmte sie liebevoll. Fräulein Máry wurde purpurrot.

Eine Woche später fand Fräulein Máry bei ihrer Rückkehr aus der Kirche wieder einen Brief vor. Sie las ihn mit wachsender Verwunderung:

»Geschätztes Fräulein!
Verübeln Sie es mir nicht, wenn ich es wage, Ihnen zu schreiben. Die Sache ist nämlich die: Ich beabsichtige zu heiraten und brauche für meinen Haushalt eine tüchtige

Hausfrau, aber ich habe keine Bekanntschaften, denn mein Beruf läßt mir keine Zeit, Vergnügungen zu besuchen, und sosehr ich auch Umschau halte, ich komme immer mehr zu der Überzeugung, daß Sie entschieden eine gute Frau für mich wären.

Verübeln Sie es mir nicht, aber ich bin ein guter Mensch, und Sie würden mit mir nicht schlecht fahren, ich habe mein Auskommen und verstehe zu arbeiten, und mit Gottes Hilfe würde es uns an nichts fehlen.

Ich bin 31 Jahre, Sie kennen mich, und ich kenne Sie, ich weiß, daß Sie vermögend sind, aber das schadet nichts, und es ist gut so.

Soviel muß ich noch sagen, daß mein Haushalt nicht mehr länger ohne Frau sein darf und daß ich daher nicht lange warten kann. Deshalb bitte ich Sie, mir spätestens innerhalb von vierzehn Tagen freundlichst Nachricht zukommen zu lassen, sonst müßte ich mich anderweitig umsehen.

Ich bin kein Flausenmacher, ich kann nicht schöne Worte drechseln, aber ich kann jemanden gern haben und bin für die nächsten vierzehn Tage

Ihr ergebener

Jan Rechner, Graveur.«

»Er schreibt aufrichtig wie ein einfacher Mensch«, sagte am Nachmittag Frau Nocarová. »Du hast also die Wahl, siehst du, Máry – und was willst du tun?«

»Was ich tun werde?« fragte Fräulein Máry wie im Traum.

»Hast du einen von ihnen lieber? Sag aufrichtig: Gefällt dir einer von ihnen besser? Und welcher?«

»Vilém«, flüsterte das Fräulein errötend.

Cibulka war also schon »Vilém« – Rechner hatte ausgespielt.

So wurde denn beschlossen, daß Frau Nocarová als die Erfahrenere einen Brief an Rechner aufsetzen sollte, so daß ihn Fräulein Máry bloß abzuschreiben brauchte.

Aber es dauerte keine Woche, und Fräulein Máry kam

wieder mit einem neuen Brief in der Hand zu ihrer Freundin. Ihr Gesicht leuchtete vor Zufriedenheit. Der Brief lautete:

»Geehrtes Fräulein!
Nichts für ungut – es ist mir auch so recht, und ich kann nichts dafür.

Hätte ich früher gewußt, daß mein lieber Freund Cibulka um Ihre Hand anhält, hätte ich mich gar nicht gerührt, aber er hat mir nichts gesagt, und ich hatte mithin keine Ahnung.

Nun habe ich ihm alles gesagt, und ich trete freiwillig zurück, weil er Sie liebt, aber ich möchte Sie bitten, mich nicht auszulachen, denn das wäre nicht schön, und ich kann ja mein Glück noch anderswo machen.

Schade ist es doch, aber das macht nichts. Ich bitte Sie, es zu vergessen. Ich bin

Ihr ergebener

Jan Rechner, Graveur.«

»Jetzt bist du gut heraus!« meinte Frau Nocarová.

»Gott sei Dank!«

Fräulein Máry blieb allein, das Alleinsein war für sie heute eine Wohltat. Ihre Gedanken waren in die Zukunft gerichtet und so verführerisch, daß sie sich jeden von ihnen unermüdlich wiederholte. Und dadurch wurde jeder Gedanke nach und nach immer plastischer, und schließlich verwuchsen alle zu einem Ganzen – zu dem Bild eines vollen, schönen Lebens.

Am nächsten Tag traf Frau Nocarová Fräulein Máry krank an. Sie lag auf dem Sofa, ihre Wangen waren bleich, ihre Augen blickten trübe und waren von Tränen gerötet.

Kaum brachte die erschrockene Freundin eine Frage heraus.

Fräulein Máry flossen die Tränen aufs neue, dann wies sie schweigend auf den Tisch. Dort lag ein neuer Brief.

Frau Nocarová ahnte Fürchterliches. Der Inhalt des Briefes war wirklich sehr schwerwiegend:

»Sehr geehrtes Fräulein!
So soll ich also nicht glücklich werden! – Der Traum ist aus, ich presse meine Hand gegen die Stirn, mein Kopf brennt vor Schmerz.

Aber nein – ich will nicht den Weg gehen, der mit den unerfüllten Hoffnungen meines besten, meines einzigen Freundes gepflastert ist! Armer Freund, so arm, wie ich selbst es bin!

Zwar haben Sie sich noch nicht entschieden, aber was für eine Entscheidung ist hier überhaupt möglich? Ich kann nicht glücklich leben, wenn ich meinen Freund Jan in Verzweiflung weiß. Selbst wenn Sie mir wirklich den Becher des Lebensglücks reichen wollten, ich könnte ihn nicht annehmen.

Mein Entschluß steht fest: Ich verzichte auf alles. Nur um eines bitte ich: Gedenken Sie meiner wenigstens nicht mit Spott!

Ihr ergebener
Vilém Cibulka«

»Das ist ja komisch!« rief Frau Nocarová und brach in lautes Lachen aus.

Fragend und verwundert heftete Fräulein Máry ihre Blicke auf sie.

»Nun ja!« Und Frau Nocarová versank in Nachdenken. »Das sind edle Menschen – beide sind edelmütig, das ist zu sehen. Aber du kennst die Männer nicht, Máry! Ein solcher Edelmut hält nicht lange an, eines Tages wirft so ein Mann doch alle Rücksicht über Bord und denkt wieder nur an sich. Laß sie nur, Máry, sie werden sich schon entschließen! Rechner scheint ja sehr praktisch veranlagt zu sein, aber Cibulka – bei dem ist zu erkennen, daß er dich leidenschaftlich liebt. Cibulka wird sicher kommen!«

Fräulein Márys Blick nahm plötzlich einen verträumten

Ausdruck an. Sie glaubte der Freundin, und die Freundin glaubte felsenfest an ihre eigenen Worte. Beide waren ehrliche, gute Seelen, ihnen kam nicht der geringste Zweifel. Und sie hätten schon den bloßen Gedanken weit von sich gewiesen, daß es sich vielleicht um einen geschmacklosen, unpassenden Scherz handeln könnte.

»Warte nur . . ., er wird schon kommen . . ., er entscheidet sich bestimmt noch für dich!« beruhigte Frau Nocarová ihre Freundin noch beim Weggehen.

Und Fräulein Máry wartete, und ihre früheren Gedanken spannen sich in ihr fort. Sie lösten zwar nicht mehr die gleiche beglückende Erregung aus wie vorher, im Gegenteil, von ihnen ging ein Hauch von elegischem Schmerz aus, doch dem Fräulein schien es, als seien sie ihr gerade deshalb besonders lieb.

Fräulein Máry wartete, und Monat um Monat verging. Manchmal, wenn sie ihren gewohnten Spaziergang zu den Marienschanzen machte, begegnete sie den beiden Freunden, denn sie waren auch weiterhin immer zusammen. Vielleicht hatte sie, solange ihr die beiden gleichgültig gewesen waren, eine solche Begegnung nicht besonders beachtet, jetzt aber schien es ihr, als begegne sie den beiden auffallend oft.

»Sie steigen dir nach – da siehst du es ja!« belehrte Frau Nocarová ihre Freundin.

Anfänglich schlug Fräulein Máry immer die Augen nieder, wenn sie den beiden begegnete, dann aber wurde sie mutiger und schaute ihnen ins Gesicht. Die beiden machten einen Bogen um sie, jeder grüßte sehr höflich und blickte dann wie in stiller Trauer zu Boden. Bemerkten sie je die naive Frage, die aus den großen Augen des Fräuleins sprach? Sie bemerkte jedenfalls nicht, wie sich die beiden vor Lachen in die Lippen bissen, das weiß ich bestimmt.

Ein Jahr verging. Inzwischen brachte Frau Nocarová sonderbare Nachrichten mit, die sie dem Fräulein nur zaghaft mitteilte. Die beiden seien verkommene Subjekte. Man nenne sie gar nicht mehr anders als »Taugenichtse«. Und es werde wohl mit ihnen ein schlechtes Ende nehmen, so heiße es allgemein.

Fräulein Máry erschütterte jede derartige Mitteilung. War sie etwa schuld daran?

Die Freundin wußte keinen Rat, und das Fräulein hielt weibliche Scham zurück, selbst einen entscheidenden Schritt zu tun. Es war ihr aber zumute, als habe sie sich eines Verbrechens schuldig gemacht.

Ein zweites, quälendes Jahr verging, und Rechner wurde zu Grabe getragen. Er war an Schwindsucht gestorben. Fräulein Máry war bestürzt. Dieser praktische Rechner, wie Frau Nocarová immer behauptet hatte, sollte er sich zu Tode gegrämt haben?

Frau Nocarová seufzte und sagte dann: »Nun ist es also entschieden! – Jetzt wird Cibulka es noch einige Zeit aufschieben, dann kommt er!« Und sie küßte das zitternde Fräulein Máry auf die Stirn.

Cibulka schob es nicht auf die lange Bank. Vier Monate später lag auch er auf dem Friedhof von Košíře. Eine Lungenentzündung hatte ihn dahingerafft.

Jetzt sind es schon mehr als sechzehn Jahre her, daß die beiden dort ruhen.

Um nichts in der Welt würde Fräulein Máry zu Allerseelen selbst entscheiden, welches der beiden Gräber sie zuerst aufsuchen soll. Ein unschuldiges fünfjähriges Mädchen muß die Entscheidung treffen; wohin sich das Kind zuerst wendet, dort legt das Fräulein den ersten Kranz nieder.

Außer den Gräbern von Cibulka und Rechner hat Fräulein Máry noch ein drittes Grab auf ewige Zeit gekauft. Die Leute meinen, das Fräulein habe die Manie, Gräber von Leuten aufzukaufen, die sie nichts angehen. In diesem dritten Grab ruht Frau Majdalena Toepferová – nun ja, sie war eine kluge Frau, und man weiß noch heute viel von ihr zu erzählen. Als der Kaufmann Velš begraben wurde und Frau Toepferová sah, wie die Wachszieherin Frau Hirtová über das Nachbargrab stieg, sagte sie gleich, die Wachszieherin werde ein totes Kind zur Welt bringen. Und so geschah es auch. Und als Frau Toepferová einmal zu ihrer Nachbarin, der Handschuhmacherin, kam und sah, wie diese Möhren schabte, sagte sie auch gleich, ihr Kind werde Sommersprossen haben. Und wirklich: Marina, die Tochter der Handschuhmacherin, hat ziegelrotes Haar, und ihre Sommersprossen sind geradezu schreckenerregend. Eine kluge Frau, aber . . .

Doch, wie schon gesagt, diese Frau ging Fräulein Máry gar nichts an. Das Grab der Frau Toepferová liegt jedoch etwa in der Mitte zwischen den Gräbern Cibulkas und Rechners. Es hieße den Scharfsinn des Lesers verletzen, wollte ich meine Meinung vortragen, warum das Fräulein gerade dieses Grab kaufte und wo sie wohl einmal ihre letzte Ruhestätte finden wird.

1876

SKIZZEN

Idyllische Fragmente aus dem Tagebuch eines Advokaturskonzipienten

Gestern war ich dreißig Jahre alt. Ich fühle, daß ich ein anderer Mensch geworden bin. Erst seit gestern bin ich ein ganzer Mann, das Blut pulsiert in strengem Takt, jeder Nerv ist stahlhart, jeder Gedanke offenbart Entschlossenheit – es ist wunderbar, wie man über Nacht, ja, im Augenblick zum Manne reift, und welche Macht das Bewußtsein birgt: Jetzt bist du dreißig Jahre alt!

So gefalle ich mir wirklich, denn ich fühle: Ich kann etwas Großes leisten – und ich werde es tun. Nun betrachte ich alles mit erhabener Ruhe. Jetzt – ja jetzt werde ich mein Tagebuch wieder mit Freude führen, damit ich gleichsam porträtiert sehe, wie ich bin. Ich weiß, nach Jahren werde ich die Seiten dieses meines Tagebuches mit Stolz lesen. Und wer immer sie nach meinem Tode in die Hand bekommt, wird ausrufen: Welch ein Mann!

Ich bin auf einmal ein so ganz anderer Mensch, daß das Vorgestern für mich schon graue Vergangenheit ist. Nicht einmal mehr begreifen kann ich meine Vergangenheit. Zwar habe ich fast jeden Tag alle Gedanken meinem Tagebuch anvertraut, aber jetzt lese ich die fragmentarischen Aufzeichnungen und verstehe sie nicht mehr. Ich schüttle den Kopf. Warum habe ich das so geschrieben? – »Wozu Ideale? Warum bemühen wir uns um Ideale?« – »Abkühlung der Sonne – Eismeere.« – »Mir ist so traurig zumute, nicht zum Sterben, aber zum Selbstmord.« – »Das Gewölk eines drohenden großen Unglücks oder das Empfinden, daß die Welt aus den Angeln geraten ist.« – »Möglich, daß ich mich geirrt habe.« – »Vor und nach der Lebensaufgabe; aber nicht ein fröhliches Gefühl, sondern eine traurige Frage.«

Was für schreckliche Dummheiten! Was für ein ungesundes Empfinden! Das kam nur daher, weil ich kein klares Ziel und keinen festen Willen hatte, weil ich dem Trott des allergewöhnlichsten Lebens und der einlullenden Gewohnheiten verfallen war.

Wie hoch stehe ich jetzt auf einmal darüber!

Erstens: Ich werde in Kürze die Advokatursprüfung ablegen; erstaunlich schnell werde ich sie hinter mich bringen.

Zweitens: Ich werde mich ganz dem Studium widmen. Die Kanzlei werde ich nicht mehr betreten, solange ich nicht meine Prüfung unter Dach und Fach habe; mein Chef wird mich hoffentlich deshalb nicht aus der Liste der Konzipienten streichen, ich würde sonst einen Teil der vorgeschriebenen siebenjährigen Praxis verlieren.

Drittens: Ich ziehe mich völlig in meine vier Wände zurück, auch ins Gasthaus gehe ich nicht mehr, selbst am Abend nicht; es ist sündhaft, wieviel Geld ich bisher beim täglichen dummen Kartenspiel verloren habe. Auch am Sonntag werde ich nicht zum Bummel Auf den Graben gehen, das Theater kann meinetwegen zumachen, ich gehe nirgendwohin, mag sich Fräulein Františka den Hals verdrehen! Sie hat bei der Familie Loukota geäußert, ich sähe verkommen aus – warte nur!

Ein hervorragender Gedanke! – Am liebsten würde ich mich dafür selbst umarmen! Ja, ich ziehe auf die Kleinseite! Auf die romantische, ruhige Kleinseite, unter friedliche, liebe Nachbarn, irgendwohin in eine entlegene Gasse.

Für meinen derzeitigen erhabenen Seelenzustand ist eine poetische Umgebung unbedingt nötig. Wird das eine Freude sein! Ein stilles Haus, eine luftige Wohnung mit dem Blick auf den verträumten Laurenziberg und Aussicht auf ein stilles Hausgärtchen – ja, ein Garten muß beim Haus sein! – Arbeit und Friede! Ich spüre geradezu, wie sich meine Brust weitet.

Frisch ans Werk! Der Georgstag steht vor der Tür.

Wenn ich nicht irre, singen auf dem Laurenziberg Nachtigallen!

*

Ich habe Glück! Eine Wohnung, wie ich sie mir nicht besser wünschen könnte – am stillen Oujezd. Dorthin will ich mich zurückziehen, wie ein Kind in seine Spielecke voll schönster Geheimnisse, niemand wird etwas von mir erfahren, niemand!

Schon das Äußere des zweistöckigen Hauses gefällt mir. Nur bin ich nicht Hauptmieter, sondern bloß Untermieter, aber was liegt schon daran? Meine künftige Vermieterin ist die Frau eines Kondukteurs. Den Herrn Kondukteur, der bei der Eisenbahn beschäftigt ist, habe ich noch nicht zu Gesicht bekommen, er ist fast dauernd unterwegs.

Die Wohnung liegt im ersten Stock und ist so groß, daß sie die kleine Familie gar nicht voll ausnützen kann. Ein großes Zimmer zur Straße, dann die Küche, anschließend zwei kleinere Zimmer im Seitenflügel, die habe ich gemietet.

Drei Fenster gehen zum steil ansteigenden Hof, eines, das aus dem hinteren Zimmer, schaut in das Gärtchen und zum Laurenziberg. Ein schönes Gärtchen – die Frau Kondukteur sagt, jeder Mieter dürfe es betreten; nun, ich werde nicht hineingehen, ich werde studieren. Aber angenehm ist so ein Gärtchen doch. Weil das Haus unmittelbar am Fuß des Laurenziberges steht, steigt der Hof steil an, und das Gärtchen befindet sich etwa in Höhe des ersten Stockwerkes, so daß mein Fenster von dort aus wie das Fenster einer Erdgeschoßwohnung wirkt. Als ich ans Fenster trat, hörte ich vom Laurenziberg das Trillern von Lerchen. Wie herrlich!

Ich fragte, ob auch Nachtigallen dort seien. Es sind wirklich Nachtigallen dort!

Die Frau Kondukteur ist eine junge, etwa zweiundzwanzigjährige Frau. Sie ist hübsch, frisch und gesund. Ihre Gesichtszüge sind zwar nicht klassisch regelmäßig, das Kinn ist etwas breit geraten, aber ihre Wangen sind wie roter Samt und ihre etwas vorstehenden Augen kornblumenblau.

Sie hat ein Kind – ein sieben Monate altes Mädchen. Kačenka heißt es – von Leuten dieses Schlages erfährt man gleich die ganze Biographie. Kačenka macht einen komischen Eindruck. Ihr Kopf gleicht einer Kugel, ihre Augen, die wie bei der Mutter etwas vorstehen, sind ausgesprochene Stielaugen und haben einen unsagbar dummen Ausdruck. Blickt man aber freundlich hinein, beginnt die Kugel zu lachen, und die blöden Augen sind auf einmal voller Funken und leuchten wie . . . (das schreibe ich später, jetzt fällt mir nicht der passende Ausdruck ein).

Ich streichelte Kačenka über die Wangen und sagte: »Das ist aber ein hübsches Kind!« Es ist immer gut, die Mütter dadurch für sich zu gewinnen, daß man ihre Kinder lobt.

»Und ruhig ist sie, sie weint fast nicht«, lobte die Mutter. Das ist mir sehr angenehm, des Studiums wegen.

Als ich sagte, ich sei Doktor der Rechtswissenschaft, war die Frau Kondukteur sichtlich erfreut, und als ich hinzufügte, mein Name sei Krumlovský, rief sie aus: »Ije! Ist das ein hübscher Name!« Diese Leute sagen alles gleich so aufrichtig! Wir vereinbarten die Miete mit Bedienung und Frühstück, die Frau Kondukteur erklärte sich bereit, für mich die Wäsche zu waschen, das Zimmer aufzuräumen und mir das Frühstück zuzubereiten.

Unten, gleich rechts vom Eingang, befindet sich ein Gasthaus, das – wie ich gesehen habe – sehr sauber ist. Von dort will ich mir mein Mittag- und mein Abendessen holen. »Wenn mein Mann zu Hause ist, holen wir das Essen auch unten; sie haben Hausmannskost!« Das ist ausgezeichnet, ich liebe Hausmannskost! Mir liegt gar nichts an den scharf gewürzten und gepfefferten Restaurationsspeisen, mir sind Nockerln, Hirsebrei und Schmalznudeln tausendmal lieber als alle Karbonaden.

Links vom Eingang hat ein Schuster seine Werkstatt, und gerade über mir im zweiten Stock wohnt ein Schneider; was will man mehr?

Ich muß noch bemerken, daß ein Stückchen weiter das Haus steht, in dem Mácha geboren wurde. Aber ich achte geschriebene Poesie nicht einen Pfifferling, mir ist die Poesie, die das Leben selbst hervorbringt, viel lieber, und deshalb mache ich die Bemerkung über Mácha nur am Rande.

Ich selbst habe nie Gedichte geschrieben – das heißt, als Gymnasiast habe ich es wohl auch versucht. Vielleicht hatte ich Talent. Wenigstens erinnere ich mich an ein ganz hübsches Gedicht von mir, an eine Ballade mit meisterhafter Alliteration. Mir ist aber nur noch folgender Stabreim im Gedächtnis haftengeblieben:

Am Hang hallte zum Pfeifen des Herrn
das Heulen des Hundes.

Meine Mitschüler lachten mich aus, als ich die Ballade in der Schule vorlas. Ich verteidigte mich und wies auf die Alliteration hin. Da lachten sie noch mehr, und von der Zeit an sagten sie statt »Alliteration« immer: »Herrenhundeheulen«. Diese Esel!

Während ich noch mit der Frau Kondukteur verhandelte, erschien in der offenen Küchentür ein etwa vierzigjähriger Mann, die Pfeife im Mund. Wahrscheinlich ein Nachbar, denn er war im Hausrock. Er blieb stehen, lehnte sich an den Türrahmen und rauchte.

»Das ist Herr Doktor Krumlovský«, sagte die Frau Kondukteur mit nachdrücklicher Betonung des Wortes »Doktor«.

Der Mann paffte. »Freut mich! Auf gute Nachbarschaft, Herr Doktor!« Und er reichte mir seine weiche, fleischige Hand.

Ich schüttelte sie, man muß ja immer trachten, mit den Nachbarsleuten gut auszukommen, und es wohnen ja hier ohnehin lauter brave Leute.

Der Mann war untersetzt, sein Gesicht gerötet, seine Augen wässerig-blau, als stünden sie voll Tränen. Wieder so aufrichtige Augen! Aber solche, so aufrichtig scheinenden wässerigen Äuglein können auch vom Suff herrühren – ja, ich bin Menschenkenner! Seine Oberlippe ist dick – jeder Säufer hat eine dicke Oberlippe.

»Spielen Sie Sechsundsechzig?«

Am liebsten hätte ich gesagt, ich spiele gar nicht, ich möchte nur studieren, aber – warum sollte ich gleich den Nachbarn verärgern? »Welcher Tscheche spielt nicht Sechsundsechzig?« sagte ich daher mit höflichem Lächeln.

»Das ist gut, da bestimmen wir gleich einen Tag.« (Seine Satzkonstruktion war ein reiner Germanismus. Die tschechische Sprache wird in der Stadt grausam vergewaltigt! Beim Gespräch werde ich unauffällig versuchen, die Sprachfehler dieser Leute zu berichtigen.)

»Wir Künstler lieben gelehrte Menschen. Man kann von ihnen allerlei lernen.«

Von mir können sie auch etwas lernen! Ich fühlte, daß jetzt wieder die Reihe an mir war, etwas Schmeichelhaftes zu sagen. Doch wer ist dieser Mann? Ein Künstler? – Wässerige Äuglein, gerötetes Gesicht, fleischige Hände – ich wette, der Mann hat Schwielen an den Fingerspitzen – zwar kann ich es nicht sehen, aber er muß an den Fingerspitzen Schwielen haben – sicherlich spielt er Kontrabaß – ja, ich bin ein Menschenkenner! »Nun, Sie als Musiker haben gewiß keine Langeweile«, sagte ich.

»Frau Kondukteur, haben Sie das gehört?« wieherte der Mann, und das Lachen schüttelte ihn so, daß seine Schultern am Türpfosten auf und ab wetzten. Wie ein Nashorn, das sich an einem Baum reibt, schoß es mir durch den Kopf. »Ich, so ein närrischer Musikant wie der da!« Und er wies dabei mit dem Daumen über die Schulter auf die Mitteltür des Stockwerkes, und sein Lachen wurde zu einem starken, rasselnden Husten.

»Herr Augusta ist Maler«, meinte die Frau Kondukteur.

Da kam vom Ende des Ganges ein etwa achtjähriger Junge gelaufen. Wahrscheinlich hatte ihn das laute Lachen und das Husten aus der Wohnung herbeigelockt. Er lehnte sich an den Maler und sah mich an.

»Das ist wohl Ihr Sohn, Herr Augusta?« sagte ich verlegen.

»Ja, mein Pepík. Wir wohnen dort im rechten Seitenflügel, wie Sie hier im linken. Wir können einander in die Fenster schauen.«

»Wer ist das?« fragte Pepík und zeigte mit dem Finger auf mich. Ich liebe die einfache, durch keine Rücksicht gehemmte Sprache der Kinder.

»Das ist Herr Doktor Krumlovský, du Lausejunge!«

»Und der wird hier wohnen?«

»Hör einmal, Pepík, willst du einen Kreuzer?« Und ich streichelte dem Jungen über die hellen Locken.

Der Junge streckte schweigend die Hand aus.

Ich glaube, ich habe auf alle einen guten Eindruck gemacht.

*

War das ein anstrengender Tag! Übersiedeln, Ordnen und Aufstellen, daß ich nicht mehr wußte, wo mir der Kopf stand.

Ich bin bisher noch nicht oft umgezogen, und das Umziehen ist mir unangenehm. Es soll allerdings Leute geben, die dafür sogar eine Vorliebe haben – doch das ist eine besondere Krankheit, es müssen Leute von unbeständigem Charakter sein. Aber es läßt sich nicht leugnen, daß auch im Umziehen Poesie liegt. Wenn sich die alte Wohnung leert, bemächtigt sich unser ein Gefühl der Bangigkeit und des Bedauerns, es ist einem zumute, als müsse man einen schützenden Hafen verlassen und sich auf schwankende Wellen begeben. Und die neue Wohnung blickt uns zunächst fremd an, sie weiß uns nichts zu erzählen, sie bleibt kalt. Mir war ums Herz, als wäre ich noch ein kleiner Junge, der sich in einem fremden Raum an Mutters Rock klammert und ruft: »Ich habe Angst!« Aber wenn ich morgen früh aufstehe, werde ich sicherlich sagen: »Hier schläft sich's gut!«

Wie spät ist es eigentlich schon? Halb elf. – Und im Hause ist es so ruhig wie in einem Brunnenschacht. Das ist ein gutes Bild: »Wie in einem Brunnenschacht«, viel besser als: »Wie in einer Kirche« – wenigstens nicht so abgegriffen.

Über die Frau Kondukteur mußte ich herzlich lachen. Über alles wunderte sie sich, alles mußte sie betasten und genau betrachten. Eine solche naive Neugierde beleidigt nicht. Sie half fleißig mit, gleich stellte sie mein Bett auf; am meisten wunderte sie sich über den großen, mit Rehleder bespannten Strohsack und das ebenfalls mit Rehleder überzogene Kissen. Als sie alles in Ordnung gebracht hatte, konnte sie es nicht unterlassen und legte sich aufs Bett, um auszuprobieren, wie es sich darauf liegt; sie lachte vor Freude wie ein Eichhörnchen – das heißt, wenn Eichhörnchen überhaupt lachen. Dann legte sie Kačenka ins Bett und lachte wieder. Sie hat ein ganz eigenartiges Lachen, es klingt wie das Läuten eines kleinen Glöckchens. Und als sie vor dem Bette das mit rotem Tuch eingefaßte Fuchsfell ausbreitete und als Kačenka – aus Furcht vor dem Fuchskopf – schrie, freute sie sich wiederum. »Davon werde ich ihr erzählen, wenn sie nicht artig ist!« Diese Leute freuen sich über jede Kleinigkeit!

Doch bald darauf hätte ich mich beinahe geärgert. Als ich mit der zweiten Wagenladung meiner Einrichtung ankam, sah ich durch die offene Tür, daß im zweiten Zimmer Pepík auf einem Stuhl neben dem Aquarium kniete und auf der flachen Hand einen Goldfisch hielt, den er herausgeholt hatte. Rasch sprang ich hinzu.

»Jesus Maria!« vernahm ich hinter mir eine unbekannte

Frauenstimme, und als ich mich umblickte, lief eine Frau eben aus der Tür.

Die Frau Kondukteur stand beim Bett und lachte, daß sie sich die Hüften halten mußte. »Das war die Frau des Malers. Sie hat auch einmal probiert, wie es sich auf dem Strohsack liegt. Die Tochter des Hausherrn sagt, daß man hier sehr gut liegt.« Ich glaube, die Frau Kondukteur bringt noch alle Hausbewohner her, damit sie mein Bett ausprobieren – worauf liegen denn die Leute hier?

Aber Pepík darf in meiner Abwesenheit nicht mehr in mein Zimmer, er könnte mir einmal das Aquarium umwerfen. Übrigens ist er ein hübscher Junge, Locken hat er wie Flachs und Augen wie Schlehen – diese Augen hat er nicht vom Vater, vielleicht von der Mutter.

Ich lausche dauernd, ob nicht eine Nachtigall schlägt. Ich höre nichts, vielleicht ist es noch zu kalt. Ein schönes Frühjahr, sechs Wochen schon steht »Frühling« im Kalender, und noch immer muß man im Wintermantel herumlaufen! Vielleicht wird es noch kälter, je weiter wir in den Sommer hineinkommen, und wir tragen dann Sommerpelze – haha, ein glänzender Einfall: »Sommerpelze!«

Aber den Nachtigallen macht doch leichte Kälte nichts? – Ich lausche vergebens – kein Schlag!

Dafür Schritte! – Schwere Männerschritte. Und sie kommen im Gang näher. Eine Tür knarrt, das ist die Tür unserer Küche – eine Frauen- und eine Männerstimme –, sicherlich ist der Kondukteur vom Dienst zurück. Ich muß schnell das Licht löschen und mich niederlegen, sonst bringt sie ihn bestimmt herein, damit er probiert, wie es sich in meinem Bette liegt. Und ein Kondukteur ist doch, wenn er aus dem Dienst kommt, immer so schmutzig!

*

Bürgerliches Gesetzbuch. Wechselrecht. Handelsrecht. Gerichtsverfassungsgesetz. Zivilprozeßordnung. Bergrecht. Wasserrecht. Strafrecht. Strafprozeßordnung. Gemeindeordnung. Notariatsordnung. Gewerbeordnung. Grundbuchordnung. Verfahren in Wechselangelegenheiten. Vereinsrecht. Jagdrecht. Gebührenordnung.

So! Jeden Morgen will ich dieses Verzeichnis durchlesen, damit ich sehe, wieviel ich zu lernen habe, wieviel mir noch fehlt, und damit ich in meinem Fleiß nicht erlahme. Aber mein Fleiß wird nicht nachlassen, ich bin doch jetzt ein ganz anderer Mensch! Jedesmal, wenn ich einen guten Vorsatz fasse, werde ich ihn gleich zu Papier bringen, und dann werde ich meine Eintragungen jeden Tag nachlesen, jeden Tag! Man vergißt oft unwillkürlich.

Ein gutes Frühstück. Der Kaffee ohne Zichorie, das Hörnchen frisch. Die Frau Kondukteur im weißen Morgenjäckchen. Sie strahlt, man sieht ihr die glückliche Ehe an.

»Der Kaffee ist gut, ausgezeichnet!« sagte ich, um sie mir geneigt zu machen.

»Das freut mich, Herr Doktor, wenn es Ihnen nur geschmeckt hat. – Haben Sie sonst einen Wunsch?«

Da erinnerte ich mich an den Kondukteur. »Ihr Mann ist wohl zu Hause? Ich muß mich doch mit ihm bekannt machen.«

»Er ist mit dem Rapport zum Bahnhof gegangen und kommt erst gegen Mittag nach Hause.« Wieder lachte sie, sie lacht eigentlich dauernd. – »Ich würde jetzt gern aufbetten und das Zimmer in Ordnung bringen. Kačenka habe ich schon gebadet, und sie schläft«, fügte sie hinzu. »Falls es den Herrn Doktor stört, könnte der Herr Doktor inzwischen vielleicht ins andere Zimmer gehen.«

Ich ging ins zweite Zimmer und schaute durch das Fenster in den Hof. Am gegenüberliegenden Flügel erblickte ich in beiden Stockwerken Blumen in den Fenstern. Die bei uns üblichen Blumen selbstverständlich. Man könnte eine eigene »Böhmische Fensterflora« zusammenstellen: Das wohlriechende Basilienkraut mit den großen, saftigen Blättern, aber wenn man die Blätter nur leicht reibt, welken sie sofort. Das geruchlose, aber blütenreiche Fleißige Lieschen, jeder zieht es selbst aus vorjährigem Samen. Die widerliche Pelargonie mit ihren ledernen, traurigen Blättern und grellroten Blüten. Das Rosenkraut mit den gezackten Blättern; die vertragen eher eine Berührung. Und selbstverständlich Muskat und Rosmarin. Rosmarin, der Zweig für die Braut und die Raute für die Beerdigung. Ihr Geruch: die Liebe; ihr ständiges Grün: die Treue. Rosmarin soll das Gedächtnis stärken, ich muß mir einige Stöcke anschaffen. Und Rosmarin lassen die Mädchen auf dem Bach treiben, und die Burschen müssen es herausfischen!

. . . Ein Sträußlein auf dem Bache treibt,
Übers Jahr bist du beweibt . . .

Nein, ich hole das Sträußchen nicht, so schnell möchte ich nicht heiraten!

Das Gärtchen ist schon ganz hübsch in Ordnung. Viele Lauben stehen darin, wahrscheinlich für jeden Hauptmieter eine. Um diese Lauben ranken sich gewiß Malven, damit Pepík die Früchte pflücken kann. Und in den Beeten wächst sicherlich Dillkraut für die beliebte Soße.

»Ich bin mit dem Aufräumen fertig, Herr Doktor«, lachte die Frau Kondukteur in der Tür. Die Fenster des ersten Zimmers hat sie weit geöffnet. Ich muß sie wieder schließen, aber erst dann, wenn sie wieder fort ist. »Haben Sie sonst keinen Wunsch?«

Als ein Muster von Höflichkeit muß ich mit ihr wenigstens noch ein bißchen plaudern.

Aus der Wohnung des Malers hört man das Geschrei eines kleinen Kindes und eine Frauenstimme in hohem Diskant.

»Die haben einen Säugling, nicht wahr?«

»Das Kind ist schon ein Jahr alt, aber es schreit den ganzen Tag.« (Die Fenster in den Hof werden also selten geöffnet.) »Und die Frau des Malers schreit auch den ganzen Tag. Die hat die Scharniere an ihrem Brotladen gut geschmiert!« (Die Fenster in den Hof werden also nie geöffnet, dafür kann das Fenster zum Garten den ganzen Tag weit offenbleiben.)

Ich bemerkte, daß sich die Frau Kondukteur nicht gerade salonmäßig ausdrückt – nun ja, sie ist eben eine einfache Frau. Es scheint aber, daß es besondere Kleinseitner Redensarten gibt. Die werde ich aufschreiben, zum Beispiel gleich die von den Scharnieren.

Als sie sah, daß ich etwas aufschrieb, sagte sie: »Hoffentlich störe ich den Herrn Doktor nicht, vielleicht hat der Herr Doktor zu arbeiten?«

»O nein, nur so . . .«, sagte ich. »Wer wohnt eigentlich über dem Maler?«

»Ach, so ein Sonderling, ein alter Junggeselle. Er heißt Provazník, ich weiß nicht einmal, was er gewesen ist. Er tut den ganzen lieben langen Tag nicht das geringste, er geht nicht aus, sondern schaut nur immer wie ein Uhu mit giftigen Augen aus dem Fenster, um zu sehen, was die Nachbarn machen. Wenn er wenigstens einer Katze über den Rücken streichen wollte!« Sie lachte. (Ich notierte: »Einer Katze über den Rücken streichen.«) »Im ersten Stock zur Straße wohnt der Hausherr mit seiner Tochter und im zweiten Stock zur Straße Herr und Frau Vejrostek, eine Beamtenfamilie. Sie können noch nicht lange verheiratet sein, ihre Eheringe glänzen noch. – Aber ich schwätze hier, und wer weiß, ob nicht Kačenka inzwischen aufgewacht ist.« Wieder lachte sie, und schon war sie draußen.

Jetzt weiß ich alles. Schnell die Fenster zu, das Studium beginnt! Es ist neun Uhr. Und Dienstag. Ein guter Tag für den Beginn des Studiums.

Wie jeder beginne ich mit dem Bürgerlichen Gesetzbuch. Ich glaube, es wird gut gehen . . .

»Ich habe ja noch gar nicht gefragt, wie der Herr Doktor die erste Nacht geschlafen hat«, klang es wieder fröhlich von der Tür her. »Schau, Kačenka, der Herr Doktor! Sag schön ›Guten Morgen!‹ – So, eine Verbeugung! (Sie neigte sie ein wenig.) So! Duz! Duz! (Sie tat, als wollte sie mir das Kind zuwerfen.) Gut geschlafen, das glaube ich gern, in so einem Bett! (Schon war sie am Bett.) Kačenka, schau einmal, hier liegt sich's gut! (Und sie legte das Kind schon wieder auf mein Bett.) Nicht wahr, du Fratz, da spielst du die Gnädige? Ist das ein Bett!« (Und sie legte sich wieder halb zu ihr.)

Eine hübsche Frau, ein reizender Anblick, aber –! Krampfhaft schaue ich ins Gesetzbuch.

»Komm, Kačenka, der Herr Doktor hat zu tun, wir dürfen nicht stören.« Und schon ist sie unter Lachen wieder draußen.

Unglaublich naiv!

Also jetzt! Zuerst jeden Paragraphen mit Überlegung durchlesen! Die Präambel lassen wir beiseite. Einleitung. Von den Gesetzen . . .

Eine Katze! Eine weiße Katze! Sie steht an der Tür und miaut. Die habe ich doch bisher nicht gesehen, ist das unsere Katze? – Wie ruft man denn nur gleich eine Katze? Aha: »Tschitschi!« Wenn ich sie aber »Tschitschi« rufe, miaut sie vielleicht noch mehr.

Nein, solange sie hier ist, kann ich nicht studieren! Ich liebe Katzen nicht, sie sind böse, falsch und fangen Mäuse. Sie kratzen und beißen auch. Und wenn jemand schläft, legen sie sich ihm auf den Hals und ersticken ihn. Vorsatz: Jede Nacht, bevor ich mich niederlege, werde ich »Tschitschi!« rufen. Ich habe gehört, Katzen sollen auch oft die Tollwut haben – das wäre so etwas! Ich muß die Frau Kondukteur doch einmal fragen – selbstverständlich sehr vorsichtig, denn vielleicht ist sie ihr Liebling –, ob sie nicht Anzeichen von Tollwut an ihr bemerkt hat.

Schon wieder miaut sie. – Ich öffne die Tür, und die Katze läuft davon. Die Frau Kondukteur: Ob ich einen Wunsch habe. Nein. Aber ich hätte doch die Tür geöffnet. Nur wegen der Katze. Ach so! – Lachen.

Einleitung . . .

Es klopft. Der Maler. Er wolle nicht stören, aber er habe, als vorhin meine Fenster offen waren, an der Wand Bilder hängen sehen, und das lasse ihm keine Ruhe.

Ja, ich habe zwei Gouaches von Navrátil, das eine Bild – Sturm über dem Meer – ernst, das andere – Das Meer im Sonnenglanz – heiter.

Der Maler postiert sich vor den Bildern. Er ist zum Ausgehen gekleidet, trägt einen schwarzen Rock mit langen Schößen, einen Stock und einen kegelförmigen Hut. Würde aus diesem Hut ein Schneeballstrauch herauswachsen, sähe er aus wie ein Kosakengrab. Das müsse ein Navrátil sein. – »Ja.« – Solche Bilder von Navrátil habe er noch nicht gesehen. Und wann wir Sechsundsechzig spielen? – »Es wird schon einmal werden.« – Mit dem Hausherrn könnten wir zu dritt spielen. Und wenn ich einen meiner Bekannten einladen würde, zu viert. Und dann müsse er mir noch sagen, seine Frau schäme sich. Ich hätte sie doch gestern dabei überrascht, wie sie in meinem Bett lag. Frau Vilhelmová hätte sie aber dazu aufgefordert. Ich lächle höflich. »Nun, Ihre verehrte Frau Gemahlin kann sich beruhigen, das ist nicht so schlimm.« – »Ach, diese Frauen!« Wir schütteln einander die Hände, und er geht.

Die Frau Kondukteur erscheint in der Tür. Es sei gleich zehn, ob ich nicht ein Gabelfrühstück wünsche. »Danke, ich nehme nie ein Gabelfrühstück.«

Einleitung. Von den bürgerlichen Gesetzen überhaupt. Der Begriff des bürgerlichen Rechts.

Ich wurde von einem angenehmen Fieber erfaßt. Und ich vertiefte mich so in die Paragraphen, daß es mir leid tat, als das Mittagessen gebracht wurde. Ganz ordentlich, aber nicht sehr reichlich – nun ja, es ist ja nicht gesund, sich den Magen vollzustopfen, wenn man dauernd am Schreibtisch sitzt.

»Einen schwarzen Kaffee?« – »Nein, Frau Kondukteur, erst abends, so um acht Uhr; jetzt brauche ich gar nichts.«

»Nicht einmal eine Zigarre?« – »Ich rauche nie zu Hause.«

Ausgezeichnet! Wie ein von einem Wildbach in schwindelerregendem Tempo fortgerissener Nachen, wenn die Gegenstände am Ufer nur so vorbeiflitzen, bewältige ich einen Paragraphen nach dem anderen. Es ist, als glitte ein Rosenkranz durch die Finger. Ich hätte gar nicht gedacht, daß ich so viel weiß und daß es so leicht gehen würde.

Ich hatte mich so ins Studium vertieft, daß ich nichts sah und hörte. Ich glaube, die Frau Kondukteur war etwa sechs- bis zehnmal im Zimmer. Mir ist es auch, als habe sie Kačenka zweimal mit dem Fuchs gedroht. Wenn sie mich angesprochen hat, habe ich ihr gewiß keine Antwort gegeben. Wenigstens sieht sie, daß ich nicht gestört sein will.

Ich bin überaus zufrieden. 135 Paragraphen! Jetzt das Abendessen, dann kann es weitergehen. Da soll mir einer sagen, die Arbeit sei kein Vergnügen! Ich zittere vor Eifer am ganzen Körper.

Der Rostbraten war recht zäh.

Da habe ich etwas angestellt! Ich habe ja den Kondukteur ganz vergessen!

»Ja, noch einen halben Liter, Frau Kondukteur. Kann ich jetzt mit Ihrem Mann sprechen, damit wir uns bekannt machen?«

»Er ist schon wieder zum Bahnhof gegangen. Sein Dienst beginnt um neun Uhr. Ich bin wieder Strohwitwe.« Und sie lacht.

Vielleicht lerne ich den Kondukteur zeitlebens nicht kennen.

*

Halb elf. Ich bin müde. Der Wille hat nicht nachgelassen, aber die Nerven machen nicht mehr mit. – Das Bürgerliche Gesetzbuch hat 1502 Paragraphen – in acht Tagen bin ich also durch. Einen Augenblick, spielen wir ein bißchen!

Ich habe alle Paragraphen der übrigen Gesetze addiert

– eine einfache Division –, spätestens in einem Monat bin ich völlig vorbereitet!

Zwar bebe ich noch am ganzen Körper, der Puls geht schnell, wahrscheinlich kann ich nicht gleich schlafen, aber ich will doch zu Bett gehen, um wenigstens auszuruhen. Leuchter und Notizbuch lege ich aufs Nachtkästchen. Ich werde nachdenken.

Bin ich aber erschrocken – pfui! Ich gehe zum Bett, und dort liegt etwas. Zwei kleine leuchtende Punkte funkeln mir entgegen – eine Katze! Sie liegt ruhig da, hebt nur den Kopf und schaut mich an.

Was soll ich tun? Wenn ich nur wüßte, wie man Katzen verscheucht – nein, verscheuchen will ich sie ja gar nicht, aber wie muß man es anstellen, damit sie fortgeht? – Husch! He! He! – Sie schaut mich gleichgültig an. – Marsch! – Hinaus! – Wirst du gehen! – Jetzt schaut sie mich nicht einmal mehr an. Sie hat den Kopf zwischen die Pfoten gesteckt und schläft. –

Was nun?

Raubtiere fürchten das Feuer, heißt es. Ich stelle den Leuchter näher – fast bis zu ihr –, die Katze rührt sich nicht, blinzelt nur leicht, anscheinend verdrießlich.

Einen Schuh! Getroffen habe ich sie nicht, aber schon ist sie vom Bett herunter und mit einem Satz bei der Tür. Ich öffne die Tür einen Spalt breit, und sie ist weg; Gott sei Dank!

Hinter der Tür eine fragende Stimme: Ob ich etwas wünsche? – »Nein.« – Ich hätte aber doch die Tür geöffnet. – »Ich habe bloß die Katze fortgejagt!« Ich möge es nur sagen, wenn ich einen Wunsch habe. Wenn sie allein sei, könne sie nicht schlafen und habe Langeweile. – Ich gebe keine Antwort. – Verstohlenes Lachen hinter der Tür.

Himmel, ist das herrlich! – Ziu – ziu – ziu – spe – tiu – tiu – zirik – eine Nachtigall!

Welch süßer Gesang! Welch wunderbare Töne in dieser

Kehle! – Göttliche Philomela, von Tausenden Dichtern besungen! Du Sängerin des Frühlings, du Sängerin der Liebe, du Sängerin der Lust!

Tiu – tiu – tiu – tiu – tiu – ti ...

Kutio – kutio – kutio – kutio ...

Tyrannische Menschen, solche Sänger ihrer Freiheit zu berauben! Nur wenn der Vogel in Freiheit ist, fließt auch sein Lied frei dahin. Ich preise die Gesetze ...

Zi – zii – zi – zi – zii ...

Kworror – tiu – kwa – pipizii ...

Wie Honig so süß! – Ich preise die Gesetze, die zum Schutze der gefiederten Sänger erlassen wurden.

Zquo – zquo – zquo – zquo ...

Das ist etwas zu durchdringend – anders, du Diamant!

Zak – zak – zak – zak ...

Kusch! Das geht einem ja durch Mark und Bein!

Zak – zak – zak – zak ... zak – zak – zak ...

Das ist ja zum Verrücktwerden – ich bin ohnehin genug erregt! Aha, wenn ich die Tür zum zweiten Zimmer schließe, höre ich es nicht mehr ...

Zak – zak – zak ...

Es nützt nichts! Dieser verdammte Schreihals muß irgendwo im Hof stecken ...

Zak – zak – zak ...

Eine Flinte, eine Flinte! Wenn ich eine Flinte hätte, würde ich aus dem Fenster schießen, und wenn die ganze Nachbarschaft in Ohnmacht fiele! Daß man solches Ungeziefer nicht ausrottet!

Zak – zak – zak – zak – zak ...

Mein Gott! Mein Kopf ist zum Zerspringen! Das halte ich nicht aus! Wenn ich wüßte, wo sie sitzt, ich würde mich wieder anziehen ...

Zak – zak – zak ...

Jetzt habe ich eine Idee! Ich zerre aus dem Kleiderschrank einen alten Mantel, schlitze das Futter auf, reiße etwas Watte heraus und stopfe sie mir in die Ohren. Jetzt kannst du bellen!

Zak – zak – zak …

Wieder nichts! – Also, die ganze Watte aus dem Mantel! In die Ohren, auf den Kopf – und ein dickes Tuch darüber!

Nutzlos! Dieses Mistvieh durchdringt mit seinem Lärm die dicksten Mauern!

Das wird eine entsetzliche Nacht.

*

Zehn Uhr – und ich stehe erst auf! Mein Kopf ist wie ein Wasserfaß. Ich weiß nicht, wann ich eingeschlafen bin, ich glaube, so gegen drei. Zwischen zwei und drei hatte ich einen Fiebertraum; die Nachtigall bellte fortwährend. In der Altstadt bellen keine Nachtigallen. Und höchstwahrscheinlich habe ich einen Schnupfen davongetragen. Meine Augen schmerzen, und in der Nase kribbelt es. Der Himmel ist schwarz, die Luft eiskalt. Aber es bleibt Sommer, selbst wenn der Juli wie der November ist. Kalte Schauer, Blätter fallen von den Bäumen, und die Menschen frieren.

Die Frau Kondukteur jagt mich ins zweite Zimmer; sie will aufräumen. Wieder läßt sie die Fenster sperrangelweit offen. Daß mein Schnupfen noch ärger wird! Nein, das geht nicht. Am besten, ich gehe solange zum Maler hinüber. Das bin ich schon seiner Frau schuldig, damit sie sich nicht länger zu schämen braucht, schließlich muß man Zartgefühl zeigen. Und hat der Maler mich besucht, muß ich ihm einen Gegenbesuch abstatten, ich weiß doch, was sich gehört.

»Heute geht es mit einem Besuch bei Familie Augusta«, meinte die Frau Kondukteur, »heute zischelt Frau Augusta bloß.«

Das ist aber komisch, was die Frau da sagt! Was soll das heißen: »Heute zischelt sie?« Wenn jemand zischelt, zischelt er doch immer!

Ich klopfe an und lausche. Nichts. Ich klopfe nochmals.

Wieder nichts. Vorsichtig drücke ich die Klinke nieder – die Tür geht auf.

Gleich im ersten Zimmer ist die ganze Familie beisammen.

»Entschuldigen Sie bitte . . .«

Niemand beachtet mich. Er sitzt an der Staffelei und stützt den Kopf in beide Hände, sie steht mit gesenktem Kopf vor einem niedrigen Wäscheschrank und hält einen Lappen in der Hand. Nur Pepík bemerkt mein Eintreten, er streckt die Zunge heraus und wendet sich wieder ab; abwechselnd schaut er auf Vater und Mutter.

Ich muß so tun, als hätte ich Pepíks Ungezogenheit nicht bemerkt; dann wird er schon von selbst damit aufhören.

Ein kleiner, schwarzer Hund schnuppert an meinen Schuhen; er bellt nicht einmal, wahrscheinlich ist er noch zu jung dazu.

»Verzeihung!« sagte ich mit kräftigerer Stimme.

»Ah, der Herr Nachbar! Entschuldigen Sie, bitte, ich dachte, es wäre das Dienstmädchen. – Frau, der Herr Doktor von drüben! Wir haben heute Kartoffelsuppe . . . ich könnte dreimal am Tag Kartoffelsuppe essen . . . und wir überlegen gerade, ob wir Graupen hineintun sollen. Nehmen Sie doch Platz!«

Ich muß möglichst flott beginnen. »Bitte, ich bin ja nicht mehr fremd, Herrn Augusta kenne ich bereits, den Sohn auch, und die gnädige Frau habe ich ebenfalls schon zu Gesicht bekommen. Gestatten Sie, daß ich mich vorstelle: Doktor Krumlovský.«

Die fade, dürre Blondine machte eine ungeschickte Verbeugung. Es sieht aus, als knicke eine hölzerne Gliederpuppe plötzlich in der Mitte ein. Sie will etwas sagen.

»Ach, bitte, Herr Augusta hat mir verraten, daß Sie mir böse sind . . . Ich bitte Sie, unter Nachbarn, das macht doch nichts!«

Wieder ist es, als bräche sie in der Mitte entzwei.

Ich möge doch Platz nehmen. Wie es mir in meiner

neuen Wohnung gefalle? Ausgezeichnet, aber heute nacht . . . Und ich berichte von der Nachtigall.

»Ei, ei, eine Nachtigall! Und ich habe sie nicht gehört!«

»Wie konntest du sie denn hören? Du warst ja wieder voll wie eine Haubitze!« fällt in unsere Unterhaltung eine Diskantstimme ein, scharf wie ein Rasiermesser.

»Ich? Nur ein bißchen . . .«

»So etwas nennst du ein bißchen? Schauen Sie her, Herr Doktor!« Frau Augusta krempelt einen Ärmel hoch, ich sehe blaue Flecken. »Herr Doktor, ich hatte Auswahl, alle Männer waren in mich vernarrt, und ich habe den da genommen – ausgerechnet den!« Die Malersfrau benimmt sich wie ein Marktweib.

Ich bin in Verlegenheit. Aber ich bemerke, daß sie wirklich zischelt. Dann wischt sie Staub von den Möbeln, als wäre ich gar nicht da.

»Nun, Herr Doktor, ich hatte eben Malheur«, meint der Maler und zwingt sich zum Lachen. Doch es gelingt ihm nicht. »Ich war zwar in sechs Gasthäusern, aber ich habe überall bloß ein Glas getrunken und bin gleich nach Hause geeilt. Ich habe kein Glück in solchen Sachen! Wissen Sie, ich bin ein guter Mensch, aber wenn ich trinke, wird aus mir ein anderer Mensch, und der trinkt weiter und macht dann Dummheiten. Doch dafür kann ich doch nicht, nicht wahr?« Er kichert gezwungen.

»Manchmal schadet es nichts, ja ab und zu ist es sogar gesund. Luther sagt zum Beispiel . . .« Aber plötzlich erschrecke ich selbst über meine Worte und verstumme. Mir ist zumute, als bekäme ich jeden Augenblick den Lappen an den Kopf. »Die Nachtigall hat mich gestern zur Verzweiflung gebracht«, lenke ich vorsichtig ein.

Der Hund schnappt inzwischen nach meiner Hose. Ich will ihm keinen Fußtritt geben, aber ich kann auch nicht ruhig sitzen.

»Da sollten Sie erst einmal mich hören – das ist ein Spaß, nicht wahr, Anna?« Anna schweigt. »Ich kann schlagen wie eine Nachtigall. Manchmal rufe ich ihrer fünf bis sechs zusammen, das gibt dann ein Konzert. Sie können sich davon überzeugen.«

Sollte er einmal mehrere Nachtigallen zusammenrufen, knalle ich ihn über den Haufen.

»Ich dachte, Sie seien Landschaftsmaler, und nun sehe ich, daß Sie Historienmaler sind.« Seine Leinwand zeigt die Umrisse einer menschlichen Gestalt.

»Um das Dasein zu fristen, muß ich lauter Heilige malen. Ein Faltengewand, rot oder blau, dazu etwas Fleisch – und fertig ist der Lack. Es bringt aber auch kaum etwas ein. Eigentlich bin ich ja Porträtist. Es gab Arbeit genug, die ganze Judenstadt ließ sich bei mir malen – viel brachte es zwar nicht ein, ein ganzer Jude für zwanzig Gulden –, aber dann kam ein Deutscher und machte sie mir abspenstig. – Da fällt mir gerade etwas ein. Ich soll den heiligen Crispinus malen, da könnte mir der Herr Doktor Modell sitzen. Der Herr Doktor eignet sich hervorragend als heiliger Crispinus, er hat so etwas Besonderes an sich!«

Geflissentlich gebe ich dem Gespräch eine andere Wendung. Ich spreche von Pepík und rufe ihn zu mir: »Pepík, komm zu mir, komm her!«

»Ach nein, du bist ja dumm!«

Eine väterliche Maulschelle. Ich fühle, daß ich rot werde.

Der Junge heult. »Die Frau Kondukteur hat doch heute früh zur Mutter gesagt, daß der Doktor dumm ist! Nicht wahr, Mutter?«

»Bist du gleich still!«

Ich soll also dumm sein! – »Komm her, Pepík, komm!« Aber meine Stimme klingt heiser.

Der Junge kommt weinend zu mir und stellt sich zwischen meine Beine.

Wie spielt man nur mit Kindern? – »Zeig einmal deine Hand!

Das ist der Daumen,
Der schüttelt die Pflaumen,
Der hebt sie auf,
Der trägt sie nach Haus,
Und der kleine Schelm – der ißt sie alle, alle auf.«

Der Junge verzieht keine Miene.

»Das ist der Vater lieb und gut,
Das ist die Mutter mit frohem Mut,
Das ist der Bruder schlank und groß,
Das ist die Schwester . . .«

Weiter weiß ich es nicht. Der Junge steht da wie ein Stock. »Paß auf, Pepík, ich gebe dir ein Rätsel auf. Was ist das: Grün bin ich, doch kein Gras; eine Tonsur trage ich, bin aber kein Priester; gelb bin ich, doch kein Wachs; einen Schweif habe ich, bin aber kein Hund. Was ist das?«

»Das weiß ich nicht.«

Ich will es ihm sagen, weiß es aber selbst nicht mehr. Ich habe mir nur das Rätsel gemerkt, nicht aber die Lösung.

»Sag noch etwas Dummes!« fordert mich Pepík auf.

Ich tue, als hätte ich nichts gehört, und empfehle mich rasch. »Ich muß noch studieren. Es geht sicher schon auf zwölf.«

»Ei, ei, schon so spät?« meinte der Maler. »Unsere Uhr muß mindestens eine halbe Stunde vorgehen.«

»Das stimmt nicht«, fällt ihm seine Frau ins Wort, »als gestern die Turmuhr schlug, habe ich den Zeiger mit dem Handfeger gerichtet.«

Mein Besuch sei für sie eine große Freude gewesen, und ich möchte doch recht bald wiederkommen. Wir würden gewiß gute Nachbarn werden.

Jetzt möchte ich aber wissen, warum ich dumm sein soll!

Auf dem Flur grüße ich ein Fräulein, wahrscheinlich die Tochter des Hausherrn. Sie ist nicht mehr die Jüngste.

»Hat sie gezischelt?« fragt die Frau Kondukteur. – »Ja.«

– »Dann haben sie also heute Geld, denn wenn sie keinen Groschen im Haus haben, spricht sie ganz normal.«

Offensichtlich hat die Frau Kondukteur ein loses Mundwerk.

»Als der Herr Doktor über den Flur zurückkam, hat sich Herr Provazník aus dem Fenster gebeugt und dem Herrn Doktor nachgeschaut.«

Ich schaue hinauf. Mir ist, als erblicke ich oben ein wachsgelbes, dürres Gesicht; mehr sehe ich nicht.

Ob ich sonst keinen Wunsch habe? – Ich etwas ärgerlich: Nein! – Ob sie nicht Kačenka für kurze Zeit in mein Zimmer bringen könne? Sie müsse zum Kaufmann, werde aber gleich wieder zurück sein; Kačenka weint, wenn sie allein ist. »Ich verstehe nichts von Kinderpflege.« – »Ich lege sie ja bloß aufs Bett.« – »Und wenn sie weint?« – »O nein, das tut sie nicht, solange sie jemanden sieht.« – »Oder wenn sie etwas anstellt?« – »So ein kleines Ding!« – Ja, so ein kleines Ding! Ich bin sehr verdrossen.

Vorsatz: Auf Pepík erzieherisch einwirken.

Ich habe einmal Burnands »Gute Gedanken« gelesen, aber meine »Vorsätze« sind ganz anders. Ich imitiere ihn nicht.

Ich hätte gar nicht gedacht, daß ich mich heute doch wieder so in das Studium vertiefen würde. Ich bin zufrieden, aber schrecklich müde – ich gehe schlafen.

Die Nachtigall bellt heute nicht, vielleicht ist sie erfroren. Gott gebe es!

Das hätte ich aber doch zu gern gewußt: Warum ich dumm sein soll.

*

»Also zunächst einmal meinen herzlichsten Glückwunsch im voraus! Ich glaube, von einem alten Freunde wirst Du wohl einen Rat annehmen. Schließlich halte ich es für meine Freundespflicht, ihn Dir mitzuteilen.

Vor allem: zu einer Prüfung gehört kaltes Blut! Wissen wirst Du genug, davon bin ich überzeugt, aber Kaltblütigkeit hat beinahe doppelt soviel Wert wie alle Kenntnisse.

Die Herren Oberlandesgerichtsräte stellen meist Verstandesfragen, und wenn Dir gar nichts einfällt und der Herr Rat Dich fragt: ›Was würden Sie tun, wenn jemand mit einer derartigen Sache zu Ihnen käme?‹, antworte vertrauensvoll: ›Ich würde einen Vorschuß verlangen.‹ Glaub mir, der Rat . . .«

So ein Dummkopf! Ich kann es nicht ausstehen, wenn jemand in einem fort geistreich sein will und sich mit alten Anekdoten behelfen muß. Nicht umsonst nannten wir ihn schon in der Schule Jindra den Schwätzer. Er ist aber auch ein Schwätzer!

Doch ich bin selbst schuld daran! Warum habe ich ihm auch in einem Brief von meinen Prüfungsvorbereitungen berichtet und aus purer Höflichkeit hinzugefügt: »Falls Du einen guten Rat für mich hast . . .« Ich brauche von niemandem auf der Welt einen Rat, am wenigsten von ihm. Ich werde ihm auch gar nicht antworten.

Aber mein Schnupfen kann sich sehen lassen. Ein leichtes Fieber schüttelt meinen Körper, mein Kopf brennt, meine Augen tränen. Ich wundere mich nur, daß ich trotzdem studieren kann und daß es mir auch nicht an Appetit mangelt.

An die Arbeit!

Der Hausherr war bei mir. Ein eigenartiger Mensch, so um die Sechzig. Eine schmächtige Gestalt, die wegen der eingefallenen Brust kleiner wirkt, als sie wirklich ist, ein Eindruck, der noch dadurch verstärkt wird, daß er die Schultern hängen läßt, als trüge er in jeder Hand einen Eimer Wasser. Ein glattrasiertes Gesicht, eingefallene Lippen, weil er keinen Zahn mehr im Munde hat, ein auffallend schmales Kinn, eine kleine Nase, an der noch Schnupftabak hängt, und schütteres graues Haar. Aber seine schwarzen Augen glühen wie im Fieber, seine runzeligen dürren Hände fuchteln unruhig in der Luft herum, und manchmal geht durch die ganze Gestalt ein Zucken. Und wenn er spricht, ist es fast ein Flüstern. Man fühlt sich in seiner Nähe nicht recht wohl, jeden Augenblick erwartet man, daß ihm etwas zustößt.

Er sei gekommen, um sich zu erkundigen, ob ich meinen Wohnungswechsel schon bei der Polizei gemeldet habe.

Natürlich hatte ich das vergessen.

Ich solle es möglichst bald nachholen.

Und dann habe ihm der Maler erzählt, daß hier eine Kartenspielerrunde gebildet werden solle; er freue sich schon darauf.

Ich verneigte mich leicht.

Er bemerkte, daß ich Schnupfen habe, und meinte: »Mancher Mensch, der gesund ist, weiß gar nicht, was er besitzt.« Das war nicht gerade sehr geistreich, aber ich erwiderte mit höflichem Lächeln: »So ist es.«

Pause.

Darauf gab ich der Hoffnung Ausdruck, daß er sich guter Gesundheit erfreue.

Nicht besonders, er habe immer etwas mit dem Hals und müsse sich schonen. Er hüstelte und spuckte mir gerade auf den Schuh. Ich bin froh, daß er es nicht bemerkt hat, eine Entschuldigung hätte nur dumm geklungen; lieber brachte ich meine Füße unter einem Stuhl in Sicherheit.

Ob ich musikalisch sei? Ich bin nicht besonders musikalisch; als Junge habe ich zwar Klavierstunden gehabt, aber nichts gelernt, doch ich sagte mit einem Lächeln, als wäre es das Natürlichste auf der Welt: »Nun, ich glaube, es gibt wohl keinen Tschechen, der nicht wenigstens ein bißchen Musikantenblut in sich hätte.«

»Das ist gut, das ist sehr gut! Da können wir ja vierhändig spielen! Im Sommer stelle ich nämlich immer mein Spinett – ein altes, aber gutes Instrument – in den Garten, da können wir dort gemeinsam musizieren. Das ist vortrefflich!«

Ich merkte, daß ich einen Rückzug antreten mußte. »Klavier? Nein – ich spiele Geige!«

»Haben Sie ein gutes Instrument?« Und er ließ seinen Blick an den Wänden entlanggleiten.

Ich mußte noch weiter zurückweichen. »Jetzt habe ich schon lange nicht gespielt. Man ist zu sehr vom täglichen Leben in Anspruch genommen, man . . .«

»Schade!« Er erhob sich. Er wolle nicht länger stören. Er gehöre nicht zu jenen Hausherren, die die Rechte der Mieter einschränken.

Aber er habe noch etwas auf dem Herzen. Ob ich nicht der Ansicht sei, daß bei der Sache in Spanien Bismarck seine Finger im Spiele habe? Und er schaute mir mit pfiffigem Gesichtsausdruck forschend in die Augen.

Ich sagte, die Wege der Diplomaten seien unergründlich.

»Natürlich«, pflichtete der Hausherr bei, »mit einem Balken geht man nicht so um wie mit einem Streichholz.« Dann trat er mir gehörig auf den rechten Fuß und sagte mit Nachdruck: »Ich sage es ja immer: Das kommt daher, daß die Könige niemals mit dem zufrieden sind, was sie haben.«

Ich entgegnete nichts, sondern lächelte nur höflich, worauf er sich verabschiedete.

Eine naive Auslegung – aber eigentlich richtig. Diese Leute haben ihre Weisheit in stehende Redensarten gepackt; man sollte diese Redensarten nicht unterschätzen, in ihnen liegt immer die ganze, wenn auch nicht übermäßig große Einsicht dieser Menschen. Das müßte eine ganz interessante Sammlung geben: »Die persönlichen Redensarten.«

Mit dem heutigen Tag bin ich im großen und ganzen zufrieden. Ich gehe schlafen.

Die Nachtigall bellt, aber in weiter Entfernung. Dort mag sie es meinetwegen tun. – Wenn aber der Maler sie herlockt, schlage ich Lärm. Das heißt, Lärm in aller Höflichkeit, nur damit sie merken, daß ich mir nicht alles gefallen lasse. – Ich glaube aber, daß der Maler sich noch in irgendeinem Gasthaus »auf dem Heimweg befindet« – wenigstens hat seine Frau gestern gezischelt.

Mir kommt es so vor, als hätte die Frau Kondukteur heute nicht mehr so oft gefragt, ob ich etwas wünsche. Mit der Zeit kommt wohl alles ins Lot. Es ist aber auch möglich, daß ich mich irre – wenn man so ins Studium vertieft ist!

*

Schnupfen und Studium. Von der Welt weiß ich nichts, so sehr habe ich mich in meine Arbeit verbohrt.

Ich stelle jedoch fest, daß die Frau Kondukteur tatsächlich viel seltener fragt, ob ich etwas wünsche. Heute sagte sie einmal, ich sei ein grundguter Mensch, und der Herrgott würde mir sicher seinen Segen geben. Da war nämlich gerade eine Frau bei ihr in der Küche, Witwe eines Schusters und Mutter zweier Kinder; die jammerte über ihr Elend, und ich gab ihr einen Gulden. Ich glaube aber nicht, daß sich der Herrgott um jeden Gulden kümmern kann.

Die Katze kommt nicht mehr in mein Zimmer, selbst dann nicht, wenn die Tür offensteht. Sie hockt bloß vor der Tür und miaut. Sie traut mir nicht über den Weg.

Ich erinnere mich, daß ich den Herrn Kondukteur noch immer nicht gesehen habe. War er unterdessen zu Hause?

*

Zichorie im Kaffee! – Ich irre mich nicht, Zichorie – das ist ja fürchterlich! Da muß etwas geschehen!

Mit erhöhtem Tempo eile ich dem Ende des Bürgerlichen Gesetzbuches entgegen, wie ein Rennpferd im Endspurt.

*

Wieder Zichorie, und – wie mir scheint – noch mehr als gestern!

Die Frau Kondukteur fragt kein einziges Mal mehr, ob ich etwas wünsche. Wenigstens habe ich meine Ruhe.

Gestern brachte sie mir wieder eine andere Schusterswitwe, diesmal eine Mutter mehrerer Kinder. Ich sei doch ein so außergewöhnlich guter Mensch. Wieder einen Gulden.

Pepík hat fürchterliche Schläge bekommen; er brüllte, daß es durch das ganze Haus hallte.

Ich habe die Frau Kondukteur gefragt, was er angestellt hat. Eigentlich nichts. Er hatte sich Nüsse gekauft, und sein Vater hatte sie ihm weggegessen. – »Niemand möchte es glauben, wie naschhaft der Mann ist!« – Pepík verteidigte sein Recht – und bezog dafür Schläge.

Pepík tut mir leid.

»Ach was, so ein Junge!« meint die Frau Kondukteur. Er sei ohnedies ein Nichtsnutz. Am letzten Karfreitag hat er angeblich in der Cajetan-Kirche beim Heiligen Grab die Kreuzer aus dem Sammelteller gestohlen.

Ja, ich muß auf Pepík erzieherisch einwirken! Wenn ich nur erst etwas Zeit dafür erübrigen kann. Es wäre doch schade um den hübschen Jungen; sein Vater ist anscheinend ein sonderbarer Kauz und ein mangelhafter Erzieher dazu.

George Washington war auch in seiner Jugend ein Nichtsnutz, aber er hatte einen klugen Vater. Gott sollte die Kinder mit der Gabe bedenken, beizeiten zu erkennen, ob ihr Vater dem Vater George Washingtons gleicht; wenn nicht, sollten sie sich mit ihren ungeratenen Vätern nicht lange herumärgern und sich an jemanden anderen halten. (Hinweis auf Mark Twain, der auch durch sein Verhalten à la George Washington seinen Vater erziehen wollte.)

Der Maler war bei mir, nur auf einen Sprung. Ob ich ihm nicht zum heiligen Crispinus Modell sitzen wollte? Ich antwortete, ich müsse jetzt bei meinen Büchern sitzen. Ich werde immer energischer.

Mit dem Bürgerlichen Gesetzbuch bin ich fertig. Morgen gehe ich an das Wechselrecht. Heute werde ich gut schlafen!

*

So muß es wohl Puschkins Kalb zumute gewesen sein, als es ausrief: »Oh, ich Esel!« – Ein fürchterlicher Augenblick!

Heute früh habe ich mir, im Bewußtsein, das Bürgerliche Gesetzbuch abgeschlossen zu haben, selbst eine Frage daraus vorgelegt. Ich konnte sie nicht beantworten.

»Herrgott im Himmel!« rief ich unwillkürlich aus und schlug die Hände gegen den Kopf. Ich fühlte, wie ich plötzlich erbleichte.

Die Frau Kondukteur kam hereingestürmt. Was mir zugestoßen sei?

»Ich kann nichts!« rief ich in meiner Dummheit.

»Das scheint mir auch so«, sagte sie und lief laut lachend hinaus. – Ein impertinentes Weib!

Jetzt bin ich aber schon wieder gefaßter. Ich weiß ja aus meiner früheren Studienzeit, daß das immer so geht. Das Eingetrichterte muß sich erst setzen.

Doch hing diese Bemerkung nicht mit der kürzlichen Behauptung zusammen, ich sei dumm? – Nein, das ist keine Naivität mehr, das ist reine Impertinenz!

Zwei Schusterswitwen – die eine ist eigentlich eine Schneiderswitwe. Es scheint, die Frau Kondukteur will alle Witwen herbringen, die am linken Moldauufer weinen.

*

Ein Umschwung! Ein völliger, radikaler Umschwung, wie ich ihn nie erwartet hätte. Ein Umschwung in der Natur und in der Gesellschaft.

Erstens: Herrlich schöne Tage. Bei dem anhaltend schönen Wetter verflüchtigt sich mein Schnupfen.

Zweitens: Vom Zichorienkaffee der Frau Kondukteur habe ich endgültig genug, und eben habe ich den ersten richtigen Kaffee getrunken, den ich mir auf dem Spirituskocher bereitet habe. Von nun an werde ich den Kaffee immer selbst kochen.

Auch im übrigen habe ich Veränderungen herbeigeführt. Das Essen lasse ich mir nur noch heute mittag heraufbringen. Abends gehe ich selbst ins Gasthaus. Ich brauche keine Gefälligkeiten, und die Frau Kondukteur hat in ihrer Dienstwilligkeit völlig nachgelassen. Meinetwegen, um so besser.

Immer am Schreibtisch sitzen ist auch nicht möglich. Man verblödet langsam, und das Studieren geht dann um so schleppender. Ein bestimmtes Pensum täglich studieren, solange die Lernlust anhält, dann etwas Unterhaltung. Die Unterhaltung mit den ruhigen Leuten da unten wird mich wohl nicht allzusehr anstrengen.

Und in den Garten werde ich von nun an auch täglich gehen, wenigstens für kurze Zeit. Die anderen Hausbewohner sind schon seit zwei Tagen unten. Wie wäre es, wenn ich jeden Tag zeitig aufstünde und dorthin studieren ginge? Im Freien studiert es sich besonders gut, das weiß ich aus meiner Gymnasialzeit.

Vorsatz: Jeden Morgen zeitig aufstehen, sehr zeitig.

Eben habe ich eine neue Schusterswitwe hinausgeworfen.

Das Gasthaus gefällt mir! Man regt sich nicht auf, und doch unterhält man sich gut. Wie geschaffen für mein jetziges Dasein! Man braucht sich nicht anzustrengen, um geistreiche Reden zu führen, man beobachtet nur und hört zu.

Es sind lauter einfache Leute, die hier verkehren, aber doch ausgesprochene Individualitäten, mit natürlichem Verstand begabt, witzig, ohne daß ihre Witze gesucht wirken, und selbst mit dem primitivsten Witz zufrieden. Über alles lachen sie herzlich. Aber man muß, um sich bei ihnen gleichzeitig auf höherer Ebene zu unterhalten, ein Psychologe sein und jeden individuell behandeln. Dazu habe ich ja Talent.

Ein freundliches, sauberes Lokal, nur etwas karg erleuchtet. Hinten in der Mitte steht ein Billardtisch und ringsherum an den Wänden kleinere Tischchen; vorn einige größere Tische, davon vier von Stammgästen besetzt.

Nach den Erfahrungen eines ganzen Abends ist es wohl stets die gleiche Gesellschaft, vielleicht schon seit Jahren unverändert. Eigentlich bemerkte ich das sofort beim Eintreten. Augenblicklich setzte allgemeines Schweigen ein, und alle Blicke richteten sich auf mich.

Ich grüßte nach allen Seiten. Unter meinen Füßen knirschte weißer, frisch gestreuter Sand. Ich setzte mich an einen Tisch, an dem nur ein Mann saß. Der erwiderte meinen Gruß nur mit einem stummen Nicken.

Gleich war der kleine, untersetzte Gastwirt zur Stelle. »Ach, der Herr Doktor! Das freut uns aber, daß uns der Herr Doktor auch einmal die Ehre seines Besuches gibt! Ist der Herr Doktor mit dem Mittag- und dem Abendessen zufrieden?«

Ich sagte, ich sei recht zufrieden. Zwar hätte ich manches auszusetzen gehabt, aber man muß die Leute für sich gewinnen, manchmal selbst durch eine kleine Lüge.

»Das freut mich. Hauptsache, meine Gäste sind zufrieden. Sonst habe ich keinen Wunsch auf dieser Welt. Die Herren sind wahrscheinlich schon miteinander bekannt?«

Ich blickte auf den mir unbekannten Herrn, der mit unbeweglichem, griesgrämigem Gesicht vor sich hin blickte.

»Also noch nicht? Aber die Herren sind doch Nachbarn und wohnen übereinander! Herr Doktor Krumlovský und Herr Schneidermeister Sempr.«

Ich sagte: »Wie sich das trifft!« und reichte Herrn Sempr die Hand.

Der Schneider hob nur unmerklich den Kopf, rückte mit seinen Augen auf dem Tisch etwas weiter und reichte mir seine Hand – so ungeschickt wie ein Elefant seinen Fuß. Ein sonderbarer Mensch!

Aber schon war der Kellner hier, um nach meinen Wünschen zu fragen. Ich liebe männliche Bedienung. Eine Kellnerin hat immer wenigstens einen Liebhaber, und mit dem sitzt sie dann in einer Ecke, und die beiden tuscheln miteinander. Der Gast muß sich immer erst laut bemerkbar machen.

Solange ich zu Abend aß, sah und hörte ich nichts. Aber als ich fertig war und mir eine Zigarre anzündete, blickte ich mich um und war für alle Eindrücke empfänglich.

Am Tisch gegenüber saßen einige Herren und führten eine lebhafte Unterhaltung. Einen Tisch weiter saßen zwei junge Leute, links von uns ein Herr, eine Dame, zwei Fräulein und ein Oberleutnant, nicht mehr jung und schon etwas behäbig. An allen Tischen ertönte lautes Lachen, besonders am Tisch links.

Das jüngere Fräulein blickte mich an. Sie hat schöne Zähne, lustige Augen, mag sie schauen!

Ihr Vater hat einen ganz eigenartigen Kopf, lauter rechte Winkel, und oben alle grauen Haare zu einem Schopf vereinigt. Er sieht aus wie eine vierkantige Glasflasche, die mit Bier gefüllt ist und oben am Hals eine Schaumkrone hat. Die Köpfe seiner Töchter sind auch Flaschen, aber bauchiger.

Nur an unserem Tisch ging es ruhig zu. »Wie geht das Geschäft, Herr Sempr?« begann ich ein Gespräch.

Er gab sich einen Ruck, dann tropfte es von seinen Lippen: »Soso!« Sehr gesprächig scheint er also nicht zu sein.

»Haben Sie viele Gesellen?« – »Bloß zwei – im Hause –, ich vergebe aber auch Arbeit außer Haus.« Sieh an, doch eine ganze Kette von Worten!

»Sie haben Familie, Herr Sempr? Nicht wahr?« – »Nein.«

»Ach – Junggeselle?« – »Nein.« Man sah, wie es in ihm arbeitete, schließlich fügte er hinzu: »Witwer, schon drei Jahre.«

»Da sind Sie sicherlich sehr einsam, ohne Frau und Kinder?«

Neuerdings innerer Kampf, schließlich: »Ich habe ein Töchterchen – sieben Jahre.«

»Sie sollten wieder heiraten.« – »Ja, das ist wahr.«

Der Gastwirt setzte sich an unseren Tisch. »Das ist aber schön«, sagte ich, »daß uns der Herr Wirt mit seinem Besuch beehrt.«

»Das ist meine Pflicht und Schuldigkeit. Das Geschäft erfordert es. Ein Wirt muß von einem Tisch zum anderen gehen. Die Gäste sehen es gern und rechnen es sich als große Ehre an.«

Ich faßte das als Witz auf und wollte schon darüber lachen, aber da sah ich ihm in die Augen – die blinzelten träge ohne jede Spur von Geist –, meinte er es vielleicht ernst? Er scheint ein Dummkopf zu sein. Aber diese Augen! Zeitlebens habe ich noch keine so hellgrünen Augen wie diese gesehen. Sein Gesicht ist rot und sein Haar ebenso rot wie die Haut, so daß es wie die Fortsetzung der Haut wirkt, nur eben zerzaust. Betrachte ich ihn aber aus etwas größerer Entfernung, werden die Konturen seines Kopfes undeutlich.

»Wir haben jetzt schönes Wetter«, sagte ich, damit das Gespräch nicht abriß.

»Ach was, wenn es draußen schön ist, gehen die Leute spazieren, und die Gasthäuser stehen leer. Heute nachmittag war ich auch kurze Zeit auf der Straße, aber ich kehrte bald wieder zurück. Die Sonne brannte mir auf den Rücken, und wenn mir die Sonne auf den Rücken brennt, bekommen wir immer ein Gewitter. Heute aber kam keins.«

Ich biß mir auf die Lippen. »In der Stadt«, meinte ich wieder, »schadet den Spaziergängern ein leichtes Gewitter oder ein Regen nichts. Da kann man sich ja mit einem Regenschirm behelfen.«

»Ich hatte keinen Schirm mit.«

»Dann geht man eben etwas rascher nach Hause.«

»Wenn ich schnell gehe, ist es doch kein Spaziergang mehr!«

»Dann stellt man sich eben während der Dauer des Regens – und Frühjahrsregen dauern ja nicht lang – in eine Durchfahrt.«

»Wenn ich in einer Durchfahrt stehe, gehe ich doch auch nicht spazieren!« Wirklich ein Dummkopf! Jetzt gähnt er.

»Sind Sie müde?«

»Ach, ich bin gestern zeitig schlafen gegangen, und dann muß ich am nächsten Tag immerzu gähnen.«

»Gewiß waren keine Gäste mehr da?«

»O doch, einige sind recht lange geblieben. Aber ich hatte gestern schlechtes Bier, es schmeckte mir nicht – warum sollte ich mich da ärgern?« – Ein origineller Typ!

Am Tisch links geriet jetzt der Herr Oberleutnant in Feuer. »Das sage ich ja, kaum der Tausendste weiß, wieviel Arten von Schimmeln es gibt! Siebzehn Arten, jawohl. Der Atlasschimmel ist der kostbarste, das muß ich Ihnen sagen. Ein schönes Pferd! Rings um Augen und Maul rosaweiß, die Hufe hellgelb . . .«

Da trat ein neuer Gast ein. An dem plötzlichen Verstummen und den Blicken merkte ich, daß der Eingetretene ein Fremder war, der nur zufällig das Lokal betrat. Der Gast ging zu einem der hinteren Tischchen und nahm dort Platz.

Das Gespräch nahm seinen Fortgang. Der Oberleutnant erklärte gerade: »Ein Schimmel kommt schwarz zur Welt.«

Die Jüngere blickte mich fortwährend an – bin ich denn ein Schimmel?

Ich trank mein Glas aus. Der Wirt tat nicht dergleichen. Auch der Kellner Ignác rührte sich nicht. Ich klopfte ans Glas, und Ignác kam wie ein Verrückter angerannt.

Ignác interessierte mich, ich folgte ihm ständig mit meinen Blicken. Er ist schon etwa vierzig Jahre, trägt silberne Ohrringe, die die Form eines Knopfes haben, und das rechte Ohr hat er mit Baumwolle verstopft. Er sieht Napoleon I. etwas ähnlich, aber er ist ein ungeheuer dummes Abbild Napoleons I. Seine schweren Augenlider schließen sich immer erst nach längeren Zeitabständen; das sieht wie eine ernsthafte Interpunktion im Ablauf seiner Gedanken aus, aber ich möchte wetten, daß Ignác überhaupt nicht denkt. Er stellt sich bald hierhin, bald dorthin und bleibt dösend stehen; klopft ein Gast ans Glas, zuckt Ignác zusammen und setzt sich in Trab.

Am Tisch gegenüber wurde jetzt über die polnische Sprache gesprochen. Ich beobachtete dort einen sonderbaren Sprachgebrauch, eine »witzige« Anrede: Immer nur »Nase« oder »Ohr« mit vorgesetztem Tiernamen – das ist sonderbar. Eben stellte dort jemand die Behauptung auf, wer Deutsch und Tschechisch kann, könne auch Polnisch. Polnisch sei bloß ein Gemisch aus diesen beiden Sprachen. Zum Beispiel: »Co se fraguje pan?«

Wieder kam ein neuer Gast. Eine stämmige Erscheinung, wie ein Wurzelstock. Offensichtlich ein täglicher Gast. Er lachte und setzte sich an unseren Tisch.

»Auch ein Nachbar«, sagte der wieder herzutretende Wirt, »Herr Doktor Krumlovský – Herr Klikeš, Schuhmachermeister.«

Herr Klikeš reichte mir die Hand. »Sie sind ein hübscher Mann, wirklich hübsch! Nach Ihnen müssen ja alle Mädchen verrückt sein, Herr Doktor!«

Ich war verlegen, ich glaube, ich bin sogar rot geworden. Gern hätte ich ein ungezwungenes Gesicht gemacht und mich lächelnd umgeblickt, zum Beispiel der Jüngeren am Nebentisch zugelacht, aber es ging nicht.

»Der ist schöner als du«, lachte der Wirt, »du mit deinem zerfurchten Gesicht, das sieht ja aus wie ein Waffeleisen!«

»Sapperlot!« meinte Klikeš und scharrte mit den Füßen

über den Sand, »du hast wohl von der Gemeinde den Auftrag bekommen, deinen Fußboden auch einmal waschen zu lassen?« Gelächter. »Ja, Herr Doktor, hier wird nicht eher gewaschen! Und einmal im Jahr kommen zwei Polizisten und schleppen den Wirt ins Bad. Manchmal müssen sogar drei kommen, so wehrt er sich.«

Allgemeines, lautes Lachen. Offenbar ist Klikeš der Spaßmacher der Gesellschaft. Der trifft ins Schwarze, auch ich muß mitlachen. Aber sein blatternarbiges, rauhes Gesicht sieht nicht böse aus, seine Augen blicken schlau, aber aufrichtig.

»Er hat recht, daß er spart«, fügte er schließlich hinzu, »er braucht viel, und an mir verdient er nicht einmal das, was er selbst trinkt.« Und schon ist sein Glas geleert. »Jetzt möchte ich aber auch etwas zu Abend essen.« Er spricht mit lebhaften Gebärden, seine Hände sind fast dauernd über dem Kopfe, und Herr Klikeš sieht dann wie ein Baumstumpf aus, dessen Wurzeln nach oben ragen.

Die beiden jungen Leute, die an einem Tisch allein saßen, ließen sich jetzt auf dem Billard eine Pyramide aufstellen und erhoben sich. Solange sie saßen, schienen sie gleich groß zu sein; jetzt aber ist der eine klein und der andere ungemein lang. Ich kenne einen, der fällt, solange er im Gasthaus am Tisch sitzt, gar nicht auf; erhebt er sich aber, will das Aufstehen gar kein Ende nehmen, und alle Gäste lachen. Er fühlt sich unsagbar unglücklich.

»Wie immer – nichts Besonderes«, schimpfte Klikeš, nachdem er die Speisekarte studiert hatte, »Gulasch – Paprika – Hackfleisch – eingemachte Knödel – das sind wohl eingemachte Papierknödel, nicht wahr?«

»Schweig, du Schandmaul!«

»Wenn wenigstens ein gekochtes Huhn dabei wäre!«

»Du meinst wohl, die fliegen uns in die Küche?«

»Ist denn das so schwer? Man nimmt ein gekochtes Ei und läßt es ausbrüten, dann hat man ein gekochtes Huhn. – Hahaha!«

»Streich dir lieber die Haare aus der Stirn!« Welche Ironie, Klikeš hat nämlich eine Glatze wie der Kirchenvater Quintus Septimius Florens Tertullianus.

»Pst, Karlíček fängt einen Floh!« ertönte es da vom Nachbartisch. Allgemeine Stille. Kopfbewegung und Spannung. Der, den sie Karlíček nennen, hat seine Hand auf der Brust unter das Hemd gesteckt. Sein Gesicht zeigt ein ruhiges, selbstbewußtes Lächeln. Jetzt hat er die Hand herausgezogen, etwas zwischen Daumen und Zeigefinger zerdrückt und auf den Tisch gelegt. Gelächter, Applaus, die Damen beißen in ihre Taschentücher.

»Der fängt Ihnen jeden Floh, aber wirklich jeden«, informierte mich Klikeš.

Ich wunderte mich gehörig und fragte: »Tatsächlich jeden?«

»Ja, jeden! – Aber, Ignác, was ist denn mit meinem Abendessen? Und bringen Sie mir mein Glas wieder, ich hatte ja noch gar nicht ausgetrunken! – Ich habe niemals ausgetrunken«, wandte er sich wieder mir zu. Gewiß ein Witz.

»Haha, Sie sind aber ein Witzbold!« sagte ich und lachte.

Ignác kam aus der Küche zurück. Sein Gesicht hatte jetzt den Ausdruck gesteigerter Dummheit. »Bitte, Herr Klikeš, was hatten Sie zum Abendessen bestellt?«

»Das ist ja schrecklich! Der Kerl vergißt das! So etwas gibt es auf der ganzen Welt nicht noch einmal! Ich hatte . . .« Aber Klikeš hat es auch schon vergessen; jetzt wissen wir es beide nicht mehr.

Da übertönte die Stimme der Mutter die übrige Unterhaltung: »Wenn eine Mutter zwei Töchter hat, die über zwanzig Jahre alt sind, soll sie ihnen nie die gleichen Kleider geben, sonst bekommt keine einen Mann.« Das war Berechnung; die Zuhörer sollten glauben, daß keine ihrer Töchter über zwanzig Jahre alt sei, denn sie waren gleich gekleidet. Ich glaubte es aber nicht.

»Geben Sie acht, Herr Doktor, daß Ihnen hier nichts doppelt berechnet wird«, meinte Klikeš und verzehrte sein Gulasch. »Unser Wirt war nämlich bei den Soldaten – damals hat er im Gasthaus die auf seinem Bierdeckel vermerkten Biere heimlich weggelöscht – jetzt schreibt er heimlich welche zu, damit er sein Gewissen wieder ins Gleichgewicht bringt.«

Selbstverständlich lachte ich.

Ich wollte wieder mit Herrn Sempr ein Gespräch beginnen, aber ich erfuhr bloß, daß er jeden Vormittag in die Weinstube geht.

Ignác stand wie angenagelt am Billard. Er verfolgte mit lebhaftem Interesse das Spiel; er hielt es mit dem kleineren der beiden Spieler. Manchmal machte er einen Luftsprung. Jetzt hüpfte er gar auf einem Bein.

Klikeš hatte seine Mahlzeit beendet, sich die Pfeife gestopft und sie in Brand gesetzt; im aufflammenden Licht sah sein Gesicht wie eine alte Schmiede aus. Er paffte und blickte sich zufrieden um. Da fiel sein Blick auf den Fremden, der in der Nähe des Billards saß. »Das muß ein Schuster sein!« sprach er lächelnd vor sich hin. »Schlauch!« rief er dann mit starker Stimme. Dem Fremden gab es einen Stich, aber er schaute nicht her. »Schuster!« rief Klikeš wieder.

Der Fremde wandte ihm langsam sein Gesicht zu, man merkte ihm an, daß er sich ärgerte. »Gewiß so eine Wirtshausfliege – ständig betrunken«, sagte er langsam und spuckte aus.

»Was? Mich anspucken?« ereiferte sich Klikeš plötzlich im Ernst. »Mich, einen Prager Bürger?« Und er wollte aufspringen.

Der Wirt drückte ihn wieder auf seinen Stuhl zurück und trat dann zu dem Fremden.

Klikeš schlug mit der Faust auf den Tisch. Ihn habe zeitlebens noch niemand betrunken gesehen, und wenn er jemals aus Ärger einen über den Durst getrunken habe, so gehe das weder jetzt noch in Zukunft jemanden etwas an.

Unterdessen führte der Wirt den bereitwillig folgenden Fremden durch die Küche hinaus.

Klikeš maulte weiter.

Plötzlich war von der Durchfahrt her Streit und Lärm zu hören. Nach einer Weile kam der Wirt wieder in die Gaststube. »Erst draußen ist er in Wut geraten«, sagte er, »und wollte wieder herein. Aber ich habe ihn auf die Straße befördert. Wie ein Bündel ins Leihhaus, so habe ich ihn auf die Straße geworfen.«

Bald war wieder das gleiche Leben wie vorher im Gange.

Auf einmal wurde am Tisch gegenüber applaudiert. »Bravo, bravo! Löfler wird eine Fliege nachmachen – Löfler, eine Fliege!« Überall Applaus.

Klikeš fragte mich, ob ich schon gesehen hätte, wie man eine Fliege macht.

Ich erwiderte: »Noch nicht.«

Er informierte mich, das sei ein Hauptspaß, und ich würde vor Lachen zerspringen.

Ich habe es schon gut tausendmal gesehen; ich glaube, in jedem Prager Gasthaus gibt es jemanden, der eine Fliege nachmacht. Ich kann diese Plattheiten nicht ausstehen.

Löfler, der mit dem Rücken zu mir saß, sträubte sich zunächst. Es sei nicht ruhig genug.

»Ruhe, Ruhe – pst!«

Es trat Stille ein, und Löfler begann zu summen. Zuerst klang es, als summe die Fliege im Raum, dann, als stieße sie an ein Fenster, schließlich fing er sie in einem Glas, in dem sie wütend surrte. Applaus, ich applaudierte mit. Alle Blicke waren auf mich gerichtet, wie es mir gefallen habe.

Klikeš meinte: »Ein Sakramentskerl! Dem macht es nicht so schnell einer nach! Manchmal platzen wir vor Lachen!« Und er goß ein Glas Bier nach dem anderen in sich hinein, offensichtlich war er noch von seiner Affäre innerlich erhitzt. Manchmal klopfte er sich auf den Magen und sprach, gleichsam zur Entschuldigung: »Noch immer zehn Zoll unter dem Normalstand – haha!«

»Sie spielen aber dumm!« ertönte es plötzlich vom Billard, und mit einem Ruck wandten sich alle Köpfe dorthin. Unglückseliger Ignác! Der Kleinere der beiden Spieler, den er protegierte, hatte etwas nicht richtig gemacht, und Ignác konnte sein Mißfallen nicht unterdrücken.

Allgemeine Aufregung. Der Spieler warf das Queue auf das Billard. Der Oberleutnant rief: »Das ist ein starkes Stück – hinaus mit ihm!« Der Wirt tobte, er werde Ignác gleich morgen früh nach der Abrechnung entlassen.

Nur Klikeš lachte ihm ins Gesicht und fragte ihn: »Zum wievielten Male?«

Die Wogen glätteten sich wieder. Ein Hausierer betrat das Lokal. Eine hagere, schmutzige, unrasierte Gestalt, in schmierigem Anzug. Er sprach kein Wort, sondern stellte nur seinen Bauchladen auf den Tisch und hielt einen Kamm, ein Geldtäschchen, eine Zigarettenspitze und anderes in die Höhe. Jeder schüttelte nur ablehnend den Kopf. Der Hausierer ging stumm von einem Tisch zum anderen, packte dann seinen Korb zusammen, hängte ihn wieder um und verließ das Lokal.

Applaus. – »Pst, pst, Ruhe!« Löfler ahmte das Braten und Schmoren einer Leberwurst nach. Applaus und Gelächter.

Nur Ignác stand verdattert an der Wand und blinzelte ängstlich durch das Lokal.

Löfler ahmte noch einen singenden Tiroler mit Kropf nach. Es war widerlich, aber ich applaudierte.

Der Oberleutnant wurde inzwischen immer lauter, und er erzählte solche Dinge, daß ich an Stelle des Familienvaters ihn hinausgeworfen hätte. Seine Frechheit läßt sich nur so erklären, daß er mit den Leuten schon lange bekannt ist – aber dann hätten sie ihn eben schon längst hinauswerfen sollen.

Ich verabschiedete mich und ging.

Im allgemeinen habe ich mich gut unterhalten. Man muß Verständnis für die kleinen Leute haben.

*

Heute bin ich nicht zeitig aufgestanden. Wenn ich abends ins Gasthaus gehe, schlafe ich früh lange – eigentlich schlafe ich früh immer lange, aber es soll Leute geben, die mit größtem Vergnügen zeitig aufstehen. Das macht aber nichts: Gut schlafen – gut studieren.

Ein wunderschöner Tag! Ich konnte nicht widerstehen und sitze bei weit geöffneten Fenstern. Dabei dringt zwar jeder Laut aus dem ganzen Haus zu mir, aber ich merke, daß mich vieles gar nicht stört – es wirkt im großen und ganzen wie das Rauschen eines entfernten Wehrs und ist wenigstens eine Abwechslung gegenüber der ermüdenden Monotonie eines Raumes mit geschlossenen Fenstern.

Beim Schneider Sempr über mir singt jemand, wahrscheinlich ein Geselle; er singt einfach und kunstlos. Ein komisches Lied!

»Und das alles tat sie nur,
Weil von Anstand keine Spur . . .«

Pepík schlich zur Tür herein. Das darf er sich nicht angewöhnen, aber ich will es ihm schonend beibringen. »Komm her, Pepík, kannst du auch singen?«

»Natürlich!«

»Also, dann singe mir doch etwas vor, etwas Hübsches, ja?«

Der Junge fing an: »Ein Täubchen hatt' ich eingesperrt . . .« Aber dann verhedderte er sich und anstatt »grüne Eiche« sang er »grüne Bleiche«, ihm war das einerlei. Was weiß so ein Prager Kind schon von einer Eiche?

»So, und jetzt mußt du wieder gehen. Weißt du, ich muß arbeiten und daher allein sein. Du darfst nicht so mir nichts, dir nichts hereinkommen.«

Pepík ging. Er beginnt mir zu gefallen.

Ich studiere jetzt das Wechselrecht und gleichzeitig das Handelsrecht.

Fürchterlicher Lärm beim Maler. Pepík wird fürchterlich verprügelt.

Ich will das Fenster schließen, der Maler bemerkt es und ruft über den Hof: »Dieser verdammte Bengel, er will und will keine Ruhe geben!«

»Was hat denn Pepík schon wieder angestellt?«

»Dieser Galgenstrick hat den Brief, den ich von meinem Bruder, dem Pfarrer, erhielt, gefressen, und nun weiß ich nicht, was ich antworten soll!«

Ich schließe das Fenster, der Geselle über mir sucht noch immer den »Anstand«.

Ich habe gemeinsam mit Sempr und dem Wirt zu Mittag gegessen. Dabei habe ich Ignác beobachtet; das war ein Spaß! Eine Zeitlang brüteten sie am Nebentisch über der Abrechnung von gestern. Ignác schaute mit unsagbar furchtsamen Augen und dummem Gesichtsausdruck den Wirt von der Seite an; so, als erwarte er jeden Augenblick die gestern angedrohte Kündigung; die zerzauste Gestalt des Wirtes wackelte hin und her, seine Augen blinzelten träge. Sicherlich wußte er nicht mehr das geringste von dem gestrigen Vorfall. Schließlich brachten sie ihre Rechnung zu Ende, und Ignác machte sich davon.

Der Wirt setzte sich zu uns.

»Eine gute Suppe heute«, sagte ich.

»Wie immer!« meinte der Wirt.

»Und was gibt es als Beilage zum Fleisch, Ignác?«

»Was Sie wünschen.«

»Dann bringen Sie mir doch rote Bete!«

»Nein!«

»Was heißt: nein? Sie stehen doch auf der Karte!«

Ignác schwieg.

Der Wirt barst fast vor Lachen, schließlich brachte er aber doch die Worte heraus: »Ich bringe sie Ihnen selbst, Herr Doktor. Er kann nämlich nicht – er kann nicht . . .«

Ich sah ihn verwundert an. »Ja, wenn er rote Bete sieht,

fällt er in Ohnmacht; der Tolpatsch denkt immer gleich an Menschenblut.« – Guten Appetit!

Es war ein Mittagessen ohne belebende Unterhaltung. Der Wirt taugt aber auch zu gar nichts!

»Was steht heute in der Zeitung?« fragte ich.

»Ich lese keine. Wenn ich wissen will, was es Neues gibt, gehe ich hinüber zum Kaufmann!«

Ich bemerkte, daß die Wände der Gaststube unten abgestoßen waren. »Was ist denn das?«

»Ach, das war früher einmal ein Tanzsaal, und da ist der Mörtel vom vielen Anstoßen abgebröckelt.«

»Und wie lange sind Sie jetzt schon hier?«

»Ich? Es sind jetzt wohl bald zwölf Jahre.«

Sempr aber sprach so gut wie gar nichts. »Ach« und »Hm« waren seine einzigen Worte.

Gegen Abend war ich im Gärtchen. Das halbe Haus war dort; mit Ausnahme des jungen Ehepaares im zweiten Stock und meines Kondukteurs kenne ich nun schon alle Hausbewohner, und wenn ich an sie denke, dreht sich mir der Kopf.

Herrn Provazník, der oberhalb des Malers wohnt, kann ich nicht verstehen. Bisher hatte ich ihn nur einige Male am Fenster gesehen; da kam es mir so vor, als hätte er ein gelbes Gesicht, so schmal wie eine Nudel. Jetzt sah ich, weshalb ich diesen Eindruck hatte. Er trägt nämlich einen kurzgeschnittenen schwarzen Backenbart, der an den Lippen und am Kinn ausrasiert ist. Daher von weitem das lange Gesicht. Sein Haar ist schon fast grau, er ist etwa fünfzig Jahre alt und geht stark gebückt.

Als ich über einige Stufen das Gärtchen betrat, ging Herr Provazník gerade im Hintergrund des Gartens spazieren, und auf der rechten Seite saß in einer Laube die ganze übrige Gesellschaft: der Hausherr mit seiner Tochter, der Maler mit seiner Frau und Pepík.

Die schwarzen, fiebrigen Augen des Hausherrn blickten auf mich wie auf einen Fremden.

»Vater, das ist doch Doktor Krumlovský!« ertönte eine angenehme Altstimme.

»Ach, der Herr Doktor – ich hatte ja Ihr Gesicht ganz vergessen!« Und er reicht mir seine dürre, heiße Hand.

»Mit Ihrer Erlaubnis will ich mich auch hin und wieder hier im Garten etwas erholen.«

»Bitte«, hüstelte er und spuckte mir auf den Schuh.

Wir setzten uns. Ich fand keinen Gesprächsstoff. Die eingetretene Stille störte die anderen vielleicht gar nicht, mich aber quälte sie; alle schienen gespannt darauf zu warten, ob sich der Herr Doktor als guter Gesellschafter erweisen würde.

Ich sah keinen anderen Ausweg als die Beschäftigung mit Pepík. »Komm her, Pepík, wie geht es dir?«

Pepík schmiegte sich an meine Beine und stützte sich mit dem Ellbogen auf meine Knie. »Erzähl mir doch wieder etwas!« forderte er mich auf.

»Ich soll dir etwas erzählen? Ach, dieser Schlaumeier hat sich gemerkt, daß ich ihm kürzlich alles mögliche erzählt habe.«

»Erzähl doch ein Märchen!«

»Ein Märchen? Ich weiß aber keins – doch warte, ich will dir doch eins erzählen.« Und ich begann in ernstem Ton: »Es war einmal ein König. Gut. Der hatte keine Kinder. Gut. Da fiel es eines Tages seinem ältesten Sohn ein, auf die Wanderschaft zu gehen . . .«

Allgemeines Gelächter.

Der Maler meinte: »Der Herr Doktor ist aber ein Spaßvogel!« und wischte sich zwei große Tränen ab, die aus seinen wässerigen Äuglein gequollen waren. Der Maler ist offensichtlich ein verständiger Mann, und mir schmeichelte seine Anerkennung. Es ist immer gut, wenn man als witzig angesehen wird. »Aber erzählen Sie doch weiter! Das ist ja auch ein Märchen für große Kinder«, forderte mich der Maler auf.

Ich war in großer Verlegenheit. Das Märchen geht nämlich gar nicht weiter, es ist mit der Pointe zu Ende, aber diese guten Leute begriffen das nicht. Als witziger Kopf verlegte ich mich daher aufs Improvisieren. Ich dachte, es würde schon irgendwie gehen. Ich erzählte und erzählte, aber es ging nicht. Plötzlich hatte ich das Gefühl, Unsinn zu reden. Doch die Gesellschaft hörte gar nicht mehr zu, die Leute unterhielten sich bereits wieder miteinander, was mich ungemein freute. Nur Pepík hörte zu, und ich streichelte ihm übers Haar. Aber ein Ende mußte die Geschichte doch haben. Ich geriet schon ins Stottern.

Ein glücklicher Gedanke! Auf einmal ergriff ich Pepíks Hand und rief, als hätte ich es erst jetzt bemerkt: »Schau einmal, Pepík, was für schmutzige Hände du hast!«

Der Junge blickte auf seine Hände. »Bück dich einmal, ich will dir etwas ins Ohr sagen!« Und er flüsterte mir zu: »Gib mir zwei Sechser, dann wasch ich mich!«

Heimlich holte ich zwei Sechser aus der Tasche und steckte sie ihm zu. Der Junge sprang in den Garten, wo eben Semprs siebenjähriges Mädchen auftauchte.

Ich blickte auf die neben mir sitzende Tochter des Hausherrn. Wie sie doch ihrem Vater gleicht! Ein hageres Gesicht, dünne, durchscheinende Hände, ein schmales Kinn, ein kleines Näschen, so klein – daß sie sich wohl kaum selbst an der Nase ziehen kann. Aber das Näschen verunstaltet sie nicht, das Gesicht wirkt noch immer sehr angenehm. Sie hat schwarze Augen, und ihre Altstimme ist wirklich sympathisch. Ich betone, daß mir schwarze Augen sehr gefallen; eine Frau mit blauen Augen finde ich langweilig.

»Sind Sie musikalisch, Herr Doktor . . .«

»Krumlovský«, fiel ihm die Tochter helfend ins Wort.

»Ja, Otylka, ich weiß: Herr Doktor Krumlovski.«

»Als ich die Ehre Ihres Besuches hatte, sprachen wir schon davon. Ich habe einmal Geige gespielt, aber auch das ist schon sehr lange her.«

Eigentlich weiß ich nicht einmal, wie man eine Geige hält. Zu meiner Freude bemerkte ich, daß mir der Hausherr gar nicht mehr zuhörte.

Das Fräulein neigte sich leicht zu mir und flüsterte traurig mit gedämpfter Stimme: »Mein Vater hat das Unglück, daß er immer am Nachmittag das Gedächtnis verliert.«

Der Hausherr erhob sich und sagte mit heiserer Stimme: »Otylka, komm, ich möchte gern etwas auf und ab gehen. – Ach so, Herr Doktor, bitte, lesen Sie diesen Zettel!« Er reichte mir einen länglichen weißen Zettel, auf dem die Worte standen: »Ich habe heute Halsschmerzen, ich bitte zu entschuldigen, wenn ich nicht laut genug spreche.«

Nun trat Provazník zu uns. Er lächelte mir zu, aber es war ein ironisches Lächeln. Er reichte mir die Hand. »Servus, Herr Doktor Kratochvíl!«

»Ich heiße Krumlovský.«

»Das ist aber sonderbar – ich dachte, jeder Doktor hieße Kratochvíl. – Hahaha!« Sein Lachen klang scharf und zischend.

Ich blickte ihn starr an.

»Worüber haben sich die Herren unterhalten? – Wie geht es Ihnen, Herr Augusta?«

»Schlecht! Fast nichts zu tun!«

»Soso – und sooft ich Ihnen auf der Treppe begegne, haben Sie ein noch feuchtes Bild unterm Arm. Für Sie muß es ja eine Spielerei sein, täglich zwei Bilder zu malen!«

Der Maler lächelte selbstbewußt. »Das ist wahr – das soll mir mal jemand nachmachen! Einer von den Herren ›Professoren‹!«

»Da könnten Sie ja Porträts auf Vorrat malen, haha! Übrigens ist ein Porträtist so ziemlich der überflüssigste Mensch auf Erden. Selbst wenn es keinen einzigen Porträtisten gäbe, wären doch noch immer genug Gesichter auf der Welt, und zwar die allerabsonderlichsten! – Warum malen Sie nicht etwas anderes?«

Ich hätte gern gelacht, dem beißenden Spott Provazníks kann man nicht widerstehen, aber ich sah, daß der Maler verlegen wurde – und warum den armen Kerl quälen?

»Ursprünglich war ich Historienmaler«, stotterte Augusta, »aber das brachte nichts ein, die Leute verstehen nichts von Geschichte. Einmal bestellte ein Pfarrer bei mir die Kapuzinerpredigt aus ›Wallensteins Lager‹, und mir gelang ein hervorragendes Bild, das muß ich selbst sagen; doch als ich damit fertig war, wollte es der Pfarrer nicht nehmen, und er nahm es auch wirklich nicht – er wollte eine Kapuzinerpredigt ohne Kapuziner haben – nun freilich, ein Pfarrer! – Und dann sollte ich für das Rathaus in Kuckov einen Žižka malen. Das war eine Sache! Zuerst schickte ich ihnen einen Entwurf. Die Stiefel gefielen ihnen nicht, ich sollte Herrn Palacký fragen, ob sie historisch richtig seien. Herr Palacký stellte mir zwar ein gutes Zeugnis aus, aber in Kuckov hatte man auch einen ›Kenner‹, er hieß Malina, und dieser fachkundige Herr entschied, mein Žižka entspreche nicht den militärischen Anforderungen. Der Streit zog sich in die Länge, und schließlich schrieben sie mir, sie würden meinen Namen in die Zeitung bringen und meine Kunst öffentlich kritisieren. Jaja, es ist gefährlich, Historienmaler zu sein!«

»Dann betätigen Sie sich eben als Genremaler! Malen Sie zum Beispiel einen Drahtbinder, der einem betrunkenen Flötenspieler die Flöte repariert! Oder ›Eine Maus in der Mädchenschule‹! Die Maus braucht man dabei gar nicht zu sehen, es genügt schon, wenn die Schülerinnen und die Lehrerin auf die Bänke springen – diese Mannigfaltigkeit im Gesichtsausdruck der erschrockenen Mädchen!«

»Haha – auch Genrebilder habe ich schon gemalt. Eines kam sogar in die Ausstellung. Ein schönes Bild! Damals mußte man noch jedem Bild einen deutschen Titel geben, und mein Genre hieß ›Häusliche Arznei‹. Der Mann liegt im Bett, und seine Frau bringt ihm einen angewärmten Topfdeckel . . .«

»Pfui!«

»Warum pfui? Der Deckel war ja nicht einmal zu sehen,

er war in eine Serviette gehüllt, damit er nicht kalt wurde.«

Gern hätte ich dem Maler aus seiner Verlegenheit geholfen, aber ich wußte nicht wie. »Was für einen Tag haben wir denn heute?« wandte ich mich unvermittelt an Provazník.

»Da hätten Sie bloß auf den Hemdkragen des Hausherrn zu achten brauchen, Herr Doktor Kratochvíl«, feixte Provazník. »Er wechselt das Hemd wöchentlich nur einmal – nach dem Kragen zu urteilen, müssen wir heute schon Donnerstag haben.« Ein impertinenter Kerl!

»Der Arme! – Das muß ein ganz besonderes Unglück sein, jeden Nachmittag das Gedächtnis zu verlieren!«

»Ja, sicherlich hat er einmal Strohhüte hergestellt. Denn wer viel mit Strohhüten zu tun hat, wird durch die Schwefeldämpfe schließlich blödsinnig – das beobachtet man auch bei den Tirolern, die können die einfachsten Rechenaufgaben nicht lösen.«

»Aber es scheint doch, daß er ein guter, ein ehrenwerter Mensch ist?«

»Ehrenwert – ja, aber dumm; sein Horizont geht über fünf Joch nicht hinaus. Ich kenne ihn schon seit mehr als zwanzig Jahren.«

»Seine Tochter pflegt ihn wohl gut? Sie hat ein angenehmes Wesen, wenn sie auch nicht mehr ganz jung ist.«

»Pure Neugier! Aus weiblicher Neugier kam sie zwanzig Jahre früher auf die Welt, und jetzt ärgert sie sich darüber. Aber sonst: Ein aufrichtiges Wesen, sie hat mir schon oft den Kopf zurechtgesetzt.«

Die impertinenten Bemerkungen Provazníks behagten mir nicht. »Unterhalten wir uns eine Weile mit dem Hausherrn!« schlug ich daher vor.

»Gut!« sagte der Maler bereitwillig und klopfte Provazník auf den Rücken. Provazník fuhr bei jedem Schlag schreckhaft zusammen, doch richtete er sich rasch wieder auf.

Die beiden erhoben sich.

Der Aufbruch der Männer riß die an der Tür der Laube

lehnende Malersfrau aus tiefem Nachdenken. »Weißt du was, ich werde zum Abendessen Rühreier machen.«

»Gut!« sagte der Maler und ging weiter.

Diese Gelegenheit benutzte Frau Augustová, um mir zischelnd zu versichern, sie habe ganz andere Freier gehabt, und alle Männer seien in sie vernarrt gewesen.

Ich wollte ihr schmeicheln und sagte, das sei ihr heute noch anzumerken. – Was sei ihr noch anzumerken? – Ich wußte nicht, wie ich es ausdrücken sollte; schließlich würgte ich heraus, es sei ihr noch anzumerken, daß sie in ihrer Jugend eine Schönheit gewesen sein muß.

Frau Augustová rümpfte die Nase: Sie sei auch jetzt noch nicht alt. Und wenn sie sich richtig anziehe – plötzlich schnarrte sie wie eine Kaffeemühle: »Erst kürzlich hat einer, der hinter mir ging, gesagt ›Die ist ja zum Anbeißen!‹ Nun, und von vorn braucht mich ja niemand anzuschauen.«

Ich stotterte etwas, aber sie war schon fort.

Da trat ich wieder zu den anderen. Der Hausherr lächelte mir jetzt wie einem alten Bekannten zu und reichte mir noch einmal einen Zettel mit demselben Text.

Eben unterhielt man sich über Zuckerfabriken. Ich wollte mich rehabilitieren und meinen Geist sprühen lassen. Daher fragte ich: »Versteht das Fräulein etwas von der Zuckerfabrikation?«

»Nein!«

»Aber vom Zuckerwerk gewiß?« Ich lachte herzlich über meinen Witz, denn es ist eine bekannte Tatsache, daß einer, der herzlich lacht, die anderen mitreißt. Aber ich riß niemanden mit. Ich glaube, sie hatten meinen Witz gar nicht verstanden.

Der Hausherr fragte mich, ob ich musikalisch sei, und trat mir dabei auf den Fuß.

»Nein!« stieß ich zornig hervor, aber gleich darauf tat er mir wieder leid, und ich fügte hinzu: »Sie gehen sicherlich oft in die Oper?«

»Nein, das ist nichts für mich. Ich höre auf dem rechten

Ohr einen halben Ton höher, und deshalb geht es nicht.« Ein sonderbarer Mensch: Am Nachmittag verliert er sein Gedächtnis, und dann hört er noch auf dem rechten Ohr einen halben Ton höher! »Ich sitze lieber zu Hause am Klavier und arbeite.«

»Sie komponieren wohl?«

»Jetzt nicht mehr, ich korrigiere schon seit einigen Jahren Mozart. Sobald ich fertig bin, werden Sie staunen, wie sich Mozart dann anhört!« Und er spuckt Provazník auf die Schuhe.

Provazník wischte sich die Schuhe am Rasen ab und meinte: »Ich gehe auch schon seit Jahren nicht mehr in die Oper. Wenn ich ginge, dann nur in ›Martha‹.«

Der Hausherr nahm mich bei der Hand und führte mich von den übrigen fort. Er wollte mir etwas mitteilen, aber er brachte es nicht heraus. Ich vernahm nur fortwährend »sss«, es klang wie das Entweichen von Dampf aus einem Kessel. Dreimal führte er mich um den Garten und zischte nur immer »s«; schließlich kam er mit seiner Weisheit heraus: »Im Wirsing ist kein Phosphor!« Besonders scharf klangen dabei die »s«-Laute. Dann gab er mir wieder einen Zettel.

Hierauf nahm mich der Maler beiseite. Ob ich bemerkt habe, wie er dem Provazník auf die Schulter klopfte? Sollte mich Provazník einmal ärgern, möge ich ihm auch nur auf die Schulter klopfen, ganz leicht nur, sofort würde er sich bezähmen. Ein böser Mensch, dieser Provazník!

Gleich darauf führte mich Provazník von der Gesellschaft weg. Was ich zu der Idee sage, eine Gesellschaft zu gründen zwecks Anlegung künstlicher Inseln in der Moldau? Dabei sah er mich mit einem Ausdruck an, der jeden Widerspruch von vornherein unmöglich machte. Ich sagte, das sei ein geradezu brillanter Gedanke. »Sehen Sie, und solche Ideen habe ich mehrere! Aber die Menschheit ist nicht reif für meine Ideen. Vor diesen Dummköpfen dort würde ich davon kein Wort verlieren.«

»Jetzt könnten wir eigentlich unsere Partie Sechsundsechzig spielen«, drängte der Maler.

Gut, spielen wir ein Stündchen! Ein Kartenspiel befand sich in einer Schublade in der Laube des Malers. Wir setzten uns an einen kleinen Tisch und kamen überein, daß ich mit dem Hausherrn spielen sollte, der Maler und Provazník aber gegen uns.

Ein schönes Spiel! Der Hausherr fragte nach jedem, selbst nach dem letzten Stich, was Trumpf sei. Nie wußte er, welche Farbe ich ausspielte, und er folgte mir nie. Ich hätte wetten mögen, daß er die passenden Karten hatte, aber er sagte keine einzige an. Wenn ich ihn nach etwas fragte, reichte er mir einen Zettel über den Tisch. So war es nicht verwunderlich, daß Provazník und der Maler gewannen; sie wieherten vor Vergnügen wie junge Pferde. Ich sah, daß mir nichts übrigblieb, als die Karten aufzudecken und meine Kreuzer zu berappen. Wir hätten nicht ein Spiel zu Ende gebracht, wenn nicht Otylka für ihren Vater gezahlt hätte, denn er behauptete fortwährend, er habe schon gezahlt, und dabei trat er mir unter dem Tisch auf die Füße. Ich zog meine Beine zurück, und nun war es für mich köstlich, zu beobachten, wie sein Fuß unter dem Tisch fieberhaft suchte, worauf er treten könnte.

Plötzlich fuhr mich der Hausherr an, ich spielte schlecht, und ich hätte auf Herz-As keinen König ausgegeben. Dabei wurden aber die Herz-Karten noch gar nicht ausgespielt, und das Herz-As hatte ich selbst. Der Hausherr schrie weiter, seine Stimme klang wie eine Posaune – und ich hatte in meiner Tasche fünfzehn Zettel, daß er heiser sei!

Otylka schaute mich bittend und schmerzlich an – ich verstand und schwieg.

Wir spielten eine knappe Stunde, und ich verlor über sechzig Kreuzer.

Der Hausherr ging mit Otylka in seine Wohnung; die Abendluft tue seinem Hals nicht gut.

Auch Provazník zog sich zurück.

Das Dienstmädchen des Malers brachte der Familie das Abendessen. Ich bat sie, mir aus dem Gasthaus auch etwas zu essen und ein Glas Bier zu holen.

Ich aß, und der Maler unterhielt mich. Er erzählte, er sei nie nach Gebühr anerkannt worden. Schon auf der Akademie hätten sie ihn gezwungen, vor Beendigung des Studiums auszutreten, denn er konnte mehr als die Professoren.

Wieder sitze ich in meinem Zimmer, und mir ist, als gehe in meinem Kopf ein Mühlrad herum.

*

Nie wieder lasse ich bei Nacht mein Fenster offen, selbst bei der größten Hitze nicht!

Nachts gegen zwei Uhr war beim Maler großer Spektakel. Frau Augustová hatte einen großen Auftritt – ihre Stimme war so scharf, daß man damit hätte Baumstämme schneiden können. Schließlich verstand ich, worum es ging. Der Maler war wieder total betrunken nach Hause gekommen. Da er fürchtete, im Zimmer etwas umzustoßen, hatte er sich an die Tür gelehnt, um zu warten, bis es hell würde. Selbstverständlich war er im Stehen eingeschlafen und mit großem Gepolter umgefallen. Bei dieser Gelegenheit wurde mir klar, warum ich die Nachtigall nicht mehr hörte; sie kommt wohl immer zu spät aus dem Gasthaus.

Ich stand am Fenster und sah den Hausherrn und seine Tochter im Garten. Da ich den Hausherrn einmal erleben wollte, wenn sein Gedächtnis noch nicht getrübt war, ging ich hinunter. Leider traf ich dort auch Provazník an, den ich vom Fenster aus nicht bemerkt hatte.

Der Hausherr saß am Spinett und spielte. »Warten Sie, Herr Doktor Krumlovský, ich spiele Ihnen eine meiner früheren Kompositionen vor, ein ›Lied ohne Worte‹!« Und er spielte. Soweit ich das beurteilen kann, war das

Stück nicht übel, und er spielte auch auf dem schlechten Instrument virtuos und mit Gefühl.

Ich applaudierte.

»Wie gefällt es Ihnen, Herr Provazník?«

»Nun – eigentlich gefällt mir ›Martha‹ am besten – aber Ihr Lied ist hübsch, Sie könnten es auf den Mist werfen. – Wissen Sie, wenn Sie etwas so Schönes komponieren könnten, was gut gegen Wanzen ist, würde ich es fortwährend singen; die Biester setzen mir unheimlich zu!« Und wiehernd wandte er sich ab.

Der Hausherr gab mir durch Zeichen zu verstehen, daß Provazník nicht ganz richtig im Kopfe sei.

Provazník beugte sich zu mir und flüsterte mir ins Ohr: »Ich gäbe etwas dafür, könnte ich einmal in den Kopf eines Musikanten hineinschauen. Dort muß es aussehen! Die vielen Notenköpfe mit all den Stielen – das Gehirn ist sicher wie von lauter Würmern bedeckt!«

Der Hausherr merkte, daß von ihm die Rede war, und brummte: »Mit einem Balken geht man nicht so um wie mit einem Streichholz.«

Ich wollte die Situation retten und fragte laut: »Herr Provazník, Sie haben sich wohl nie mit Musik befaßt?«

»Ich? Doch! Drei Jahre hindurch habe ich Geige, Flöte und Singen gelernt, das macht zusammen neun Jahre – und doch verstehe ich die Musik nur so im allgemeinen.«

Ich wandte mich an das Fräulein mit der höflichen Frage, wie sie geschlafen habe.

»Gut – aber früh, als ich aufstand, war mir so bang ums Herz; ich wußte nicht, was es war, und weinte.«

»Ganz ohne Grund war es sicherlich nicht! Eine kluge Frau . . .«

»Sie glauben, ich sei klug? Vater, der Herr Doktor glaubt, ich sei klug!« Und sie lachte, daß ihr wieder die Tränen kamen.

Ich begann, davon zu sprechen, daß die Tränen eigentlich unser Leben lang fließen, daß wir es nur nicht immer bemerken.

Ich bin davon überzeugt, daß es ein interessanter Vortrag geworden wäre, aber als ich etwa in der Mitte meiner Ausführungen war und gerade vom Glanz des menschlichen Auges sprach, erhob sich der Hausherr plötzlich und sagte: »Otylka, komm jetzt, du mußt nach dem Essen sehen!« Sie gingen und ließen mich in den Händen Provazníks zurück.

In der Gesellschaft dieses Sonderlings fühlte ich mich nicht wohl. Er blickte mich mit ganz eigenem Lächeln an, und mein unangenehmes Gefühl ihm gegenüber verstärkte sich. Doch ich wollte nicht einfach davonlaufen und begann schließlich selbst ein Gespräch. »Der Hausherr muß doch ein guter Musiker sein«, sagte ich.

»Ja, besonders gut versteht er angeblich – wie sagt man doch gleich, wenn etwas für verschiedene Klarinetten gesetzt wird?«

»Das Instrumentieren?«

»Ja. Übrigens kann das gar nicht schwer sein. Eine Drehorgel und ein Hund hören sich ja auch schön an, wenn sie zusammenstimmen.«

Ich mußte lachen.

Provazník schaute mir ins Gesicht und sagte: »Herr Doktor, Sie sehen aber heute schlecht aus!«

»So? Nicht daß ich wüßte . . .«

Provazník fuhr sich mit der Hand über die Stirn, als wollte er sich an etwas erinnern; dann fing er langsam und mit todernstem Gesicht an: »Sie sind der erste vernünftige Mensch, der mir begegnet. Sie werde ich nicht mehr zum Narren halten. Wissen Sie, ich empfinde einen glühenden Haß gegen alle Menschen – mir ist viel Unrecht im Leben widerfahren, zu viel Unrecht. Seit vielen Jahren verlasse ich nun schon das Haus nicht mehr. Ich habe sofort meine Spaziergänge eingestellt, als mein Haar grau zu werden begann. Man kann reden, mit wem man will, jeder sagt mit der größten Verwunderung: ›Hören Sie, Sie werden ja schon grau!‹ Diese Esel! Nicht wahr? Jetzt bin ich aber schon grau wie eine Ratte. Aber ich habe mir etwas ausgedacht«, und über Provazníks Gesicht glitt ein seliges Lächeln. »Noch bevor jemand den Mund auftun kann, sage ich wie entsetzt zu ihm: ›Um Himmels willen – was ist mit Ihnen los? – Sie sehen schlecht aus!‹ Jeder, aber auch wirklich jeder ist bisher erschrocken und hat sich gleich irgendwie krank gefühlt. – Oh, ich habe es verstanden, die Menschen in Atem zu halten! – Jahre hindurch fand ich mein Vergnügen daran, mir alles und jedes, was ich über jemanden hörte, aufzuschreiben, und dieses Material ordnete ich streng alphabetisch – besuchen Sie mich doch einmal, dann zeige ich Ihnen meine ganze Registratur über die Kleinseitner Bürger! Wenn mir dann einmal vor Menschenhaß die Galle überlief, zog ich ein Päckchen nach dem anderen heraus und schrieb anonyme Briefe – die Leute konnten närrisch werden, was sie da alles von einem ihnen ganz unbekannten Menschen über sich zu lesen bekamen – auf mich verfiel keiner, kein einziger! Ihnen kann ich es ja erzählen, ich befasse mich ohnedies jetzt nicht mehr damit. Nur einen einzigen Brief will ich noch schreiben: Das glückliche Ehepaar neben mir ärgert mich, ich muß ihnen eins auswischen – aber leider weiß ich so gut wie nichts über sie.«

Mir lief es kalt über den Rücken. Provazník fuhr fröhlich fort und sprach jetzt immer rascher: »Ich war ein Kerl! Wie viele Frauen habe ich betrogen, als ich jung war! Zucken Sie nicht zusammen – Sie betrüge ich ja nicht! Was die Verheirateten betrifft, habe ich ein reines Gewissen; aber auf die Ledigen hatte ich es abgesehen. Schon als Gymnasiast schrieb ich mir aus den Namenslisten der Mädchenschulen die Schülerinnen heraus, die am schlechtesten lernten; die waren nämlich auch die losesten. Und auf jede Studentenliebe gab ich acht – verkrachten sich zwei, schon war ich zur Stelle; ein enttäuschtes Mädchen ist eine leichte Beute . . .«

Ich sprang auf, ich konnte das nicht länger ertragen. »Entschuldigen Sie, ich muß ins Haus!« Und schon lief ich fort.

Hinter mir hörte ich ein lautes, scharfes Kichern.
Hatte er mich zum Narren gehalten?

Die Frau Kondukteur bringt jetzt immer das Zimmer in Ordnung, während ich unten beim Mittagessen bin. Ich sehe sie nur manchmal, wenn ich durch die Küche gehe. Gut so!

Nachmittags Lärm beim Maler. Pepík bekommt wieder Prügel. Die Ursache dafür waren die zwei Sechser, die ich ihm gestern gegeben hatte. Pepík war von einem Lohndiener nach Hause begleitet worden. Pepík hatte ihn gedungen, damit der Diener ihn auf die Schultern nehme und ihn reiten lasse, und zwar gerade vor unserem Haus. Es stellte sich heraus, daß Pepík Semprs Tochter, die kleine Márinka, zum Zuschauen eingeladen hatte. Also ein Pararitt. Vielleicht die erste Liebe? Möglich. Ich war zum ersten Male verliebt, als ich drei Jahre alt war, und ich bezog deshalb auch Schläge. – Pepík aber wird entschieden zuviel geprügelt.

Abends wieder im Gasthaus. Dieselben Gäste und auf denselben Plätzen. Anfangs allgemeine Unterhaltung über das Tschechische Theater.

Der dicke Oberleutnant teilte uns mit, er sei auch einmal im Tschechischen Theater gewesen, und das Stück habe ihm gut gefallen.

Man gab damals ein Stück, das etwa »Die Tochter des Bösewichts« hieß. Den genauen tschechischen Titel wisse er nicht mehr. Er fragte in der Runde. Niemand wußte ihn. Schließlich behauptete der Oberleutnant steif und fest, das Stück habe tschechisch »Huncvutova dcera«, also »Die Tochter des Hundsfotts«, geheißen. Dieser Hanswurst!

Dann wurde noch mehr vom Theater gesprochen, vom Unterschied zwischen einem Lustspiel und einem ernsten Stück. Mit aller Entschiedenheit behauptete der Oberleutnant, ein ernstes Theaterstück müsse fünf Akte haben.

Das sei geradeso wie beim Regiment: vier Feldbataillone und ein Ergänzungsbataillon.

Die folgende Unterhaltung glich fast wörtlich der von vorgestern. Klikeš sprach wieder von den eingemachten Papierknödeln, von den zwei Polizisten, die jedes Jahr einmal den Wirt ins Bad schleppen, sowie vom gekochten Huhn aus einem gekochten Ei, und der Wirt verglich wieder Klikeš' Gesicht mit einem Waffeleisen. Aber bei jedem Witz wurde genauso gelacht wie vorgestern. Das jüngere Fräulein, das mir schon beim erstenmal wie eine Flasche vorgekommen war, schaute mich wieder fortwährend an. Ihre Augen sogen sich an mir fest – wie die Sonne, wenn sie Wasser zieht.

Wieder derselbe dürre, schmutzige und unrasierte Hausierer. Er sprach kein Wort, verkaufte nichts und ging wieder. Der Mensch sieht dabei so komisch aus, daß ich ihn aus bloßem Vergnügen verhungern lassen könnte. Vielleicht hat er ein Gelübde getan, immer schmutzig durch dieselben Gasthäuser zu gehen, kein Wort zu sprechen und nichts zu verkaufen?

Unter allgemeiner Spannung fing Karlíček wieder einen Floh. Dann Applaus für Löfler. Die Fliege summte, und die Leberwurst schmorte.

Offensichtlich hatte ich das ganze Programm dieser Gasthausgesellschaft schon am ersten Abend kennengelernt.

Und doch etwas Neues! Plötzlich Aufforderung Karlíčeks an Löfler: »Machen wir einmal Spanferkel!« – Applaus. – Und sie ahmten zwei Spanferkel nach. Beide steckten ihre Fäuste unters Tischtuch, bewegten sie gegeneinander, als wären es zwei Spanferkel in einem Sack, und quiekten dabei so natürlich, daß der Eindruck vollkommen war. Ich schaute Karlíček ins Gesicht, seine Augen funkelten vor Freude über das Gelingen dieses Spaßes.

Heute habe ich wohl zuwenig studiert.

*

In der Nacht ein schreckliches Gewitter, dafür jetzt am Morgen eine balsamische Luft. Ich ging mit einem Buch hinunter in den Garten. Es war noch niemand da.

Das heißt, es war doch jemand da, aber nur Pepík.

Ich nahm mir vor, Pepík auf irgendeine Weise wegzuschicken, um ungestört arbeiten zu können. »Siehst du, Pepík, nun bist du doch um deine zwei Sechser gekommen!« sagte ich und strich ihm über das Haar.

Der Junge schaute mir forschend in die Augen, dann nahm sein Gesicht einen verschmitzten Ausdruck an: »O nein – ich habe mir dafür zwei von meinem Vater genommen!«

»So, so – und was willst du jetzt damit machen?«

»Ich weiß es schon – aber wirst du es auch niemandem verraten?«

»Das weißt du doch!«

»Der Bedříšek hat mir versprochen, daß er mir die Lotterienummern sagt.«

»Wer ist denn dieser Bedříšek?«

»Der Junge der Lotterieeinnehmerin. Er wollte erst nicht, aber dann habe ich ihm einen Sechser versprochen, und jetzt wird er mir die Nummern sagen, die herauskommen.« Reizende Naivität eines Kindes!

»Was willst du denn mit dem vielen Geld machen, wenn du gewinnst?«

»Oh, sehr viel! Meinem Vater kaufe ich Bier, meiner Mutter ein Kleid aus Goldbrokat, und dir kaufe ich auch etwas.« Ja, Pepík hat ein gutes Herz.

Pepík ist ein Halunke! – Ich bebe vor Wut.

Als es wärmer wurde, ging ich wieder ins Haus. Mir war so wohl. – Dieser Taugenichts! – Ich setzte mich in einen Sessel und repetierte, was ich im Garten studiert hatte. Zufällig schaute ich mich im Zimmer um. Plötzlich blieb mein Blick an dem Bild »Das Meer im Sonnenglanz« von Navrátil hängen. Der Sonnenglanz war weg – nur geballte Wolken, dunkler Himmel! Ich trat näher – das ganze Bild war mit Lehmkügelchen übersät und die Wand ringsherum ebenfalls. Pepík hat sicher aus dem gegenüberliegenden Fenster diese Kügelchen durch ein Blasrohr herübergepustet.

Ich nahm das Bild und ging zum Maler, um mich bei ihm über seinen Sprößling zu beschweren. Der Maler geriet in Wut, und Pepík wurde vor meinen Augen unbarmherzig durchgeprügelt. Ich sah mit Befriedigung zu – meine schöne Gouache!

Der Maler versprach mir, das Bild wiederherzurichten.

Nur keine Müdigkeit vorschützen! Aus purer Faulheit hatte ich mir gleich unten nach dem Mittagessen einen schwarzen Kaffee bestellt, damit ich ihn nicht selbst zu kochen brauchte. Und jetzt muß ich mir doch noch einen Kaffee kochen, um den faden Geschmack des ersten wegzubringen.

Heute studiert es sich wieder schlecht ...

Auf einmal höre ich in der Küche einen Säbel rasseln. Tragen denn die Kondukteure jetzt Säbel?

Aus dem Garten wurde gerufen, ob ich heute nicht hinunterkäme. Wir könnten wieder Sechsundsechzig spielen.

Ich gab keine Antwort. – Ich wollte nicht hinuntergehen.

Unten begann ein Streit darüber, ob ich zu Hause wäre.

Der Maler behauptete, ja.

»Warten Sie, ich werde ihn durch Gesang herunterlokken«, versprach Provazník. Er stellte sich unter mein Gartenfenster und begann mit kreischender Stimme:

»Wollt ihr heut' mich danach fragen,
ob ich Knödel mag, ob nicht –
Wartet, gleich will ich's euch sagen,
Knödel sind mein Leibgericht!«

Er mußte lachen und bekam einen Hustenanfall. Dann lauschte er gespannt. »Er ist nicht zu Hause«, sagte er schließlich entschieden, »mein Gesang hätte ihn ans Fenster gezogen wie ein Korkenzieher einen Korken aus der Flasche.«

Aber es ließ mir keine Ruhe, und ich ging etwas später doch hinunter.

Man sprach über das Gewitter. Die Malersfrau versicherte wichtigtuerisch etwa zehnmal nacheinander, niemand könne sich vorstellen, wie sehr sie sich vor einem Gewitter fürchte. Der Maler pflichtete bei: »Ja, meine Frau hat schreckliche Angst vor Gewittern. Heute nacht mußte ich in die Küche gehen und das Dienstmädchen wecken; sie mußte niederknien und für uns beten. Nun ja, wozu haben wir sie denn? Doch dieses Aas ist dabei eingeschlafen! Heute früh habe ich sie davongejagt.«

Herr Provazník meinte, mit dem Beten habe es manchmal einen Haken. »Ich zum Beispiel kann die Zehn Gebote nur dann, wenn ich sie in der Reihenfolge hersage, so wie ein Kind das Vaterunser aufsagt, und beim Vaterunser verheddere ich mich immer an der Stelle: ›also auch auf Erden‹ und muß dann immer nochmals von vorn beginnen.«

Die Malersfrau versicherte, sie habe gleich gewußt, daß sich jemand erhängt haben müsse, so habe der Wind geheult. Und früh erzählte die Milchfrau, ein Invalide habe sich beim Schloß Stern erhängt.

»So ein Selbstmörder!«

Provazník fragte, wen der Selbstmörder ermordet habe. »Aha, dann weiß ich auch, wer es getan hat!«

Ich fragte die Tochter des Hausherrn, ob sie sich auch gefürchtet habe.

»Ich habe von dem Gewitter gar nichts gemerkt, ich habe geschlafen«, klang ihr perlendes Lachen. Dabei beschäftigte sie sich mit einem großen, frisch gestrichenen Vogelbauer. Das Bauer hatte die Form einer mittelalterlichen Burg mit Zugbrücke, Türmchen und Erkern. Ob ich glaube, daß sich das Bauer für einen Kanarienvogel eignet?

Ich sagte: »Gewiß!« und begann davon zu sprechen, daß ein Kanarienvogel und eine mittelalterliche Burg und so weiter . . . lauter dummes Zeug!

Weiß Gott, was das ist: Bei anderen, selbst den geistreichsten Frauen fällt es mir spielend leicht, sie zu unterhalten, mit dieser aber, die doch ein einfaches Mädchen ist, will mir die Unterhaltung nicht gelingen.

Wie alt mag sie eigentlich sein? Wenn sie lacht, sieht sie aus wie neunzehn, schaut sie aber ernst, möchte man sie für dreißig halten. Der Teufel soll sich da auskennen!

Neben mir redete Provazník dem Maler zu, bei seinen Porträts wenigstens einigermaßen auf Ähnlichkeit zu achten, denn das sei wirklich recht wichtig. Das breite Publikum verstehe die wahre Kunst nicht und verlange solche Dummheiten. Dann teilte er ihm mit, in Wien stelle man jetzt Porträts mit Hilfe einer Walze her; das sei ein großer Fortschritt, in einer Viertelstunde sei so ein Bild fertig.

Der Maler klopfte Provazník auf den Rücken, und Provazník verstummte. Der Hausherr kam und verteilte Zettel. Seine Stimme klang schwach und heiser.

Nach einer Weile nahm mich Provazník beiseite. Für die armen Leute werde in Prag nichts, aber auch gar nichts getan. Immer sage man nur: »Diese Unglücklichen! Sie haben keine Arbeit!«, doch ihnen helfen – das tut man nicht. Er wüßte aber etwas, was man tun könnte. Da habe er zum Beispiel eine Idee; er behaupte nicht, daß es eine großartige Idee sei, aber es könnte dadurch doch manchem Armen geholfen werden. Zu ihrer Realisierung seien auch keine besonderen Mittel erforderlich; nur ein Handwagen und darauf ein kleiner Dampfkessel – das sei alles. Mit diesem Wagen könnte einer von Haus zu Haus fahren und die Pfeifenrohre mit Dampf reinigen. Wenn man bedenkt, wieviel Raucher es in Prag gibt, würde sich das ausgezeichnet rentieren. Was ich zu dieser Idee sage? Ich finde sie großartig.

Wieder Sechsundsechzig. Die Einteilung der Spieler sollte so bleiben wie gestern, der Gewohnheit wegen. Auch sonst alles wie gestern – ich habe heute wieder siebzig Kreuzer verspielt. Zum Schluß raunzte der Hausherr wieder.

Der Hausherr ging mit seiner Tochter fort.

Der Maler und seine Frau versanken in tiefes Sinnen. »Morgen ist Sonntag«, sagte schließlich der Maler, »weißt du was, kauf eine Gans!«

Klikeš war ungemein aufgebracht. Er gehörte der Kavallerieabteilung der Bürgergarde an, heute war ihr Rittmeister gestorben, und sie hatten eine Zusammenkunft, um über das Begräbnis zu beraten. Klikeš hatte den Vorschlag gemacht, nach Wien zu telegrafieren und um eine nachträgliche Beförderung des verstorbenen Rittmeisters zum Major zu bitten; das Begräbnis könnte dann viel feierlicher gestaltet werden. In der Versammlung war aber doch ein Besonnenerer gewesen, der davon abriet. Nun sprach Klikeš aus Wut kaum noch ein Wort.

Auch die weitere Unterhaltung drehte sich um das Sterben. Beim Kaufmann auf dem Kleinseitner Ring soll ebenfalls jemand gestorben sein. Wer denn? Der Wirt konnte berichten: »Ach, bloß sein Vater, der war schon so alt, daß er sich selbst dessen schämte.« – Woran er gestorben sei? An Schwindsucht, so wie vor Jahren auch sein Vater. Es komme eben immer darauf an, wie es in der betreffenden Familie eingeführt sei.

Der Hausierer. – Der Mensch muß doch ein Gelübde abgelegt haben!

*

So geht das nicht weiter! Das soll ein Studium sein? Ich komme voran wie eine Schnecke, dauernd sind meine Gedanken überall, nur nicht beim Buch. Ich bin auch nicht erregt – wollte ich das behaupten, müßte ich lügen –, aber zerstreut bin ich. Durch meinen Kopf ziehen allerlei Gestalten, meine Nachbarn; ich fühle, wie sie alle auf einmal darin herumwimmeln, dann schiebt sich bald diese, bald jene Erscheinung in den Vordergrund, treibt vor meinen Augen allerlei Possen, erzählt etwas und lacht verschmitzt, jeder nach seiner Gewohnheit. Es nützt alles nichts, ich muß eine Änderung herbeiführen! Wegen dieser Leute bin ich nicht auf die Kleinseite gezogen.

Elf Uhr. Aus der Küche höre ich wieder Säbelrasseln. Vielleicht ist der Soldat ein Verwandter? Ein Kavallerist?

Weinen und durchdringendes Wehklagen der Malersfrau; schmerzliches Aufheulen, Jaulen und Winseln des Hundes. Ich erfahre, daß der Hund etwas Schreckliches angestellt hat: Er hat das Portemonnaie der Malersfrau gefressen, samt allen darin aufbewahrten Familienandenken, einem Haarbüschel ihres seligen Vaters, dem Beichtzettel von der Hochzeit und Gott weiß was sonst noch.

Eine halbe Stunde verhältnismäßig Ruhe; dann neuer Spektakel beim Maler. Der Maler ist nach Hause gekommen, wahrscheinlich aus einer Weinstube. Ich hörte ihn laut sprechen, dann schimpfen, schließlich brüllen: »So! Das sage ich dir, du dürre Spindel, die Gansleber gebührt dem Familienoberhaupt! Die ganze Welt wird es dir sagen, du elendes Affengesicht!« Das wütende Gesicht des Malers erschien am Fenster. Rasch zog ich meinen Kopf hinter die Fensterbrüstung zurück. Kurz darauf hörte ich die Frage: »Herr Sempr, habe ich recht oder nicht, daß die Gansleber dem Familienoberhaupt zusteht?« Semprs Antwort vernahm ich nicht, dafür aber die schreiende Stimme des Malers: »Da hörst du es selbst, du . . .!«

Gewiß hatte sich die Malersfrau die Gänseleber gedünstet, um ihren Schmerz über den Verlust der Familienandenken zu überwinden.

Drüben hört das Schreien nicht auf, gerade dominiert wieder die Stimme des Malers: »Und die zwei Zehnguldenscheine hat er wohl auch gefressen – wovon sollen wir jetzt leben?«

Ein schöner, ruhiger Nachmittag. Sonntagsfriede, bei dem einem so wohl ist! Es ließ mir keine Ruhe, ich mußte hinunter in das Gärtchen.

Es war leer, und heilige Ruhe herrschte darin.

Ich ging auf und ab, betrachtete jeden Strauch und jedes Blümchen, über allem lag Sonntagsfriede. Mich umfing ein Glücksgefühl, daß meine Brust schier zerspringen wollte. Ich hätte hüpfen mögen wie ein Kind, aber es hätte mich jemand vom Fenster aus beobachten können. Es war still, und doch vermeinte man das Tönen einer unendlich fernen, zauberhaft raunenden Welt zu vernehmen. Ich ging in eine Laube und – machte einen Luftsprung; oh, wie wohl war mir ums Herz! Noch einen Luftsprung – so!

Ich ging von Laube zu Laube. Ich blickte hinein und versank in Gedanken – ich stellte mir hier diese, dort jene Familie vor, alle Familienmitglieder mit ihren Besonderheiten – ein Lächeln breitete sich über mein Gesicht – ich unterhielt mich köstlich.

Das Spinett! Jenes alte Spinett mit dem schwachen Ton! Was könnte das alles erzählen! Wie oft vernahm es helles Lachen, wie oft banges Seufzen, wie oft flog bei seinem Klang der Geist der Menschen in die Sphären ungeahnter Harmonien!

Ich setzte mich ans Spinett und öffnete den Deckel. Nur fünf Oktaven – wie bescheiden! Wie lange ist es doch her, daß ich selbst gespielt habe! Ich wollte nicht lernen, der Lehrer zeigte auch kein großes Interesse, nur um den Monatsersten herum kam er regelmäßig – du goldene Jugendzeit! Ich versank in Träumereien.

Etwas muß ich aber doch noch können! Wenigstens einige Akkorde. – Cis – E – A – das klingt! A – D – Fis – ausgezeichnet! Etwas höher! D, Fis, A – Fis, A, D . . .

»Der Herr Doktor spielt ja doch Klavier! Das ist aber schön!« vernahm ich plötzlich die Stimme des Malers. Ich fuhr zusammen – hinter mir stand die gesamte Bürgerschaft unserer Gartenrepublik. Ich erstarrte und blieb wie angenagelt sitzen.

»Spielen Sie doch etwas, Herr Doktor, bitte!« zwitscherte Fräulein Otylka.

»Ich kann gar nicht spielen, Fräulein, wirklich nicht! In meinem ganzen Leben habe ich noch keine Taste angerührt. – Nur Geige habe ich einmal gespielt, das ist aber auch alles . . .«

»Um so interessanter! Ich habe doch reine Akkorde gehört. Es wird schon gehen, versuchen Sie es doch! Ach bitte, bitte«, sie hob bittend die Hände. Wieder sah sie wie neunzehn aus.

Der Teufel mag wissen, warum ich nicht vom Spinett weggelaufen bin! Der Mensch ist ein ungemein eitles Geschöpf, oft bis zur Lächerlichkeit. »Ich kann wirklich nicht spielen, Fräulein, aber ich will Sie gern davon überzeugen – Sie werden mich nicht auslachen?« Ich erinnerte mich, daß ich einmal den Marsch aus »Norma« auswendig konnte, noch vor wenigen Jahren hatte ich ihn irgendwo gespielt, und ich bin nicht steckengeblieben; ja, den Marsch aus »Norma« mußte ich noch können! Der Einsatz ist für beide Hände gleich – G, H, D – doch nur am Anfang. Ich legte die Finger auf G, H, D und schlug die Tasten an. Nach dem zehnten Takt konnte ich nicht weiter.

»Sie können wirklich nichts!« zischte Provazník.

»Holzhackerei!« brummte der Hausherr.

Angstschweiß trat mir auf die Stirn.

»Aber es war doch ausgezeichnet!« verteidigte mich das Fräulein. »Der Herr Doktor hat nie Klavier gespielt und kann es doch! Der Herr Doktor muß ein bedeutendes musikalisches Talent haben!« – Ich hätte sie umarmen mögen

– was für ein gutes Herz sie hat! – »Ich weiß es schon lange, daß der Herr Doktor hervorragend talentiert ist. Er kann so schön pfeifen – Herr Doktor, heute früh haben Sie eine Melodie aus ›La Traviata‹ gepfiffen, ich habe es gehört!«

Sie bemerkt aber auch alles! Diese weibliche Neugier! – Oder – vielleicht . . . Sie wird doch nicht gar . . . Mein Gott . . .

Aber eigentlich – warum: Mein Gott! Ich sage nicht, daß ich sie haben möchte, ja daß sie mir auch nur annähernd so gefällt, daß ich sie haben möchte – aber ein Unglück wäre es gerade nicht . . .

»Warten Sie, ich spiele Ihnen nochmals mein ›Lied ohne Worte‹ vor«, meinte der Hausherr und setzte sich ans Spinett.

Er spielte. Nach einigen Takten aber konnte er auch nicht weiter – es war ja Nachmittag!

Trotzdem applaudierte ich.

Provazník grinste. »Übrigens eine hübsche Melodie! Die würde sich gut für Drehorgel eignen!«

Die Malersfrau betrat die Szene. Sie hatte überall ihren Pepík gesucht und ihn schließlich in der nahegelegenen Gartenrestauration bei der Kegelbahn gefunden; er hatte dem Kegeljungen zwei Kreuzer gegeben und dafür die Erlaubnis erhalten anzusagen, wieviel Kegel jeweils gefallen waren. Nun erhielt Pepík im Angesicht der ganzen Gesellschaft eine reich bemessene Anzahl von Maulschellen und mußte sich noch eine Strafpredigt seiner Mutter anhören. Die Malersfrau zischelte jetzt nicht im geringsten – was doch ein gefräßiger Hund alles verursachen kann! »Und jetzt bleibst du zu Hause und rührst dich nicht von der Stelle! Hol das Kleine!«

Widerwillig machte sich Pepík auf den Weg.

Kurz darauf hallte Kindergeschrei aus dem Haus. Dann erschien Pepík oberhalb der Treppe. Er trug das Kind, aber er hielt es mit beiden Händen am Hals wie einen jungen Hund. Das Kind schrie nicht mehr, es war schon ganz blau. Dem Jungen entgegenlaufen, ihm das Kind aus den Händen reißen und Pepík eine Maulschelle geben – war das Werk eines Augenblicks.

Auch der Maler war heute schlecht gelaunt – begreiflicherweise! Fortwährend klagte er darüber, daß die Kunst nichts einbringe.

»Warum versuchen Sie es nicht einmal mit der Holzschnitzerei oder der Bildhauerei? Sie sind ja noch jung und können es noch lernen«, meinte Provazník.

Das wäre so etwas – Holzschnitzer! Die haben erst recht nichts zu beißen – die müssen schon Wurstspeiler mit Monogramm anfertigen.

Ich zog mich mit dem Fräulein von den anderen zurück. In einer Laube saßen wir beisammen und sprachen miteinander. Eigentlich sprach ich die ganze Zeit fast allein, wie ich bemerkte. Sonderbar, heute konnte ich plötzlich reden und war nie um das richtige Wort verlegen.

Die Unterhaltung drehte sich fast ausschließlich um mich, um meine Person – doch das schadet nicht, man spricht wenigstens mit einer gewissen Wärme, Tiefe und Sachlichkeit.

Ich bemerkte, daß Otylka mich bewunderte. Jeden Augenblick machte sie mich auf irgendein Talent oder eine gute Eigenschaft aufmerksam, die sie an mir entdeckte. Sie besitzt eine scharfe Beobachtungsgabe.

Ein angenehmes Wesen!

*

Am Abend redete Klikeš besonders eifrig auf Sempr ein, und es war auffällig, daß Sempr mit einer bei ihm ungewohnten Aufmerksamkeit zuhörte. Ich verstand soviel, daß Klikeš ihm zuredete, wieder zu heiraten; er wisse auch schon eine Frau für ihn. »Sechsundzwanzig Jahre« – »dreitausend Gulden« – »gute Beziehungen zu hochgestellten Persönlichkeiten« – »überall beliebt«. – Vielleicht erlebe ich hier noch eine Hochzeit?

Der Oberleutnant hat sich heute auffallend oft nach mir umgeblickt. Wenigstens zwanzigmal. – Was will er denn?

*

Ich studiere, aber ich bin nicht bei der Sache. Lieber würde ich gleich jetzt am Morgen unten im Gärtchen sitzen, allein oder mit den anderen, das wäre mir einerlei. Meine Gedanken laufen auseinander wie ... (schon wieder fehlt mir das richtige Wort).

Ei, ei – heute erledigt der Maler aber seinen täglichen Spektakel schon zeitig! Wenn ich richtig beobachtet habe, wurden geprügelt: a) die Frau, b) Pepík, c) der Hund. Der Hund winselt noch.

Eben kam der Maler zu mir. Ob ich schönes Briefpapier hätte; er habe keins zu Hause und müsse einen Brief an seinen Bruder, den Pfarrer, schreiben. Er schreibe ungern, sehr ungern. Jemandem schreiben komme ihm so schwer vor wie das Sterben. Wenn er aber einmal schreiben muß, müsse er Ruhe dazu haben, sonst seien seine Gedanken nichts wert.

»Ist aber bei mir Ruhe, Herr Doktor, in der Hölle, die ich zu Hause habe! Zuerst mußte ich für Ordnung sorgen – ich habe alle durchgeprügelt; und wenn nicht Ruhe wird, prügle ich sie noch einmal. Und das Dienstmädchen habe ich fortgejagt, die hat ja ein Mundwerk wie ein Scherenschleifer!« – Das ist schon das vierte Dienstmädchen, seit ich hier bin.

Ich gab ihm einen Briefbogen, und er ging. Kurz darauf kam Pepík mit verweintem Gesicht, sein Vater lasse um eine gute Feder bitten. Ich gab ihm eine Feder.

Der Maler ging indessen im Zimmer auf und ab, gewiß sammelte er seine Gedanken.

Ich war nebenan beim Kaufmann. Wenn ich jetzt etwas brauche, hole ich es einfach selbst. Auf dem Rückweg traf ich zufällig – gerade vor unserem Hause – einen guten Bekannten, Doktor Jensen, Primarius an der Irrenanstalt. Er schlenderte auf und ab und blickte die Straße entlang.

»Servus, Doktor, was machen Sie denn hier?«

»Reiner Zufall! Kleiner Spaziergang. Ich gehe gern auf der Kleinseite spazieren. Und Sie?«

»Ich wohne jetzt hier. Kürzlich bin ich hierher übergesiedelt.«

»Und wo wohnen Sie?«

»Gerade hier.«

»Da komme ich auf einen Sprung mit in Ihre Wohnung, wenn Sie gestatten.«

Ich kann Dr. Jensen gut leiden; er ist ein intelligenter, ruhiger und angenehmer Mann.

Meine Wohnung gefiel ihm, er besah alles, zu jeder Sache wußte er etwas Nettes zu sagen.

Ich bat ihn, Platz zu nehmen, doch er lehnte ab; er stehe lieber ein bißchen, und am Fenster zu stehen sei jetzt gerade so angenehm. Er trat ans Fenster und stellte sich mit dem Rücken zum Gärtchen, mit dem Gesicht zum offenen Gang des ersten Stockwerks.

Unmittelbar neben dem Fenster hängt an der Wand ein Spiegel. Ich bemerkte, daß Dr. Jensen fortwährend in diesen Spiegel schaute, und hatte den Eindruck, er sei trotz seines ernsten Charakters doch etwas eitel.

Wie ich auf die Kleinseite gekommen sei? Ich sagte ihm: Getrieben von der Hoffnung auf ein ruhiges Studium, fügte aber gleich hinzu, ich hätte mich jedoch geirrt, denn die Hausbewohner seien im großen und ganzen keine ruhigen Leute.

Wer alles hier wohne? Ich begann gleich von Provazník zu erzählen, denn für den mußte sich ein Psychiater unbedingt interessieren. Ich erzählte lebhaft und schilderte alle Erlebnisse detailliert, aber ich bemerkte, daß ihn Provazník nicht zu interessieren schien.

Wieder schaute Dr. Jensen in den Spiegel. Plötzlich gab

es ihm einen Ruck, und er beugte sich weit zum Fenster hinaus. »Das Fräulein auf dem Gang ist wohl die Tochter des Hausherrn?«

Überrascht stellte ich die Gegenfrage, ob er sie denn kenne. Er kenne die Familie schon lange.

Eine Frage, eine eigentümliche Frage wollte mir nicht über die Lippen – ich erinnerte mich an die manchmal allzu auffallenden Eigenheiten des Hausherrn; schließlich brachte ich die Frage doch stotternd heraus.

Der Doktor lachte. »Gott bewahre! Er ist bloß ein Hypochonder, aber er leidet schon genug darunter. Ich kenne die Leute sozusagen seit Kindheit, meine Mutter war mit ihnen befreundet. Sonderbar, daß Otylka noch nicht verheiratet ist! Sie ist recht hübsch, hat ein sehr angenehmes Wesen, ist häuslich erzogen und hat Geld. Das Haus hier ist schuldenfrei, außerdem besitzen sie ansehnliche Kapitalien – es wäre schade um sie, eine ausgezeichnete Partie! Aber . . .« Da beugte er sich aus dem Fenster, lächelte und nickte.

Aha! Also kein zufälliger Spaziergang! Nur ich war ihm zufällig in den Weg gelaufen! Plötzlich empfand ich eine Abneigung gegen Dr. Jensen.

Nach einer Weile verabschiedete er sich und versprach wiederzukommen, wenn ihn sein Weg zufällig wieder einmal vorbeiführen sollte. Er braucht nicht zu kommen! Ich glaube, ich habe ihm darauf nicht einmal mit einer höflichen Phrase geantwortet.

Er ist Junggeselle, geradeso wie ich! – Nein, wirklich nicht – ich denke gar nichts, das wäre so etwas! – Aber es stimmt, daß ein junger Advokat, wenn er etwas Anfangskapital hat . . . – Haha! – Hahaha! – Wozu solch dumme Gedanken, und gerade jetzt!

Ich glaube, Neruda hat doch recht, wenn er behauptet, wir Männer seien bei jeder Frau eifersüchtig, selbst wenn wir gar kein Interesse an ihr haben.

Der Maler geht drüben noch immer auf und ab. Anscheinend denkt er noch nach.

Ein Unglück beim Mittagessen. In der Suppe schwamm eine ganze Fliegenfamilie. Den Fliegenvater und die Fliegenmutter habe ich in meiner Zerstreutheit verschluckt. Außerdem schwamm aber noch ein Fliegen-Embryo in der Suppe, das habe ich nicht mehr bewältigt.

Ich verschlinge Fliegen, Pepík Briefe, der Hund Familienandenken – Gott mag wissen, was in diesem Hause alles verzehrt wird!

Jetzt weiß ich, wer es ist! – Zufällig stand ich gerade am Fenster, als auf der Treppe ein Säbel klirrte. Ich beugte mich hinaus – der dicke Oberleutnant von unten! Derselbe, dem ich in meinem Tagebuch einen Hinauswurf gewünscht habe.

Etwa ein Verwandter der Frau Kondukteur?

Abendliche Plauderei im Gärtchen.

Provazník flüsterte mir mit großer Befriedigung zu, daß er heute bei der jungen Frau aus der Nachbarwohnung zum ersten Male rotgeweinte Augen bemerkt habe. Der Kerl ist mir schon zuwider!

Dann fragte Provazník den Hausherrn, ob er heute beim Begräbnis des Rittmeisters von der Kavallerieabteilung der Bürgergarde gewesen sei.

»Nein, ich war nicht dort. Ich gehe zu keinem Begräbnis. Seit dem Tode meines Vaters war ich bei keiner Beerdigung mehr. Damals wurde an der Bahre gesungen – sie sangen falsch –, ein schauerlicher Ton! Und dieser eine fürchterlich falsche Ton verfolgt mich seither mein ganzes Leben.« – Ist das nicht poetisch?

Der Maler tauchte auf. Sein gerötetes Gesicht wies Zeichen tiefen Nachdenkens auf.

»Sind Sie mit Ihrem Brief fertig?« fragte ich.

»Nein, erst morgen. Bei mir geht das nicht so schnell!«

»Ihr Bruder, der Pfarrer, könnte wohl ein paar Hunderter schicken, was?« fragte Provazník.

»Ich bitte Sie, einige Hunderter! Eine solche Bagatelle hilft heutzutage niemandem!«

»Oho!« erregte sich Provazník ganz ernsthaft. »Das kommt nur daher, weil ihr keine Ideen habt! Ich wüßte schon mit einem Hunderter etwas anzufangen. Ein Kinderspiel! Ich würde in der Nähe von Prag ein Feld pachten und es besäen – wissen Sie, womit? – mit lauter Disteln! Vielleicht kommt dann ein Vogelsteller und pachtet das Feld von mir, um dort Distelfinken zu fangen – wenn nicht, fange ich sie selbst.«

»Vergessen Sie aber nicht, einen Zaun um das Feld zu errichten!«

»Warum?«

»Wegen der Zugluft, damit Ihre Disteln nicht das Rheuma bekommen!« – Der Maler wird witzig!

Der Hausherr war heute ungemein traurig. Zettel verteilte er heute nicht, dafür quälte ihn ein anderer Kummer. Er hat die fixe Idee, daß ihm seine Nase abfallen wird. Am Vormittag hat er in einem Artikel von Vogt gelesen, daß diese Erscheinung mit einem Schnupfen beginnt. Er erinnerte sich, daß sein Schnupfen schon einige Tage anhält; er habe bereits mit absoluter Sicherheit gefühlt, daß der eine Nasenflügel zu wackeln beginnt. Aber da jetzt Nachmittag ist, wisse er nicht, welcher.

Otylka schaute traurig auf ihren Vater und konnte kaum einen lauten Seufzer unterdrücken.

Wieder setzten wir uns abseits in eine Laube und unterhielten uns. Aber heute war es anders als gestern. Heute sprach vor allem sie; sie schüttete ihr Herz aus, sie klagte – ich hörte zu und war selbst bewegt. Ich fühlte, daß mein Mitgefühl sie erleichterte.

Alle sind fort. Ich sitze ganz allein im Gärtchen. Heute kann ich nicht ins Gasthaus gehen, ich passe nicht unter fröhliche Menschen; mir ist ganz sonderbar zumute. Bangigkeit und doch auch eine gewisse Wonne erfüllen mein Herz.

*

Gestern und heute bin ich sehr zeitig erwacht, vielleicht wegen der Hitze. Eigentlich wäre das gut für mein Studium. Aber – ich erwache zwar, doch ich stehe nicht auf. Mir ist so wohl in meinem Bett. Gedanken fliegen mir zu, und wenn mir im süßen Halbschlaf ein besonders angenehmer Gedanke zuflattert, halte ich ihn fest und spinne ihn weiter.

Um die Wahrheit zu sagen: Das Studium berühren diese Gedanken nur in allgemeinster Form. Ich bin gerade beim Bergrecht, und die hier vorkommenden ungewohnten Ausdrücke vermischen sich dauernd mit allen anderen Gedanken. Mein Bett erscheint mir als freies Schürffeld, wo ich nach goldenen Träumen grabe. Stehe ich neben Otylka, ziehen meine Gedanken gleich einen Kreis um uns, um mein Schurfrecht zu bezeichnen.

Ich bemerke, daß ich die Koseform »Otylka« verwendet habe. Vorsicht – Vorsicht!

Beim Maler herrscht ungewohnte Ruhe. Er selbst sitzt am Tisch, hat den Kopf in die Hand gestützt, den Blick zur Decke gerichtet und denkt nach.

Nachmittag. Dr. Jensen war wieder hier! Der hat es aber eilig!

Ich glaube, ich habe ihn nicht besonders freundlich empfangen, aber offenbar war ihm das ganz gleichgültig. Ich glaube, er hat mir gar keine besondere Beachtung geschenkt.

Wieder stand er vor dem Spiegel am Fenster. Es gibt keinen traurigeren Anblick als einen Mann vor dem Spiegel.

Er sah den Hausherrn und seine Tochter in den Garten gehen, und er unterhielt sich mit ihnen vom Fenster aus.

Ganz familiär sprach er mit ihnen. Es gibt Menschen, die aus einer alten Bekanntschaft für sich alle möglichen Rechte ableiten.

Der Hausherr und seine Tochter luden ihn ein, in den Garten zu kommen, und er forderte mich auf, ihn zu begleiten.

Gut, gehen wir! Wir werden ja sehen, wer von uns beiden ... Nein, nichts werden wir sehen, denn ich will ja nichts! – Ich fühle wirklich, daß ich gar nichts will.

Das Gärtchen hatte heute ein ganz anderes Gesicht, es kam mir fremd vor. Anders war die Luft, anders die Menschen.

Denke ich jedoch tiefer nach, merke ich, daß mich eigentlich nur Dr. Jensen störte. Er plauderte interessant, wie man zu sagen pflegt; es gibt viele Menschen, die oberflächlich genug sind, um über alles interessant plaudern zu können. Plötzlich waren alle außer Provazník da und lauschten den Worten Dr. Jensens wie einer Offenbarung. Ich mache mir wirklich nichts daraus, daß ich nicht so »interessant« plaudere.

Ein schwacher Versuch, das Gespräch an mich zu reißen. Ich fragte den Maler: »Haben Sie Ihren Brief schon fertig?«

»Nein, erst morgen. Ich muß die Sache noch einmal überschlafen.« Doch gleich darauf wandte er sich an Dr. Jensen: »Sie müssen ein sehr interessantes Leben haben, Herr Doktor!«

»Wieso?«

»Nun, im Narrenhaus muß es doch viel zu lachen geben! Bitte, erzählen Sie uns doch etwas!«

Wieder war ich zur Seite geschoben – wenn doch wenigstens Provazník käme!

Doch ich bemerkte zu meiner Freude, daß Dr. Jensen jetzt in Verlegenheit geriet. Er sprach über den Unterschied zwischen einem manischen und einem melancholischen Kranken, aber das interessierte sie nicht, sie wollten etwas von Irren hören, zum Beispiel von einem Mann, der glaubt, er sei der Kaiser, und einer Frau, die glaubt, sie sei die Jungfrau Maria. Doch Dr. Jensen ging nicht darauf ein, er dozierte immer weiter, schließlich entschlüpfte ihm der Ausspruch, jeder Mensch sei seelisch irgendwie krank.

Das versetzte fast alle in Aufregung, nur der Hausherr nickte ruhig und meinte: »Mancher gesunde Mensch weiß gar nicht, was er besitzt.«

Endlich verabschiedete sich Dr. Jensen. Er werde bald wiederkommen.

Ich dachte bei mir: Daß du nur nicht zu spät kommst!

Provazník war heute überhaupt nicht in unserer Gesellschaft.

Noch lange wurde über Dr. Jensen gesprochen, viel zu lange.

Otylka flüsterte mir zu: »Ich fürchte mich vor ihm!«

Ich erwiderte: »Angeborenes Taktgefühl ist manchmal eine ausgezeichnete Sache!«

Klikeš redete wieder dauernd auf Sempr ein. Der Wirt steckte seinen Kopf so nahe wie möglich zu den beiden und lauschte angestrengt. Dauernd hüstelte er, und dabei schaute er Klikeš an, als wollte er ihn verschlingen.

*

Neun Uhr – und Dr. Jensen war schon wieder hier. Er blickte in das Gärtchen und auf den Gang – zwischendurch schaute er wenigstens dreimal in den Spiegel, und zwar recht lange.

So früh am Morgen sei wohl niemand im Garten?

Ich antwortete einsilbig: »Nein!«

Schließlich fragte er, ob er mich nicht störe.

Ich sagte, es sei für mich wirklich höchste Zeit, fleißig zu studieren.

Jensen verließ mich, offensichtlich eingeschnappt. Meinetwegen!

Gegen Mittag schickte der Maler zu mir, ich möchte ihm einen Briefumschlag borgen.

Jetzt blicke ich durchs Fenster hinüber. Seine Frau und sein Junge stehen neben dem Tisch und schauen zu, wie er die Adresse schreibt.

Der Maler geht im Zimmer auf und ab; er hat den Brief in den Umschlag gesteckt, doch kann er sich noch nicht von ihm trennen. Immer wieder bleibt er stehen und schaut versonnen auf sein geistiges Produkt. Gewiß ist er stolz darauf.

Am Nachmittag war ich der erste im Gärtchen. Es kam mir wie eine Ewigkeit vor, ehe die anderen erschienen.

Erst etwa eine Stunde nach mir kam der Hausherr mit Otylka.

Der Hausherr begann mit mir ein politisches Gespräch. Bald kam er zu dem Resultat, alles Schlechte rühre daher, daß die Könige nie mit dem zufrieden sind, was sie besitzen.

Eifrig gab ich ihm recht.

Er trug auch noch seine anderen Redensarten vor, und ich zollte allen Bewunderung.

Dann machte er sich daran, den wilden Wein anzubinden, und ich begann mit Otylka ein vertrauliches Gespräch. Gott mag wissen, wie es kam, auf einmal war von meiner »Tugend« die Rede. Otylka lobte feurig meine »Tugend«. Und sie redete immer wieder von meiner Tugend, und meine Tugend wurde immer größer, wie das Leder unter der Zange des Schusters, wenn es noch für ein zweites Paar reichen soll. Wo hat nur das Mädchen meine Tugend studiert?

Der Maler und seine Frau. Der Maler mit zufriedenem, fast siegreichem Ausdruck. Seine Frau mit einer Zunge, die wieder scharf war wie ein Schwert.

»Fertig mit dem Brief?« fragte ich.

»Selbstverständlich!« sagte der Maler, als wäre es für ihn

ein Kinderspiel, die ganze Korrespondenz Europas in einem halben Tag zu erledigen.

»Du hättest das von der Frau Kondukteur mit hineinschreiben sollen«, meinte lachend die Malersfrau, »Pfarrer lesen so etwas gern!« Was hätte er von der Frau Kondukteur schreiben sollen?

»Ich habe ja noch einen Brief zu schreiben, an meinen zweiten Bruder in Tarnów. Wir Brüder schreiben einander jedes Jahr zweimal, so ist es bei uns üblich.«

Niemand beachtete diese Mitteilung, aber von der Frau Kondukteur wurde weitergeredet. Man sprach vom Oberleutnant, und daß die Frau Kondukteur immer Ausschau halte, ob der Oberleutnant nicht schon käme. Sie redeten so sonderbar, und dabei schauten sie mich an und lachten.

Plötzlich ging mir ein Licht auf: Also deshalb war ich »dumm«? Ich ärgerte mich und sagte etwas. Ich weiß gar nicht mehr, was.

Dann spielten wir zu dritt Sechsundsechzig. Geduldig ertrug ich beim Spiel alle Fehler des Hausherrn und gab ihm in allem recht. Ich streckte sogar meinen Fuß unter dem Tisch bis zu ihm, damit er sich einen guten Tag machen konnte; er trat darauf herum wie ein Orgelspieler auf den Pedalen.

Provazník kam heute wieder nicht.

So etwas Dummes ist mir in meinem ganzen Leben noch nicht vorgekommen!

Ich war bei meinem Freunde Morousek zum Abendessen. Er wohnt am äußersten Ende von Smíchov, und deshalb nahm ich mir am Tor eine Droschke.

Wir unterhielten uns prächtig bis tief in die Nacht, dann ging ich langsam nach Hause.

Eine herrliche Nacht, und mein Kopf voll von sprühenden Gedanken. Fast nirgends eine Menschenseele, nur ein schläfriger Droschkenkutscher fuhr mit seiner müden Mähre nach Hause; das Pferd schleppte kaum noch seine

Beine, langsam holperte der Wagen, und das monotone Rasseln der Räder neben mir war fast angenehm.

Etwa zwei Häuser vor meiner Wohnung überholte mich der Wagen, der Kutscher beugte sich vom Kutschbock herab und sagte: »Wollen Sie nicht einsteigen, junger Herr?«

Das war meine Droschke! Ich hatte vergessen, den Kutscher zu entlohnen und ihn zu entlassen, und er hatte auf mich bis in die Nacht hinein gewartet.

Drei Gulden mußte ich dem Kerl zahlen!

Kein Zweifel, ich bin verliebt!

Das wäre etwas, wenn es eines Tages im Inseratenteil der Zeitung hieße: »Herrn Doktor Krumlovský und seiner liebenswerten Braut, Fräulein Otylka . . .« Bei diesen Burschen ist jede »liebenswert«! Niemand auf der Welt darf es auch nur ahnen . . . obwohl . . .

Doch zwischen uns muß Klarheit herrschen!

Eine schöne Bescherung! Noch zittere ich vor Wut am ganzen Körper! Am liebsten würde ich Gift und Galle speien!

Draußen Säbelrasseln. Klopfen an meiner Tür.

»Herein!«

Ein Leutnant trat ein, nicht der Oberleutnant, wie ich eigentlich erwartet hatte. Ich erhob mich und blickte den Eintretenden fragend an.

Der Leutnant trug Galauniform und hatte den Tschako auf dem Kopf. Er salutierte. »Herr Doktor Krumlovský?«

Ich nickte.

»Ich komme im Auftrag von Herrn Oberleutnant Rubacký!« (Das ist der dicke Oberleutnant aus dem Gasthaus, der gleiche, der die Frau Kondukteur immer besucht.)

»Was wünschen Sie?«

»Herr Oberleutnant Rubacký fühlt sich durch Sie schwer beleidigt. Sie haben gestern bei einem Gespräch hier im Garten über ihn und die Frau Kondukteur, die er als seine Freundin sehr schätzt, beleidigende Äußerungen getan. Der Herr Oberleutnant schickt mich zu Ihnen, um von Ihnen volle Satisfaktion zu verlangen.«

Ich faßte mir an die Stirn und sah ihn sprachlos an. Zwar erinnerte ich mich an gestern – etwas wurde da gesprochen, das stimmt, auch ich hatte etwas gesagt, aber man hätte mich erschlagen können, ich wußte nicht mehr, was.

Der Leutnant wartete gelassen auf Antwort.

Ich trat näher und fühlte, daß ich zu zittern begann. »Bitte«, stotterte ich, »das muß ein Irrtum sein. Wer hat denn dem Herrn Oberleutnant mitgeteilt . . .«

»Das weiß ich nicht.«

Hat jemand getratscht? Oder hat die Frau Kondukteur am Fenster meines Zimmers gelauscht? Vielleicht gar mit dem Oberleutnant?

»Es wurde zwar etwas gesprochen – daran erinnere ich mich –, aber wie sollte es mir einfallen, etwas dazu zu sagen! Ich kenne den Herrn Oberleutnant nicht einmal – nur so vom Sehen . . .«

»Bitte, das geht mich alles nichts an. Ich bin nur hier, um von Ihnen auftragsgemäß Satisfaktion zu fordern.«

»Wenn ich Ihnen aber versichere . . .! Was könnte ich auch gegen den Herrn Oberleutnant sagen? Ich schätze ja den Herrn Oberleutnant sehr und . . .«

»Bitte, ich habe schon gesagt – ich erwarte von Ihnen eine ganz bestimmte Antwort.«

»Nun, wenn der Herr Oberleutnant auf Grund von irgendwelchem Tratsch meint, von mir beleidigt worden zu sein – was mir weiß Gott nicht eingefallen ist –, so sagen Sie ihm, daß ich ihn um Entschuldigung bitte.«

»Das genügt nicht!«

»Was will er denn? Soll ich vielleicht wieder vor denselben Leuten . . .«

»Der Herr Oberleutnant Rubacký fordert Satisfaktion mit der Waffe.«

»Der Herr Oberleutnant Rubacký ist ein Narr«, stieß ich

hervor. »Ich habe mich nie geschlagen und werde mich auch nie schlagen.«

»Ich werde es ausrichten.« Er salutierte und schlug die Tür zu.

Mag er gehen!

Ich bebe vor Wut. Ein Duell, und ich weiß nicht einmal, wie man einen Säbel hält! Das wäre so etwas! Ich, Doktor der Rechtswissenschaft und künftiger Advokat! § 57 des Strafgesetzbuches reiht den Zweikampf unter die Verbrechen ein – die §§ 158 bis 165 sprechen von den Folgen, und die sind ganz beträchtlich!

Diese Narren, dem Tollhaus entsprungen!

Jetzt war ich bei der Frau Kondukteur draußen. Ich hatte sie in der Küche hantieren hören. Gern hätte ich ihr die Sache erklärt und ihr ein beruhigendes Wort gesagt . . .

»Gehen Sie nach Hause und setzen Sie Fett an!« sagte sie unfreundlich, wandte mir den Rücken und ging in ihr Zimmer.

Gut, dann gehe ich eben »nach Hause, Fett ansetzen«! Komische Redensarten!

Das Gärtchen mutete mich heute fremd an. – Ich war entschieden erregt, aber ich konnte nichts dafür.

Provazník war wieder einmal unter uns. Er schaute um sich wie eine Eule und sagte zu jedem: »Sie sehen aber heute schlecht aus!«

Ich saß mit Otylka in der Laube. Mir war, als müßte ich heute von Liebe sprechen. Schon wollte ich beginnen – aber die Worte blieben mir in der Kehle stecken. Ich brachte nichts als allgemeine Redensarten heraus. So entschloß ich mich, dieses Thema für heute fallenzulassen.

Provazník trat zu uns. Er schaute uns eine Weile an, dann sagte er: »Sie werden heiraten, Herr Doktor?«

Eine unangenehme Frage, ich wurde verlegen. Aber ich lächelte gezwungen und erwiderte: »Ja, Herr Provazník, ich werde heiraten.«

»Sie haben recht, es muß doch ein Jux sein – Kinder sind unterhaltsam. Ein Kind ist noch viel komischer als ein junger Fleischerhund.«

Dieser verdammte Kerl!

Die Unterhaltung stockte heute fast ganz. Von meinem militärischen Besuch erwähnte ich kein Wort.

*

Da haben wir die Bescherung! Der Teufel hat mich auf die Kleinseite geführt!

Nun – was nützt alles? Ich habe es getan! Ich hätte ganz gut »Nein!« sagen können – er hätte wohl seine Drohung nicht wahrgemacht –, aber auch in einem Lamm kann das Blut zum Sieden kommen!

Daß er mich verwunden wird, ist sicher, ich dagegen werde ihm wohl kaum die Haut ritzen. Ich werde mit meiner Verwundung das Bett hüten müssen, mein Studium wird eine Zeitlang stocken, vielleicht sogar so lange, daß ich darüber die Prüfungsfrist versäume. Vielleicht wäre es besser, wenn er mich tötete!

Wieder klirrte ein Säbel, wieder klopfte es an die Tür, und der Leutnant, der schon gestern bei mir gewesen war, trat wieder in voller Galauniform ein. Er salutierte und sagte, Herr Oberleutnant Rubacký sei nicht gesonnen, die Sache so leicht abzutun, er fordere zum letzten Male Satisfaktion mit der Waffe.

Ich entgegnete ärgerlich, ich hätte doch schon gestern »Nein« gesagt, heute sagte ich: »Nein und nochmals nein!«

Der Herr Leutnant entgegnete, es tue ihm leid, aber er müsse mir dann sagen: Der Herr Oberleutnant würde mich, wo immer er mich träfe, mit der Reitpeitsche ins Gesicht schlagen.

Zornig sprang ich auf und trat vor den Leutnant. »Mich wird er nicht schlagen, dafür garantiere ich Ihnen.«

»O doch, adieu!«

»Warten Sie! Welche Waffe?«

»Säbel!«

»Gut, ich nehme an!«

Der Leutnant sah überrascht auf.

»Ich nehme an«, wiederholte ich zornbebend und fügte hinzu: »Aber unter folgenden Bedingungen. Erstens müssen Sie die Waffen und für mich einen Sekundanten beschaffen, zweitens geben Sie mir für sich und für alle anderen Ihr Ehrenwort, daß kein Mensch etwas von dieser Sache erfährt und daß Sie für den Zweikampf einen ganz sicheren Ort wählen.«

»Darauf gebe ich Ihnen mein Ehrenwort.« Er verabschiedete sich höflich, auffallend höflich. Heute oder morgen werde er wiederkommen, um alles andere zu vereinbaren.

Da habe ich mir eine schöne Suppe eingebrockt! Es ist möglich, daß die Sache doch noch bekannt wird. Vielleicht hat die Frau Kondukteur unser sehr laut geführtes Gespräch belauscht – ja, ich möchte wetten, sie hat gelauscht –, ich weiß ja ohnehin, daß sie an allem schuld ist.

Wie die Dinge stehen, sehe ich jetzt allerdings, daß ich zunächst ihre weibliche Eitelkeit beleidigt habe. Aber »dumm« bin ich deshalb nicht gewesen.

Jetzt bin ich es! Und wenn sie uns verrät – dann lebe wohl, Advokatur! Zeitlebens muß ich dann Konzipient bleiben! – Nun, einige Ersparnisse habe ich ja, und Otylka hat auch . . . Aber ich weiß ja gar nicht, ob sie mich nehmen würde!

Selbstverständlich studiere ich gar nichts. Gedankenlos schaue ich ins Buch, und in Gedanken beschimpfe ich mich selbst.

Die Post brachte mir einen Brief. Der Poststempel stammt von der Kleinseite, der Brief ist anonym – verdammter Provazník!

»Herr Doktor und Kandidat!
Es scheint, daß Sie mehr Kandidat des Ehestandes sind als Kandidat der Advokatur. Ihr Verlangen nach dem Ehestand ist aber eine niedrige, eine ganz niederträchtige Spekulation. Sie wollen ein Haus, Sie wollen Geld, nicht aber eine Frau. Aus Liebe tragen Sie sicherlich kein Verlangen nach einem so alten, verblühten Ding, das noch dazu so dumm ist, daß sie nicht ein halbes Joch Horizont hat. (Aha, ein halbes Joch Horizont, das habe ich von Provazník doch schon mündlich vernommen!) Pfui, daß Sie sich so verkaufen, daß Sie Ihr junges Leben dem schnöden Mammon opfern wollen! Nochmals: Pfui, hundertmal pfui!

Einer im Namen vieler Gleichgesinnter.«

Na warte, dir werde ich es heimzahlen! Ich werde mich an dir rächen statt am Oberleutnant. In mich ist ohnehin eine Rauflust gefahren, daß ich die ganze Welt in die Schranken fordern möchte.

Ich kann nicht sagen, daß ich Angst um mein Leben hätte. Auch eine Verwundung fürchte ich nicht; ganz kaltblütig sehe ich dem Tag entgegen. Aber ich weiß, daß sich die Angst einstellen wird, und diese Angst fürchte ich. Ich bin nicht an den Zweikampf gewöhnt – in meinem ganzen Leben habe ich noch nie an so etwas gedacht –, die Angst muß kommen. Ich werde nervös erregt sein – jeder Nerv wird beben – jeder Muskel zittern – ich werde keinen Augenblick fieberfrei sein – und ich werde aus Angst gähnen.

Das wird schrecklich werden!

Wir unterhalten uns im Gärtchen, aber wie! Die Liebeserklärung mache ich heute noch nicht, wozu auch! Nimm dein Taschentuch, Otylka, und bereite Verbandmull vor! Werde ich getötet, ist alles aus, werde ich verwundet, wird Otylka mich pflegen – so denke ich wenigstens –, und dann ergibt sich die Liebeserklärung ganz von selbst. Wie in einem Roman.

Es drängte mich, ein ordentliches Gespräch zu beginnen, doch ich wußte nicht, was ich reden sollte. Schließlich fragte ich sie, ob sie morgen ins Tschechische Theater ginge. Was gegeben wird? Tyls »Jan Hus«, es ist der 6. Juli, der Gedenktag seiner Verbrennung.

»Ich würde gern in das Stück gehen, aber morgen kann ich nicht.«

»Warum? Doch nicht etwa deshalb, weil Hus ein Ketzer war?«

»Nein, aber morgen ist Freitag, das ist ein gebotener Fasttag, und am Fasttag geht man doch nicht ins Theater!«

Der Spötter Provazník würde darin ihren engen Horizont sehen. Ich aber finde es nur naiv – und Naivität hat stets ihren Reiz –, gewiß!

Da kam Provazník! Rasch ging ich ihm entgegen und zog ihn seitlich in eine Laube. »Sie Schandmaul haben sich unterstanden, mir heute einen Ihrer anonymen Briefe zu schicken, mit denen Sie die ganze Nachbarschaft beunruhigen! Verantworten Sie sich!«

»Wer hat Ihnen denn etwas von meinen anonymen Briefen erzählt?« fragte Provazník und wurde kreideweiß.

»Sie haben es mir selbst kürzlich gesagt, Sie schändlicher Mensch!«

»Ich soll es Ihnen gesagt haben?« Und in seinem Gesicht stand ein so blödes Erstaunen, daß ich mich abwenden mußte, um nicht hellauf zu lachen.

»Das sage ich Ihnen: Wenn so etwas noch einmal vorkommt, verprügle ich Sie wie einen Hund!« Und ich ging. Etwas habe ich doch schon vom Oberleutnant gelernt.

Dann sollte Sechsundsechzig gespielt werden. Der Maler nahm die Karten aus der Schublade – und fast gleichzeitig packte er Pepík am Kragen. Der Junge bekam fürchterliche Prügel. Aus den Karten waren alle Herzen herausgeschnitten.

Es stellte sich heraus, daß Pepík sie auf ein weißes Blatt aufgeklebt und Semprs Márinka als Liebeserklärung zugeschickt hatte.

Wir konnten nicht spielen, was mir sehr lieb war. So redeten wir denn und redeten, aber nichts von Bedeutung.

Dann ging ich mit Otylka zwischen den Beeten auf und ab. Plötzlich wandte sie sich mir zu, blickte mir in die Augen und fragte mich, ob ich krank sei. Ich war bestürzt, aber ich sagte, es sei nichts, und zwang mich zu einem Lächeln. Sie schüttelte den Kopf und wiederholte mehrmals, ich müsse doch krank sein.

Sie empfindet Sympathie für mich – das ist ganz offensichtlich!

Ich sitze zu Hause und denke nach. Ich bin bewundernswert ruhig, Angst hat sich noch nicht eingestellt – aber sie kommt noch!

Glaube ich etwa noch nicht daran, daß das Duell stattfindet?

Aber morgen!

*

Sieh an, heute bin ich aber zeitig aufgestanden! Ich erwachte schon vor drei Uhr, blieb nicht erst lange im Bett liegen, sondern stand gleich auf. Ich bin fürchterlich ernst.

Mit der Zeit weiß ich aber nichts anzufangen. Schon zweimal war ich heute unten im Garten, aber ich kehrte immer gleich wieder in mein Zimmer zurück. Ich nahm alles mögliche in die Hand, legte es aber immer gleich wieder ärgerlich weg.

Kaum konnte ich den Leutnant erwarten.

Habe ich schon Angst oder noch nicht? Erregt bin ich, ich gähne, aber es kommt mir vor, als gähnte ich vor fieberhafter Ungeduld.

Er war hier. Also morgen früh um sechs in einem Gartensaal der Kaserne auf dem Hradschin! Ich dachte mir: So wirst du denn aus einem Saal zur letzten Ruhe gebracht! und mußte im Geiste herzlich darüber lachen wie über einen unerhörten, noch nicht dagewesenen Witz.

Der Leutnant war ausgesprochen höflich. Er sagte auch etwas, was so klang wie: Er wäre selbst froh, wenn die unliebsame Affäre noch irgendwie beigelegt werden könnte.

Ich stieß heraus: »Nicht nötig!«, aber kaum hatte ich das hervorgestoßen, hätte ich mich am liebsten gleich geohrfeigt. Was bin ich doch für ein Dummkopf!

Ach was!

Ich bin bei meinem Freunde Morousek in Smíchov zu Besuch, denn erstens hätte ich es zu Hause nicht ausgehalten, und zweitens ist Morousek ein ausgezeichneter Fechter; er hat schon oft wie eine Bulldogge gekämpft und kann mir noch schnell etwas beibringen.

Morousek ist ein unangenehmer Mensch. Ich habe mich ihm anvertraut und – er hat mich ausgelacht. Es gibt Menschen, die nicht imstande sind, über eine Sache ernsthaft nachzudenken.

Ich bat ihn, mir etwas zu zeigen, was mir von Nutzen sein könnte. Er behauptete, in so kurzer Zeit könnte ich doch nichts lernen.

»Oho!« sagte ich erbost.

»Du wirst ja sehen!«

Er nahm breite Degen, stülpte mir die Haube über, zog mir einen Schutzanzug an und zeigte mir die Grundstellung. So! – Jetzt so! – Nicht so! – Achte auf die Spitze des Degens! – So! Und mein Degen lag auf dem Boden.

»Du mußt die Waffe fester halten!« sagte er und lachte.

»Wenn sie aber so schwer ist!«

»Der Säbel wird nicht viel leichter sein – also noch einmal!«

Nach einer Weile war ich so müde, als hätte ich mit

einer Hand einen Amboß gehoben. Dem knochigen, großen Morousek machte das freilich nichts.

»Ruhe dich etwas aus!« sagte er und lachte wieder.

Ich erinnerte mich, daß Morousek früher viel freundlicher zu mir gewesen war, und sagte ihm das.

»Aus dir spricht die Angst!« meinte er.

»Oho, ich habe keine Angst – Ehrenwort!«

»Also, dann fangen wir wieder an!«

Bald darauf aber war ich wieder matt.

»Wir dürfen es nicht übertreiben«, meinte Morousek, »sonst kannst du morgen früh deinen Arm nicht rühren. Du bleibst zum Mittagessen und zum Kaffee bei mir, und von Zeit zu Zeit werden wir etwas üben, aber ganz wenig.«

Ich wäre ohnedies nicht fortgegangen.

Seine Frau schaute uns zu, sie glaubte, wir übten nur aus Sportbegeisterung, und lachte. Bei diesen Leuten ist das Lachen wohlfeil!

Kurz vor dem Mittagessen fragte mich Morousek, ob Rubacký ein guter Fechter sei.

Ich wußte es nicht.

»Da bleibt nichts anderes übrig, du mußt einen schnellen, überraschenden Angriff lernen, entweder – oder!« Wieder steckte er mich in den Schutzanzug und stülpte mir die Haube über.

Ich ließ es mir ohne große Begeisterung gefallen.

Eine schöne Sache, so ein schneller, überraschender Angriff! Aber er gelang mir nicht, immer war mein Angriff zu langsam und kam angeblich gar nicht überraschend. Konnte ich etwas dafür?

»Mittagessen!« rief Frau Morousková, und ich war froh darüber.

Aber ich konnte kaum den Löffel halten. Meine Hand zitterte, und ich vergoß die Suppe.

Morousek lachte. Warte nur, wenn du dich morgen über deinen zerhackten Freund beugen wirst!

Fast möchte ich wünschen, daß ich ordentlich zerhackt werde, ja, ich möchte so zerhackt sein, daß Morousek über mich weinen müßte! Noch zweimal nötigte er mich im Verlaufe des Nachmittags zum Fechten.

Wütend hieb ich in die Luft und auf Morousek ein, dann stürzte ich mit Haube und Schutzanzug zu Boden und wollte mich nicht mehr erheben.

»Steh nur auf, jetzt mußt du dich noch mit Alkohol einreiben!«

Ich tat es und stank so nach Alkohol, daß Frau Morousková ihre Näharbeit nahm und sich an das andere Ende des Gartens zurückzog. Am liebsten wäre ich vor mir selbst davongelaufen!

Spätabends ging ich nach Hause, mit fürchterlichen Schmerzen im Ellbogen und im Knie. Habe ich denn auch mit den Beinen gefochten?

Zu Hause fand ich einen Brief vor. Von Otylka!

»Geehrter Herr Doktor!
Ich muß unbedingt heute noch mit Ihnen sprechen. Kommen Sie abends gleich nach Ihrer Ankunft hinunter in das Gärtchen! Wenn Sie Ihre Lieblingsarie aus ›La Traviata‹ pfeifen, bin ich sofort bei Ihnen. Entschuldigen Sie meine schlechte Schrift! Was ich tue, geschieht aus Sympathie für Sie.

Otylka.«

Die Frau Kondukteur hat also schon ausgeplaudert! Das gibt eine Szene!

Ich ging hinunter in den Garten. Der Mond schien hell, und ich konnte bei einem Blick über den Hof deutlich den Gang des ersten Stockwerkes sehen. Niemand war dort.

Ich ging auf und ab. – Jetzt stand dort jemand. Eine weiße Gestalt.

Für einen Augenblick trat ich ins helle Mondlicht hinaus, dann wieder zurück in den Schatten – und jetzt die Arie aus »La Traviata«! Doch was war das? Ich pfeife doch diese Melodie den ganzen Tag – und jetzt –! Man hätte mich erschlagen können, sie fiel und fiel mir nicht ein!

Otylka hatte mich aber doch gesehen? Und pfeifen konnte ich ja, was ich wollte, nicht? Aber mir fiel gerade nichts anderes ein als: »Pepík, Pepík, was macht die Káča?« So pfiff ich denn das Lied vom Pepík.

»Ach, Herr Doktor! Noch so spät im Garten?« tönte es plötzlich aus dem Fenster des Malers. Der Maler, der Teufel mag wissen, in welchem Aufzug, beugte sich aus dem Fenster. »Eine schöne Nacht, was? Ich habe auch keine Lust zum Schlafen. Unterhalten wir uns ein bißchen!«

Die Gestalt vom Gang verschwand.

»Ach, ich gehe jetzt zu Bett!« rief ich absichtlich laut. Das wäre so etwas, wenn ich mich heute noch mit dem Maler unterhalten wollte! Der bliebe vielleicht bis morgen früh am Fenster!

Laut pfeifend – siehe da, jetzt ist mir die Arie aus »La Traviata« wieder eingefallen! – ging ich langsam über den Hof. Ich blieb stehen, blickte hin und her – niemand auf der Treppe, niemand auf dem Gang –, ist mir Otylka etwa böse wegen des »Pepík«-Liedes?

Vielleicht ist es besser, wenn wir heute nicht mehr miteinander sprechen. Freilich ist es besser! – Und morgen?

Der Maler lehnt noch immer am Fenster. Gern würde ich zum Gang hinüberschauen, aber er würde mich bemerken und ein Gespräch beginnen. Lieber ziehe ich die Vorhänge zu.

Mein Testament! – Es hilft nichts, ich muß Ordnung machen. Ganz kurz, klar, nur wenige Zeilen: Mein ganzes Vermögen vermache ich meiner Schwester, und damit basta!

So, und jetzt versuche ich zu schlafen. Ich bin ruhig, auffallend ruhig – aber morgen werde ich sicherlich wie Espenlaub zittern, das weiß ich schon jetzt.

Noch schnell den Wecker stellen!

Der Maler lümmelt noch immer im Fenster – meinetwegen bleib liegen, du Schmierfink!

*

Ich habe kaum zwei Stunden geschlafen, und doch habe ich ausgeschlafen. Es dämmert schon – im Juli wird es schon um drei Uhr Tag –, und ich fröstle in der Morgenkühle. – Ich gähne fürchterlich. – Zwar bin ich leicht erregt, aber ich zittre nicht.

Ich weiß nicht, was ich mit der Zeit anfangen soll. In den Garten hinunter will ich nicht gehen. Und auf die Straße? Bei meinem Fieber würde ich ins Laufen kommen und mich müde machen. Mir tut ohnehin noch von gestern der Arm weh. Soll ich vielleicht meine Schriftsachen etwas ordnen?

Halb sechs – ich bin bereit. Ich blicke mich im Zimmer um, als hätte ich etwas vergessen. Doch was sollte ich schon vergessen haben?

Also mit Gott!

Ich stürmte über die Treppe in den Hof, durch den Hof zur Kaserneneinfahrt, dann durch das Tor auf die Straße. Unwillkürlich hüpfte ich – mir war, als müßte ich vor Freude weinen, und wirklich tränten mir die Augen, als wäre ich aus einem dunklen Keller plötzlich in den vollen Sonnenschein hinausgetreten! Es riß mich bald nach rechts, bald nach links – ich wußte nicht, wohin ich wollte.

»Krumlovský – nun?«

Morousek, lieber Morousek! Ich fiel ihm um den Hals, und Tränen rannen mir über die Wangen. Aber ich konnte nicht sprechen.

»Nun – wirst du dich schlagen?«

»Es ist schon alles vorbei!«

»Gott sei Dank! – Aber laß mich los, du zerdrückst mir ja die Hand!«

Ich bemerkte, daß ich seine Hand wie in einem Schraubstock hielt – noch einen Händedruck!

»Steigen wir hier in die Droschke ein – ich habe sie gemietet. Hast du schon gefrühstückt?«

»Gefrühstückt? Nein, noch nicht!«

»Dann fahren wir in eine Weinstube!«

»Ja – das heißt: Nein! Zuerst nach Hause, dann in die Weinstube!« Otylka mußte doch erfahren, daß ich heil und gesund davongekommen bin.

Wir stiegen in den Wagen. Ich plapperte wie ein kleines Kind und lachte fortwährend. Gott mag wissen, was ich alles zusammengeredet habe! Ich hatte nicht einmal bemerkt, daß wir schon vor meinem Hause angekommen waren.

Ich sprang die Treppe hinauf und sprach ungebührlich laut, damit man mich im ganzen Hause hörte.

Die Frau Kondukteur floh vor uns aus der Küche ins Zimmer. Da schaust du, nicht wahr? Warte nur, du wirst noch ganz anders schauen!

In den vertrauten vier Wänden kam ich wieder zu mir.

»Weißt du auch, daß du mir bisher noch gar nichts erzählt hast?« meinte Morousek, zündete sich eine Zigarre an und streckte sich auf dem Sofa aus.

Ja, das stimmt. Ich habe bisher eigentlich noch gar nichts erzählt. Ich muß mich zusammennehmen, um wieder ruhig zu werden.

Schon am Kaserneneingang hatten zwei Offiziere auf mich gewartet. Sie führten mich über den Hof, dann über eine Treppe hinunter und schließlich in den Gartensaal.

Dort warteten bereits der Oberleutnant und ein Arzt.

Der eine von den beiden Offizieren, die mich vom Tor hierher begleitet hatten, stellte sich mir als mein Sekundant vor. Er sagte, alles sei in bester Ordnung, und die Waffen seien haargenau gleich.

Ich glaube, ich habe mich leicht verneigt.

Da trat der mir schon bekannte Leutnant, der Sekundant des Oberleutnants, zu mir und sagte: »Die Herren hegen meines Wissens keinen besonderen persönlichen Groll gegeneinander – das Duell findet statt, aber ich beantrage: Nur bis zur ersten blutigen. Sind Sie damit einverstanden, mein Herr?«

»Gut«, sagte ich.

»Gut«, sagte auch der Oberleutnant und entblößte seinen Oberkörper. Ich tat das gleiche.

Man reichte mir einen Säbel, wir nahmen Aufstellung und kreuzten die Klingen, wie du es mir gestern gezeigt hast.

Und da durchzuckte es mich: Schneller, überraschender Angriff! In meinem Kopf brauste ein Wasserfall, vor meinen Augen flimmerte es – da riefen auch schon beide Sekundanten: »Halt!« und warfen sich mit ihren Waffen zwischen uns.

Unwillkürlich trat ich einen Schritt zurück und sah, daß meinem Gegner Blut von der Wange rann.

Ich glaube, ich habe wie ein Offizier mit dem Säbel salutiert – ja, ich habe salutiert, und dann habe ich meine Waffe mit einer Verbeugung meinem Sekundanten übergeben.

Bedächtig zog ich mich wieder an und hörte inzwischen den Arzt sagen: »Nur eine leichte Verwundung!«

Dann verabschiedete ich mich.

Im Weggehen hörte ich noch hinter mir: »Zum Teufel, das ist aber ein wilder Bursche!«

»Weißt du, jetzt würde ich mich mit der ganzen Welt schlagen! Und nichts, gar nichts wird verraten! Eine leichte Verwundung – Ehrenwort! –, keiner wird davon ein Wort verlauten lassen. Und das habe ich dir zu verdanken, mein lieber Freund!«

Morousek lachte. »Na – entweder ist er kein guter Fechter, oder du hast ihn zufällig wirklich überrascht. Übrigens: Du hast dich für das erstemal recht wacker gehalten!«

Ich fühlte mich als Held. Mit schweren Schritten ging ich auf und ab, dann blieb ich vor dem Spiegel stehen. Ich schaute mich an, wollte mir zulächeln, aber mein Lächeln fiel blöde aus.

Morousek erhob sich. »Aber jetzt habe ich schon großen Hunger, gehen wir in die Weinstube!«

Sonderbar, ich hatte noch keinen Hunger!

»Du hast auch noch nicht gefrühstückt?« fragte ich.

»Wann sollte ich denn?«

Jetzt erst fiel mir ein, welch edle Besorgnis Morousek an den Tag gelegt hatte. »Wo hast du denn so zeitig eine Droschke herbekommen?«

»Ich hatte sie schon gleich gestern mittag bestellt, als du bei mir warst.«

»Lieber, goldener Morousek!« Und schon hing ich ihm am Hals. Er hatte zu tun, mich abzuschütteln. Manchmal habe ich ungeheure Kraft.

Eine kleine Weinstube. Und gleich zwei Bekannte: Schneidermeister Sempr und mein Gastwirt.

Ich reichte ihnen die Hand. »Wie – unser Wirt besucht auch andere Lokale?«

»Ich war schon wenigstens zehn Jahre nirgends, erst heute bin ich wieder einmal weggegangen!«

Wir setzten uns an einen anderen Tisch. Wir aßen und tranken. Morousek überzeugte mich im Flüsterton davon, daß ich ausziehen müsse, und zwar sofort. Es wäre für mich nicht gut, noch länger bei der Frau Kondukteur zu wohnen, bei meinem Studium würde ich auch gestört, und Zeit hätte ich keine mehr zu verlieren.

Er hat ganz recht.

Wohin ich gern übersiedeln wolle? Am liebsten wieder in meine frühere Wohnung.

»Gut, fahren wir gleich von hier aus dorthin, vielleicht ist sie noch zu haben!«

Morousek ist ein prächtiger Freund! Überhaupt ein durch und durch bedeutender Mann, ich habe ihn ungemein gern. Ich kann mich gar nicht erinnern, daß er mir jemals auch nur im geringsten unangenehm gewesen wäre.

Der Wirt war offensichtlich in Fahrt geraten, er sprach immer lauter. Er redete auf Sempr ein, nicht zu heiraten, auf keinen Fall! Klikeš sei der Urheber alles Bösen auf der Welt. Von den Frauen spreche er nur voll Verachtung.

Sempr verließ den Tisch, um Zigarren zu holen. Da interpellierte ich den Wirt: »Hören Sie, Herr Wirt, warum raten Sie denn Sempr so entschieden ab zu heiraten?«

»Bin ich denn kein Gastwirt? Ich habe meine paar Stammgäste, die muß ich mir halten!«

»Aber er würde doch eine gute Hausfrau brauchen und seine Tochter eine Mutter!«

»Nein – er ist ein guter Gast! Er ißt bei mir zu Mittag, er bestellt ein reichliches Abendessen, und er trinkt gut seine . . .«

Sempr kam wieder zurück.

Die Wohnung war noch frei und wurde gern wieder an mich vermietet. Gleich übermorgen, am Montag, will ich übersiedeln. Was wohl Otylka dazu sagen wird? Ich glaube, sie wird es einsehen, ich will mit ihr darüber sprechen. Eine Erklärung darüber und eine Liebeserklärung zugleich. Übrigens kann ich ja jeden zweiten oder auch jeden Tag zu Besuch kommen. Zwar wird sich das Gerücht von meinem Duell doch verbreiten, die Hausbewohner würden mich bewundern, aber – die Existenz geht vor.

Morousek lud mich in seine Wohnung zum Mittagessen ein und nahm mich gleich in seiner Droschke mit.

Während des Essens sprachen wir über mein Duell. Morousek war in rosiger Laune, aber ich glaube, er machte sich über mich lustig. Das ist, gelinde gesagt, unvernünftig und überflüssig.

Gegen Abend eilte ich nach Hause und gleich ins Gärtchen.

Otylka ist mir wirklich böse! Sie gab mir keine Antwort und wich mir aus. – Eigentlich hätte sie sich doch freuen sollen!

Weibliche Launen sind nicht immer angenehm!

Abends war ich in meinem früheren Gasthaus in der Altstadt. Eine ausgezeichnete Unterhaltung! Ich sprühte sozusagen vor Geist. Alle wunderten sich über meine Laune und über mein gesundes Aussehen. Ja – und dabei sind es noch keine vierundzwanzig Stunden her, daß ich hätte auf der Bahre liegen können!

Ich hoffe, heute werde ich gut schlafen.

*

Ich erwachte sehr zeitig – eine Nachwirkung von gestern! Aber ich fühlte mich wohl, so wohl wie ein Neugeborenes im lauwarmen Bad; ich dehnte mein Körperchen, streckte meine Händchen aus – und schlummerte selig weiter bis neun Uhr.

Dr. Jensen war wieder hier. Le pourquoi? Du wirst dich wundern, und zwar noch heute!

Er drückte mir auffallend warm die Hand und zündete sich mehrmals seine Zigarre an.

Er müsse mir doch sagen, warum er eigentlich so oft herkomme, sicherlich sei mir das schon aufgefallen ... und er ging wieder zum Tisch, um sich seine Streichhölzer zu holen.

Mir will er sagen, warum er herkommt? Glaubt er denn, ich wüßte das nicht?

Und schon wieder stand er vor dem Spiegel – eine richtige männliche Kokotte!

»Ihnen gegenüber wohnt im zweiten Stock Herr Provazník«, begann er. »Sie haben ja schon selbst öfter von ihm gesprochen! Vor zehn und vor acht Jahren war er bei uns in der Anstalt. Seither beobachtete ich ihn im Auftrag seiner reichen Verwandten von Zeit zu Zeit, und jetzt haben sie mich wieder darum gebeten. Es war mir daher sehr lieb, daß Sie hier wohnen und daß Sie noch dazu gerade diese Wohnung haben, denn ich muß alles möglichst unauffällig anstellen. Er kennt mich, er weicht mir aus, nicht ein einziges Mal ist er ins Gärtchen gekommen, wenn ich in Ihrer Gesellschaft dort gewesen bin, obwohl Sie mir sagten, er sei sonst jeden Tag unten. Er beobachtet mich ängstlich, auch jetzt schaut er herüber, ich sehe ihn ganz deutlich in Ihrem Spiegel – er steht hinter dem Vorhang und steckt nur den Kopf ein bißchen vor. Aber nach allem, was ich gesehen und gehört habe, braucht man keinen neuen Anfall zu befürchten.«

Ich sperrte Mund und Ohren auf und schaute ihn groß an. Wie? Nur deswegen?

Zwar fühlte ich eine gewisse Erleichterung – zugleich aber auch etwas wie Enttäuschung.

Dr. Jensen ist fortgegangen. Mir ist, als sollte ich ihm nachrufen: »Sehen Sie ... wenn Sie vielleicht ... ich ... das heißt, was mich betrifft ... ich wäre Ihnen nicht ...«

Wirklich kommt es mir auf einmal so vor, als hätte ich nie an eine Rivalität gedacht!

Ja, mir ist wie – ach, wir Männer sind doch eigentümliche Geschöpfe!

Der Frau Kondukteur habe ich eben kurz und trocken mitgeteilt, daß ich die Wohnung bis morgen abend geräumt haben werde. Sie hörte mir mit gesenktem Blick zu und sagte kein Wort. Jetzt schlägt sie immer die Augen nieder, wenn sie mich sieht. Die habe ich zahm gemacht!

Aber sonderbar, den Kondukteur habe ich während der ganzen Zeit, die ich hier wohnte, nie zu Gesicht bekommen! Immer kam es so irgendwie ...

Aber es ist auch gut so, ich glaube, er hätte mir leid getan.

Otylka schmollt noch immer; offen gesagt, ihr Schmollen berührt mich kaum. Ich fühle nur so etwas wie eine leichte Kränkung.

Ich habe allen im Gärtchen mitgeteilt, daß ich wegziehe; sie blieb dabei ganz kalt, wirklich so kalt, als hätte ich ihr mitgeteilt, daß ein Kochlöffel zu Boden gefallen ist. Auch die Frauen sind ganz eigentümliche Geschöpfe!

Gott sei Dank, daß ich ihr keine Liebeserklärung gemacht habe!

Wieder war ich in meinem Altstädter Gasthaus. Unter diesen Menschen sammelt man geradezu neue Kraft und ist dann wieder fähiger zu geistiger Arbeit. Nun wieder ans Werk, ans Werk! Nach der Advokaturprüfung bin ich für mein ganzes weiteres Leben frei von Prüfungen.

*

Ich bin mitten im Umzug.

Beim Maler allgemeine Prügelei, ein fürchterlicher Lärm – die Vorbereitung zum zweiten Brief. Wieder schickte er zu mir herüber nach Briefpapier. Ich ließ ihm einfach sagen, ich hätte schon alles eingepackt und wüßte gar nicht, wo das Papier liege.

Die Tochter des Hausherrn schneidet im Gärtchen Salat.

Ich beobachtete sie gleichgültig. Sie ist eigentlich schon recht verblüht!

Neruda soll mir noch einmal mit einer »Kleinseitner Geschichte« kommen!

1877

ANMERKUNGEN

18 *Sankt-Castulus-Handwerkerverein ... »Verein der Liebe« aus dem Kloster Strahov* – Prager Begräbnisbrüderschaften und Armenunterstützungsvereine. Der Name des einen geht auf die Pfarrei zu Sankt Castulus in der Prager Altstadt zurück, der andere auf das Prämonstratenserkloster Strahov auf der Kleinseite.

20 *in den französischen Kriegen* – Gemeint sind die Napoleonischen Kriege gegen Österreich in den Jahren 1796—1813.

Johann von Nepomuk – Schutzheiliger Böhmens. Er wurde 1393 im Auftrage König Wenzels gefoltert und von der Karlsbrücke in die Moldau geworfen, weil er, nach der Legende, das Beichtgeheimnis nicht preisgab. Seine Verehrung wurde zur Zeit der Gegenreformation besonders gefördert, um im tschechischen Volk die Erinnerung an den anderen Johann, den als »Ketzer« hingerichteten Jan Hus, auszumerzen. Der Gedächtnistag Johanns von Nepomuk ist der 16. Mai, deshalb setzt die Frau eine Sechzehn.

22 *Amanuensis* – (von lat. ad manus – zu Hand) Sekretär und Schreiber besonders bei einem Advokaten.

26 *Frau von Eber* – Die Sucht, es dem Adel gleichzutun, ging bei den Prager Kleinbürgern um die Mitte des 19. Jahrhunderts so weit, daß sie sich untereinander häufig mit »von« anredeten.

29 *cahier* – (franz.) Heft.

34 *periculum in Morea* – Studentische Verballhornung des juristischen lat. Fachausdruckes »periculum in mora« (Gefahr im Verzuge).

51 *Ein englischer Satiriker* – Vielleicht Anspielung auf den französischen Schriftsteller Xavier de Maistre (1763—1852), der eine Reise um sein Zimmer beschrieb (»Voyage autour de ma chambre«).

52 *Aktuar* – Mittlerer Gerichtsbeamter.

53 *»Svornostr«, »Concordianer«* – Mitglied des tschechischen revolutionären Vereins »Svornost« = Konkordia (Eintracht), der im Revolutionsjahr 1848 unter Leitung des Dichters Karel Drahotín Villani stand.

53 *Equipage des heiligen Elias* – Nach der biblischen Erzählung (Buch der Könige) fuhr der Prophet Elias auf einem feurigen Wagen in den Himmel.

56 *»Bohemia«* – Deutsche Zeitung für Böhmen, erschien seit 1828.

61 *am Tor* – Gemeint ist das Oujezder Tor, hinter dem der Friedhof von Košíře lag, der auch für die Kleinseite als Bestattungsort diente.

66 *Sie haben kein Talent* – So wurden Nerudas Erstlingswerke von der Kritik eingeschätzt. Man hatte kein Verständnis für seine Bemühungen, in die tschechische Literatur einen neuen Ton zu bringen.

69 *Heiratskonsens* – Heiratserlaubnis.

75 *Konzipient* – Mittlerer Beamter.

77 *par plaisir* – (franz.) zur Freude.

Ihr – Häufig die Überschrift und Widmung bei Gedichten aus der Zeit der nationalen Wiedergeburt der tschechischen Literatur (1774–1859).

81 *Ad manus inclitissimi praesidii* – Amtslatein: zu Händen des wohllöblichen Präsidiums.

brevi manu – Amtslatein: kurzerhand, auf kurzem Wege.

cholera morbus – Cholera.

Lokaltermin – Amtliche Besichtigung einer Örtlichkeit, Verhandlung am Tatort.

ex senatu concluso – Amtslatein: auf Grund einer Entscheidung des Senats.

In nomine domini – (lat.) Im Namen des Herrn.

82 *»auf der ererbten Scholle des Volkes«* – Zitat aus »Die Tochter der Sláva« von Jan Kollár (1793—1852).

83 *Statthalterei* – Höchste kaiserliche Behörde für Böhmen.

84 *Katharina* – Heilige der katholischen Kirche und Märtyrerin, Gedächtnistag: 25. November.

85 *Appellation* – Veraltet für Berufung.

90 *Terno* – (ital.) Bezeichnung für drei gewählte Nummern in der Zahlenlotterie.

Ambo – (ital.) Bezeichnung für zwei gewählte Nummern in der Zahlenlotterie.

92 *»Auslegung der mutmaßlichen Bedeutung der Träume ...«* – Das tschechische Bücherlexikon für den Zeitraum 1724—1864, verfaßt von Fr. Doucha, führt einen Druck mit diesem Titel aus dem Jahre 1857 an.

93 *Severus* – Römischer Kaiser (193—211).

94 *Riscontro* – Lotterieschein.

96 *Terno Secco* – (ital.) Einziger Gewinner bei drei richtigen Zahlen.

103 *Baumgarten* – Erholungspark der Prager am Ufer der Moldau.

Šárka – Sagenumwobenes Felsental in der Nähe von Prag.

106 *Erben* – Karel Jaromír Erben (1811—1870), tschechischer Dichter und Sammler von Volksliedern und Märchen.

106 *Kostomarow* – Nikolai Iwanowitsch Kostomarow (1817—1885), ukrainischer Historiker, Dichter und Volksliedsammler; von 1859 bis 1862 Professor der Geschichte in Petersburg.
112 *Kanevas* – (franz.) Weitmaschiges Gewebe, oft schlechthin grobe Leinwand.
113 *Jubilate* – (lat.: Jauchzet!) Der dritte Sonntag nach Ostern.
114 *Dublee* – (aus franz. doublé: doppelt) Beim Billardspiel indirekter Stoß mit Berührung der Bande (Rand) durch den Spielball.
116 *Peter und Paul* – Hoher katholischer Feiertag am 29. Juni; Namensfest der Apostel Petrus und Paulus.
121 *Vyšehrad* – Älteste Burg Prags; auch Name eines Stadtteils.
122 *steinerne Brücke* – Karlsbrücke.
127 *Klementinum* – Teil der Prager Universität, Gründung der Jesuiten. Der älteste Teil der Universität, das Karolinum, wurde unter Karl IV. 1348 errichtet.
132 *die linke Seite von Prag* – Die Kleinseite liegt am linken Moldauufer und wurde von vielen Deutschen bewohnt. (Im Reichstag zu Wien saßen die Deutschen links, daher »links« oft volkstümlich »deutsch«.)
138 *Jan Hovora* – Pseudonym des jungen Jan Neruda.
Petőfi – Sándor Petőfi (1823—1849), ungarischer Dichter, als Revolutionär gefallen. Neruda verehrte ihn und übersetzte seine Werke ins Tschechische.
140 *Veitstag* – Veit (um 300), katholischer Heiliger, seine Gebeine ruhen im Veitsdom; Gedächtnistag: 15. Juni.
Orléans-Rock – Rock aus halbwollenem, glattem Gewebe (der Kettenfaden aus gezwirntem Baumwollgarn), meist einfarbig.
142 *Jan Hus* – (1369–1415), tschechischer Reformator, Führer der nationalen und sozialen Freiheitsbewegung des tschechischen Volkes im 15. Jahrhundert, zu Konstanz auf dem Scheiterhaufen verbrannt.
146 *»Hanibaj ante pojtas«* – Richtig: Hannibal ante portas! (lat.: Hannibal vor den Toren!). Schreckensruf der Römer, als der karthagische Eroberer Hannibal im Jahre 211 v. u. Z. Rom bedrohte.
154 *Ständischer Rechnungsrat* – Dieser Titel entstand in Anlehnung an die »Böhmische Stände«, den Landtag der privilegierten Stände und der Städte.
156 *Kondukt* – (lat.) Leichenzug, feierliches Geleit.
162 *Sankt-Wenzels-Kapelle* – Der heilige Wenzel, Herzog von Böhmen (911—929), Schutzpatron Böhmens. Seine Gebeine ruhen im Veitsdom. Über der Gruft wurde von Peter Parler eine Kapelle errichtet. Gedächtnistag: 28. September.
170 *Košíře* – Friedhof auf der Kleinseite.
174 *Zu Galli* – Gallus, katholischer Heiliger, Gründer des Klosters Sankt Gallen (614 n. u. Z.). Gedächtnistag: 16. Oktober.
179 *Königs-Oratorium* – Seitenempore im Dom für die Mitglieder des Königshauses.

181 *Rorate* – Katholischer Frühgottesdienst in der Adventszeit, nach dem Eingangsgebet »Rorate, coeli« (lat.: Tauet, Himmel, den Gerechten) benannt.
187 *Psalter* – Sammlung von Psalmen, hier: Responsorienbuch; Responsorium: lateinischer Wechselgesang zwischen Priester und Chor.
188 *Regens chori* – (lat.) Leiter des Kirchenchors.
Kyrie – Erster Teil der gesungenen Messe: »Kyrie eleison« (griech.: Herr, erbarme dich unser!).
»Dona nobis pacem« – Letzter Teil der gesungenen Messe (lat.: Gib uns den Frieden).
189 *Triforium* – Arkade mit dreifacher Öffnung, in mittelalterlichen Domen gewöhnlich Säulenumgang unterhalb der Fenster an der Wand des Mittelschiffes.
Luxemburger – (Lützelburger), 1308—1437 deutsche Kaiser und Könige von Böhmen, unter ihnen auch Karl IV.
Kanonikus Pešina – Václav Michal Pešina, Ritter von Čechorod, Domprediger zu St. Veit und kirchlicher Schriftsteller.
190 *Kinský-Kapelle* – Nach dem böhmischen Adelsgeschlecht der Grafen (später Fürsten) Kinský benannt, auch Cyrill- und Method-Kapelle (nach den Slawenaposteln); hier wurden von 1793 bis 1901 die Prager Erzbischöfe bestattet.
Georg von Poděbrad – König von Böhmen (1458—1471).
Birett – Auch Barett, Kopfbedeckung der katholischen Priester.
195 *Jan Žižka* – (um 1370—1424), Anführer des hussitischen Volksheeres.
Prokop der Kahle – Hussitischer Feldherr (1380—1434), nach Žižkas Tod Führer der Hussiten.
Prokop der Kleine – Führer der hussitischen Taboriten, fiel 1434.
Mikuláš von Hus – Berühmter Hussitenführer.
196 *»Prinzipisten«* – Schüler der Unterstufe eines Gymnasiums.
197 *Kelch, Dreschflegel, Morgenstern* – Symbole der Hussiten; der Kelch ist das Sinnbild des Abendmahls unter beiden Gestalten (Utraquisten), Dreschflegel und Morgenstern waren Waffen in den Hussitenkriegen (1419—1436).
198 *alle auf dem Hradschin noch schmachtenden politischen Gefangenen* – Im Jahre 1849 wurden die Verschworenen der »Böhmisch-mährischen Brüderschaft« verraten und eingekerkert.
Marchfeld – Ebene am Unterlauf der March, mährisch-niederösterreichisches Grenzgebiet; im Jahre 1278 wurde hier Přemysl Ottokar durch Rudolf von Habsburg besiegt.
Weißer Berg – Höhenzug westlich von Prag; in der Schlacht am Weißen Berge (1620) besiegte das kaiserliche Heer den von den böhmischen Adeligen unterstützten »Winterkönig« Friedrich von der Pfalz; in Ausnutzung dieses Sieges setzte in Böhmen die Gegen-

reformation und die Verdrängung der tschechischen Sprache aus dem öffentlichen Leben ein.

199 *nach den Pfingstfeiertagen* – Nach der Niederschlagung der Revolution von 1848 machten die Husaren in der Umgebung Prags Jagd auf die aus der Stadt geflohenen Teilnehmer am Aufstand.

203 *Hirschgraben* – Wildgehege hinter der Burg.

212 *Akziseschein* – Für alle nach Prag eingeführten Lebensmittel mußte Zoll bezahlt werden.

234 *Graben* – Prager Boulevard zwischen Alt- und Neustadt.

235 *Georgstag* – Sankt Georg, der Drachentöter, Gedächtnistag: 23. April.

237 *Mácha* – Karel Hynek Mácha (1810—1836), größter Dichter der tschechischen Romantik.

Alliteration – Stabreim, gleicher Anlaut mehrerer betonter Silben innerhalb einer oder mehrerer Zeilen.

242 *»Böhmische Fensterflora«* – Anspielung auf das lateinisch geschriebene Werk der Brüder Presl »Flora bohemica« (1819).

246 *Gouache* – (franz.) Maltechnik, bei der die Farben, mit destilliertem Wasser und einer Gummilösung versetzt, als Deckfarben aufgetragen werden im Gegensatz zu den durchsichtigen Farben der Aquarellmalerei.

Navrátil – Josef Navrátil (1798—1865), tschechischer Maler.

253 *Judenstadt* – Stadtteil am Rand der Altstadt um die Alt-Neu-Synagoge, schon zum Ende des 19. Jahrhunderts fast durchgehend baulich verändert.

Crispinus – Heiliger und Märtyrer in Rom, übte das Schuhmacherhandwerk aus; nach der Legende stahl er Leder, um für die Armen Schuhe daraus zu machen; Patron der Schuhmacher; Gedächtnistag: 25. Oktober.

255 *Burnand* – Francis Cowley Burnand (1836—1917), englischer Humorist und Dramatiker. Mitarbeiter der satirischen Zeitschrift »Punch«.

258 *bei der Sache in Spanien* – der spanische Bürgerkrieg zwischen Monarchisten und Republikanern; die 1873 ausgerufene erste Republik wurde 1874 durch einen monarchistischen Staatsstreich wieder gestürzt.

261 *Puschkins Kalb* – Anspielung auf ein von František Ladislav Čelakovský ins Tschechische übertragenes Gedicht, das aber nicht Puschkin, sondern der polnische Dichter Fr. Marowski verfaßt hat.

269 *Tertullianus* – Quintus Septimus Florens Tertullianus (um 160 bis etwa 220), Kirchenlehrer, Schöpfer der lateinischen Kirchensprache und der Grundlagen der christlichen Dogmatik.

279 *Palacký* – František Palacký (1798—1876), führender tschechischer Historiker.

282 *»Martha«* – Oper von Friedrich von Flotow (1812—1883).

297 *»Norma«* – Oper von Vincenzo Bellini (1801—1835).
304 *Vogt* – Karl Vogt (1817—1891), deutscher Naturwissenschaftler.
309 *Smíchov* – Stadtteil Prags, an die Kleinseite anschließend.
321 *»Pepík, Pepík, was macht die Káča?«* – Anfang eines tschechischen Volksliedes.
327 *Le pourquoi* – (franz.) Etwa: Warum kommt er?

INHALT